THE JEWISH QUARTERLY

The Jewish Quarterly is published four times a year
by The Jewish Quarterly Pty Ltd

Publisher: Morry Schwartz

ISBN 9781760645045 E- ISBN 9781743823262
ISSN 0449010X E- ISSN 23262516

ALL RIGHTS RESERVED.
No part of this publication may be reproduced, stored in a retrieval system or transmitted in any form by any means electronic, mechanical, photocopying, recording or otherwise without the prior consent of the publishers.

Essays and reviews © retained by the authors

Subscriptions 1 year print & digital (4 issues): £42 GBP | $56 USD.
1 year digital only: £25 GBP | $32 USD. Payment may be made by Mastercard or Visa. Payment includes postage and handling.

Subscribe online at jewishquarterly.com or email subscribe@jewishquarterly.com
Correspondence should be addressed to: The Editor, The Jewish Quarterly, 22–24 Northumberland Street, Collingwood VIC 3066 Australia
Phone +61 3 9486 0288 Email enquiries@jewishquarterly.com

The Jewish Quarterly is published under licence from the
Jewish Literary Trust Limited, which exercises a governance function.

UK Company Number: 01189861. UK Charity Commission Number: 268589.

Directors of the Jewish Literary Trust: Lance Blackstone (chair),
John Cohen, Andrew Renton and Michael Strelitz.

Founding Editor: Jacob Sonntag.

Editor: Jonathan Pearlman. Associate Editors: Jo Rosenberg and Emma Schwarcz. Literary Editor: Natasha Lehrer. Management: Elisabeth Young. Design: John Warwicker and Tristan Main. Production: Marilyn de Castro. Typesetting: Tristan Main.

Image on p.5: unknown artist, *Drei jahre in Amerika*, Hanover, 1859–1862, held in The Bancroft Library; p.18: P. Krause, National Library of Israel via Wikimedia Commons; p.24: Garabed Krikorian, The David B. Keidan Collection of Digital Images from the Central Zionist Archives / Harvard University Library via Wikimedia Commons; p.36: Ya'ackov Ben-Dov, Widener Library, Harvard University via Wikimedia Commons; p.38: Avraham Soskin, Hollis Images via Wikimedia Commons; p.39: supplied by the author

Issue 253, August 2023
THE JEWISH QUARTERLY

Contributors — v

Ben Judah Ivrit: The language that makes a people — 1

Isaac Bashevis Singer (translated by David Stromberg)
The silent tailor — 60

Reviews

Joanna Rakoff Assistant lit: A personal history — 74

Luisa Weiss Eggplant, raisins and the Jewish origins of Italian food — 83

Marta Figlerowicz The rediscovery of Bruno Schulz — 91

Contributors

Isaac Bashevis Singer (1903–1991) was a Polish-born Jewish American writer of stories, novels, memoirs, essays and children's books. He was awarded the Nobel Prize in Literature in 1978.

Marta Figlerowicz teaches at Yale University. Her writing has appeared in *The Paris Review*, *Foreign Affairs*, *The Washington Post*, *Jacobin*, *Cabinet*, *n+1* and *The Yale Review*.

Ben Judah is a writer from London, living in New York, and a director and senior fellow at the Atlantic Council. His most recent book is *This Is Europe: The Way We Live Now*.

Joanna Rakoff is the author of the novel *A Fortunate Age* and the memoir *My Salinger Year*. Her new memoir, *The Fifth Passenger*, will be out in 2024.

David Stromberg is a writer and translator. His recent publications include the speculative essays "The Eternal Hope of the Wandering Jew" and "To Kill an Intellectual".

Luisa Weiss is an Italian-American writer based in Berlin. She is the author of *My Berlin Kitchen* and *Classic German Baking*, as well as the upcoming *Classic German Cooking* (2024).

Ivrit
The language that makes a people

Ben Judah

Was it guilt, boredom or longing? I'm not quite sure. All I can tell you is that in the pandemic I started seriously learning Hebrew.

Ani lomed. At lomedet. Anachnu lomdim.

At first the words could barely come out of my mouth. They got stuck on my tongue, or in the back of my throat, and made me stutter. Embarrassed by my sounds, I grew frustrated. My head felt like a sieve: whole verbs and endings kept slipping through it.

Ani kore. At koret. Anachnu korim.

Excuses started creeping in: that I was too old or too internet-brained to learn. That it didn't matter anyway. And then I would hear it: there in the prayers; in a snatch of news. Both alien and familiar. And I'd feel a deeper frustration. Of being the one unable to ask.

Ani medaber. At medaberet. Anachnu medabrim.

And so I kept going. Slowly the words began to stick. The more I learned, as my sentences started to hold up, the more verses came out of the fog. Until, line by line, one paragraph at a time, then eventually page by page, I started to read.

Ani zocher. At zocheret. Anachnu zochrim.

I had not expected what I experienced next. With this little jump in Hebrew, Jewish and Israeli culture began to feel stranger and further away. I found myself reading more and more about *Ivrit*. Trying to pin it down. Until I became convinced that I didn't understand this language – that the simple story I'd been told, of death and revival, was wrong. Until I felt I had never truly heard Israel before, in all its harsh complexity, and longed to find guides who might lead me to understand the language and everything it means.

The Hebrew that never died
The travels of Benjamin II

I was in this state when I found Israel Joseph Benjamin, at the New York Public Library, out of an almost random order up from the stacks. It was a worn copy and when I picked it up – *Eight Years in Asia and Africa: From 1846 to 1855* – I had no idea what I'd found. All I knew was that, within it, there was a mention of an ancestor of mine.

A few hours later I lifted my head in a daze. I'd found it: not just the family name but the guide I'd been looking for. Drawn in a bobbled kippah, his *payot* like ear muffs: a man who was the last medieval Jewish traveller and the first modern one. A Jew whose journey from Romania, through Iraq and India, all the way to China, caught the twilight of Hebrew as the language of rabbis and wanderers, and its dawning as a modern language. Through him and his journey, I first understood the Hebrew which never really died.

It's a story that begins in Fălticeni, a small town with a Jewish majority in what was then the Romanian-speaking Principality of

Moldavia. And it begins with a crime, when the lapsed Chabadnik Israel Joseph Benjamin wakes up, suddenly and utterly ruined after, he insists, being swindled by his partners in the lumber trade. "I found myself compelled for my own sake," he writes, "and more especially for that of my family, to enter on a new career under changed circumstances, and this was the ostensible cause of my wanderings in the East."

Abandoning his wife and five-year-old son, on 5 January 1845, Benjamin set out west towards Austria. His mind full of the only things that his Jewish education and studies had armed him with: Talmud, Torah, Aramaic and rabbinic Hebrew. Chalking off the principal towns of Austria "for personal matters" and then drifting for a year through Hungary, Serbia and what maps then called "Turkey in Europe", the Ottoman province of Rumelia that still then made up much of the Balkans, he grew increasingly resolved to see the very edge of the Jewish world. "There was a long and deeply cherished wish of my heart, a wish harboured from my earliest youth," he wrote, "and I determined therefore to make first a journey to those parts, where once my forefathers dwelt in the days of their glory and of their misfortune, and thus, as in a vision, seek the traces of what remained of the ten tribes of Israel."

> *"Benjamin II" was convinced he might catch a glimpse of remnants of the tribes of Gad or Zebulun*

He never returned home.

Styling himself as Benjamin II, the successor to Benjamin of Tudela, the twelfth-century Sephardi traveller who had crossed the Mediterranean and the Middle East, this bankrupt Moldavian Jew made his way to Constantinople, preparing to visit the Land of Israel, Baghdad and beyond, courting and cataloguing the Jews he met along the way. In a world where the first steamships were crossing the Atlantic, the first public railways were being laid and Friedrich Engels was about to publish *The Condition of the Working Class in England*, "Benjamin II" was convinced he might catch a glimpse of remnants of the tribes of Gad or Zebulun, somewhere in these lands out east being opened up by the colonial empires.

Both medieval dreamer, who captured how far the Yiddish-speaking masses had fallen behind the European bourgeoisie in the mid-nineteenth century, and Victorian explorer, who foreshadowed the Yidden's later journeys on modernity's trains and steamships, to incredible and terrible new destinies, Benjamin II never found Menasseh and Naphtali. He travelled naively and wrote shakily and often badly. He compiled copious notes, his style full of biblical allusions and daydreams that, along with the manuscripts he collected, were often stolen by brigands on the Middle Eastern caravan trail. Nevertheless, he left us with a priceless document. A final account that captures how Hebrew was used internationally, as it had been for well over a millennium and a half, in the decades before modernity upended everything.

> Travelling in the East is made considerably easier for the Jews than for others, by one great advantage, which they alone possess. This is a knowledge of the Hebrew language. It is a powerful bond, the sole mysterious means which enables them to enter everywhere, and to overcome every difficulty. Among these numerous tribes, where so many different languages are written and spoken, the Jewish traveller is sure of finding in every place at least some persons to whom he can make himself understood, and on whose assertions he can place the most implicit reliance.

Benjamin II, traveller and writer

It was Hebrew that allowed him to discuss Talmud, showing off his Chabad erudition, with the Sephardi rabbis of Constantinople. It was *Lashon HaKodesh* that took him almost straight to Jerusalem, where he was frightened of thieves and pained by the destitution of the Jews. Hebrew took him into the homes and confidences of Jewish Damascus and Aleppo, where they spoke it "with a so-called Portuguese accent". It allowed him to talk to the Jewish farmers and chiefs of high Kurdistan, who, to his horror, washed his feet as if he were a holy emissary raising money for the synagogues of Zion, only to pass the water around and drink it. And it was Hebrew, after crossing the deserts – then through a great palm grove, where the rabbis once divined a language of date palms in their rustling – that allowed him to find his way to Baghdad, the city of Harun al-Rashid and *One Thousand and One Nights* "encircled by a glittering girdle, which is formed by the waters of the rapid and foaming Tigris".

In this sense, the bumbling and impoverished visitor from Moldavia truly was Benjamin II – but he was also Benjamin the last. A generation later, across the Jewish world, that fluency in Hebrew, which Jewish elites had held on to for over 1600 years, was already fraying. Fluency in writing, not in speaking. Because according to the Talmud, spoken Hebrew died out with Rabbi Judah HaNasi in 217 CE, and modern scholarship roughly concurs. The language faded in the first and second centuries of the common era, with pockets in the Galilee surviving to the third.

What remained was a language to which all Jewish men, though few women, were exposed, but only a small number mastered: rabbis, scholars, sometimes merchants and travellers. This is the Hebrew that never really died. Like Latin, or classical Arabic, it was alive as a written language of religion, responsa, occasionally commerce and science. This is what we find inside the time capsule of the

Cairo Genizah, that sacred repository where some 400,000 written fragments from the sixth to the nineteenth century were preserved, including a significant number that were written entirely in Hebrew. According to the leading authority on these treasures, Dr Ben Outhwaite of Cambridge University, these texts show that medieval Hebrew not only played a major role as the language of communication between the traditional centres of Jewish governance – Talmudic academies – and far-off communities; it was also often used for personal letters written in a literary register.

The use of spoken Hebrew as a lingua franca for far-flung Jews waxed and waned. The great twelfth-century Sephardi grammarian Solomon ben Abraham ibn Parhon wrote that those living in the Muslim world rarely needed to speak Hebrew with other Jewish communities, as Arabic predominated. However, in Europe, where Yiddish had not yet consolidated, the situation was different, "and when guests come to them they do not know their words, and they are forced to speak to them in Hebrew, therefore, they are more accustomed to it". By the time of Benjamin II, the situation had reversed. Travellers crossing the whole Ashkenazi world needed only Yiddish but it was common for a Jew travelling in the Middle East and the Mediterranean – from Rabat to Salonica, or from Baghdad or Bukhara to Aden – to use Hebrew. Over great distances, these travellers would find that their Arabic dialects became unintelligible, or Ladino proved next to useless, forcing them into the language of the synagogue. Hebrew was alive, but as the illustrious Rabbi Saadia Gaon himself lamented, writing in the tenth century, it was the language of the educated few.

> *Hebrew was alive, but it was the language of the educated few*

I saw that many of our people do not even understand simple biblical Hebrew, let alone a difficult phrase. Their recitations are riddled with error, and when they attempt a poem they barely manage the commonest of ancient words.

From Saadia Gaon to Benjamin II, from Baghdad to Fălticeni, this diglossia – two varieties of a language being used in different conditions by the same community – still held in the 1850s, as it had in the 850s. For more than a millennium, it was perfectly normal – wherever Jews lived, in the lands of Christianity and Islam – to have a "low" spoken language of the everyday, the streets, women and the home, and a "high" written language for religion, erudition and letters and correspondence. The criterion Benjamin II used to judge communities on their "ignorance" – that is, of Hebrew – would have been recognisable to Benjamin I in the twelfth century. It was Hebrew script that tied the rabbi, the merchant, the family, into the great web of faith and trade. And it opened doors, for this traveller, into places no Yiddish was spoken.

On Friday afternoon between two and three o'clock, all business ceases among the Jews of Baghdad, and all the commercial houses are closed. Each person returns to his own home, puts on his best garments, and hurries to the synagogue, where evening service is performed, which lasts until an hour before sunset. All then return to their families, sing pious Hebrew songs, and drink aniseed brandy. As soon as the last rays of the sun have disappeared, the Kriath Schema takes place; and they then partake of the evening meal, which sometimes lasts until midnight.

It is easy to imagine Benjamin talking, haltingly, with the rabbi or the head of the family about how, as he noted, the trade with India was held entirely in Jewish hands, every few lines a familiar quote from scripture. The same way a Catholic priest would have spoken Latin on his travels, or an imam might have spoken Fusha Arabic. Theirs was not today's phrasebook question-and-answer approach to foreign languages. It existed in a world where men committed far more sacred texts to memory and quoted them to communicate:

> One day [in Baghdad] I had a conversation with some worthy gentlemen, during which I was asked if it were really true that the women in Europe were free, and showed themselves unveiled in public. On my replying in the affirmative, they explained to me that it was the destiny of the daughters of Eve to lead a retired life, and their faces ought to be covered before strangers, and particularly before men. To this I said: "The Bible speaks of a veiled woman; but Judah, the son of Jacob, took her for a harlot." The word was severe, although taken from the Bible, with which my companions were well acquainted.

This Hebrew made Benjamin II – whose Talmudic imagination had him dreaming of the River Sambation, over which the lost tribes were said to live – the first Ashkenazi who recorded, in loving detail, the lives of the Sephardim and the Mizrahim. He noted their marriage customs, stories and superstitions, which were as much of a mystery to the Jews of Fălticeni as the ghost tribes of the Bible. A world that is truly lost.

With feelings of the highest satisfaction and pleasure I saw how devoutly and solemnly, and with what strict attention to the precepts of the Law, the Sabbath was observed in Baghdad. With true delight did I assist at the readings and friendly meetings, where pleasure was always enhanced by true and deep knowledge. In no other country I visited did I find my brethren in the faith so void of care, so happy, so free from persecutions and oppressions of intolerance, as at Baghdad.

After Jerusalem and Baghdad, Benjamin II continued down the Tigris to Basra, where he boarded a steamship to India, crossing the ocean in twenty days. He was journeying to Bombay, one of the ports of the East India Company, where colonial capitalism – from opium to the cotton trades, through muslin and indigo and every kind of spice – was booming.

Landing under the Union Jack, thousands of miles from the shtetl, he wandered through this entrepôt, where traders from Iraq – like David Sassoon, chased out of Baghdad by a cruel pasha – had transformed themselves into merchant princes. The Sassoon patriarch ran his business entirely in Judeo-Arabic, one of roughly thirty Jewish languages or dialects then spoken which were written in the Hebrew script. He was fascinated enough by Benjamin II to order four copies of the traveller's eventual book and some extras for his sons.

Few people, in a single life, would ever hear as many of the Jewish languages as Benjamin II did: from Kurdish Jewish neo-Aramaic to Judeo-Amazigh, he experienced the Babel of the Jews. Most, like Yiddish, were variants of other languages, richly laced with Hebrew and Aramaic words. Most, like the Ladino he heard in ports around the Mediterranean, are now on their way to being extinct. He was especially fascinated by the Judeo-Marathi-speaking Bene Israel, to the south of Bombay. Known counter-intuitively as the "Saturday Oil-Pressers" by their neighbours, for the day they refrained from labour, the dark-skinned Bene Israel claimed their ancestors had fled persecution in the Galilee and found themselves shipwrecked on Indian shores in the first or second century. Further south, he met the Judeo-Malayalam-speaking Jews of Cochin, whose copperplates spoke of their medieval privileges from Indian princes. And with both, this not-quite-anthropologist found himself connecting through Hebrew. Observing Shabbat with them, far away from the shtetl but still with his own.

This is where Benjamin II, after a brief detour to Kabul, continued east, travelling down the Ganges through Allahabad and Mirzapur, tracing the opium route of Varanasi and Patna, until he reached Calcutta – the true capital of the British Empire. And this is how I found out about this cheerful scribbler, because here he met my family.

> I consider it unnecessary to relate to the reader anything respecting Calcutta, since I could only mention what must be already known. With reference to my coreligionists of whom about 1500 families dwell there, I can relate nothing new. They live in free and happy circumstances; some of them possess large business houses, and their habits and customs are similar to those of the Jews of Baghdad. They are all well educated, but have no regular Rabbis; one of the richest businessmen of the town Ezekiel Jehuda Jacob Sliman, a very enlightened man and a fine Talmudist, performs the duties of the Rabbi.

From that endorsement, I can only surmise they met: my great-great-great-grandfather and the self-styled Benjamin of Tudela of his time. It's a moment that fascinates me, and an important one for our Hebrew study, because, in the late 1840s, it is the last moment, the last generation in my lineage, when such an encounter between two Jews would have taken place principally in this old, international, rabbinical Hebrew.

Yehezkel ben Yehuda ben Yakov ben Sliman was born in Baghdad in 1795, the eldest son in a rabbinical dynasty that could trace its ancestry back to the sixteenth century, when they owned villages around Ana, in the Upper Euphrates, the hereditary leaders of that Jewish community. Fleeing a tyrannical governor in the early 1600s, they became one of the richest and most important families in Baghdad. Benjamin II's flattering judgement of his worldliness and intellect was tied up in his pedigree as Yehezkel son of Yehuda son of Yakov son of Sliman, soon to be shortened to Ezekiel Jehuda Jacob Sliman and finally, by the British, to Ezekiel Judah, from where I get my surname. Yehezkel was doubtless intensely proud of this one name: Sliman. It was the name of his ancestor, Sliman ben David Ma'tuk: an astronomer, poet and communal leader in Baghdad.

Sliman ben David Ma'tuk was reputedly the possessor of a library of some 7000 volumes – both manuscripts and printed books. This included the full scope of Sephardi and Mizrahi scholarship, from Rabbi Yehuda Halevi's *Kuzari* and Rabbi Jonah Gerondi's *Sha'are Teshuvah*, both printed in Fano in southern Italy, to geometrical manuscripts and a commentary on the astrolabe. Pieced together in London in the early twentieth century by David Solomon Sassoon, the grandson of the Sassoon who met Benjamin II in Bombay, the contents of the Ma'tuk library reveal Hebrew not only tying together a Mediterranean and Middle Eastern community of rabbis but also being used to record science – a usage that was practically unknown in the Ashkenazi world.

Yet my "very enlightened" great-great-great-grandfather was the last in my line to have been raised with rabbinic Hebrew from the great library of Ma'tuk. Probably in 1835, he left Iraq. The histories of the great Iraqi Jewish clans were written in Israel by historian Abraham Ben-Jacob in the mid-twentieth century from family lore, and can make confusing reading. One thing, however, is clear: Yehezkel Yehuda and David Sassoon were friends, and their families had been intertwined and upheld Jewish traditions in Baghdad for a very long time. Some say Sassoon inspired Yehezkel Yehuda's journey to India, but it might well have been the other way round. Family legends persisted of persecution at the hands of the cruel governor, Daud Pasha, who imprisoned Sassoon before his escape. It's possible this prompted his departure, or that the economic opportunity spoken of by Jewish traders was too tantalising to resist. Or maybe that a personal tragedy, the drowning of Yehuda's first wife and son in the Tigris, merged with all these push-and-pull factors across the Indian Ocean to make my forefather leave Baghdad and his rabbis.

> *The idea of communicating with another Jew in Hebrew soon felt absurd*

Family photos in the second half of the nineteenth century capture our transition from the world of Ma'tuk to colonial India. Middle Eastern dress abandoned for Western suits and ties. Fluency in this medieval, but international, Hebrew fading fast in favour of English, even French; the idea of communicating with another Jew in Hebrew soon felt absurd. The family's world was tied together by opium, coal and shipping lines and accessed by British passports and English. Not Hebrew. They became, in the words of the historian Ruth Fredman Cernea, "almost Englishmen", until, eventually, my father came along: the first of his family to actually be born in England.

Was Benjamin II aware of what he was seeing – this great unravelling of tradition? I think not. The Judeo-Arabic language, colonial trading and ostentatious piety were too distant from Fălticeni. Truly penetrating observations of this kind would have to wait for the sequel, *Three Years in America*, where, in the early 1860s, among his own kind, he was finally perspicacious enough to notice, behind the proud construction of synagogues in America, that real faith – and, with it, a genuine Hebrew fluency – was waning.

Hebraism before Zionism
David Gordon's newspaper

The world that Benjamin II had left behind was a Yiddish world. Yiddish was its sound, its patter, its rhythm for everyday life: its *mamaloshen*, or mother tongue. For women, who were mostly illiterate, Yiddish was all they spoke. But for men, this was a world saturated also in Hebrew. A Hebrew not only of scholarly rabbis, but of shoemakers' reading circles, water carriers' Torah clubs and milkmen's Mishnah groups. Hebrew was not spoken and was rarely mastered, as rabbis like the Maharal of Prague lamented even in the sixteenth century. Yet it was very much present: the keys to the gates of devotion. Hebrew was a way of life.

Benjamin II drafted the first volume of his adventures – *Nesiad Israel*, or *The Journeys of Israel* – in Hebrew. His impulse was ancient, almost religious: that things written in Hebrew had higher value. Had he not just travelled all the way from Calcutta to Rabat with the language as the "sole mysterious means" enabling him to "enter everywhere, and to overcome every difficulty"? As a man of literary ambitions, he was also aware that something bigger was happening – the birth of modern Hebrew publishing.

Back home, in Eastern Europe, between the shtibels, yeshivot and taverns, things were happening. Modernity was creeping in, as it had for the Baghdadi Jews. This was especially true of the use of Hebrew. For decades, two revolutions had been moving the Jewish world. The Haskalah, or Jewish enlightenment, was bringing new ideas, languages and ambitions into the shtetl. Older, but no less transformative, was Hasidism, a Jewish revivalism, with its ideal of the pious Hasid. Both forces were present in the life of Benjamin II, who began as a Chabad Hasid and then abruptly turned into his own kind of encyclopaedia-reading, French- and German-published *maskil*.

The books in the shtetl had changed. Hasidism had, over the last few generations, produced countless rough, living, Hebrew accounts of the lives of its *tzaddikim*, often splattered with Yiddish and ungrammatical. Modernity was hovering at the yeshiva door. The Haskalah, answering the cry of its own eighteenth-century heroes like Moses Mendelssohn, ushered new books in a variety of European languages, on all aspects of life, into every Jewish town. Reading was no longer primarily a religious activity.

Benjamin II might have been dimly aware of Joseph Perl's *Revealer of Secrets*, which is now identified as the first Hebrew novel, a coruscating attack on the Chabad movement published in 1819. But it was little known and, by the 1850s, long since out of print. It is certain, however, that on his final return to Europe he would have become aware of the literary sensation in his absence: *Ahavat*

Zion – The Love of Zion, by Avraham Mapu, which his contemporaries would have considered the first Hebrew novel. Published in 1853, this historical novel, written in copy-paste, faux-biblical prose, turned the landscape of the Bible into a literary world. It could soon be found everywhere: in yeshivot, in synagogues, in the studies of the rabbis reading it in secret by candlelight.

Benjamin II and Avraham Mapu had a lot in common. Educated by and faithful to the old system, but hungering for something more, they were the prototypical figures upon whom the modern Hebrew revival began: the last of the old world and the first of the new. Without fully understanding it, they were seeking to secularise their Judaism, which for them was lived through Hebrew, meaning such a process could only begin there. Patriotism and enthusiasm for the language, to quote Hillel Halkin, the great Israeli-American literary critic and historian of Hebrew, not only predated patriotism and enthusiasm for the land, it prefigured it. Within a year of Benjamin II's landing in Europe, in 1855, the Mapu readers, the frustrated yeshiva *bochurs* and the eager *maskilim* would have a new form of reading material with the 1856 launch of *Hamagid*, the first newspaper in the language of the Torah. As they slowly secularised and modernised, a disparate generation began to write in the only language *cheder* had taught them to truly value – a language they could not leave behind. They feared that, if they did not try to save it, Hebrew might finally die.

Now back in Europe, Benjamin struggled to find enough subscribers to publish the book. Eventually, in 1856, he published it in French as *Cinq Années en Orient*, then, in 1858, in German as *Acht Jahre in Asien und Afrika*. It soon grabbed the attention of a certain David Gordon, the fiery assistant editor of *Hamagid*, who was drawn to passages such as this:

In a word the state of the Jews of Palestine, physically and mentally, is an unbearable one ... yet there the land yields most abundantly. If the possession of it were not too completely in the hands of the Arabs – if one could only secure for the Jews some little portion of it, and give them the means for its cultivation, sufficient sources of industry would be open to them, wherewith to obtain a subsistence. We are thoroughly convinced of the correctness of this from our own personal observations on the spot.

Simply put, Benjamin II was calling for Jewish settlement. This was a radical claim, decades before its time, from a text that must have read, to Gordon – this young *maskil* from Vilna – like a messianic promise suddenly printed as a modern possibility. Depicting and tying together the Jewish world, this book was vital for his Hebrew cause. Gordon wanted to save the language by putting it to modern use, but, more than that, he wanted to enlighten the Jews by using the language of their prayer as a gateway to a modern, industrial, colonial world. Working from Benjamin II's original as well as the German edition, Gordon redrafted it into a more erudite and legible Hebrew. He published it in 1859, as *Sefer Masei Israel* – or *The Book of the Journeys of Israel* – and advertised its wonders to his Hebrew readership in *Hamagid*.

An autodidact and yeshiva dropout, David Gordon had moved to England, teaching Hebrew and German while dabbling in journalism for *The Jewish Chronicle*, but was unable to make ends meet. He ended up back in Eastern Europe, which he had once yearned to escape. Bearded and beady-eyed, he became a graphomaniac – a monomaniac even – toiling away in provincial Lyck, in East Prussia, as the assistant editor and then editor-in-chief and eventually owner of *Hamagid*. He and his generation translated ever

David Gordon, Kattowitz, 1884

more into Hebrew, not only historical and scientific materials, but also novels, plays and poems from the wider world. As if propelled by the language, by the pain of suffering Jews, the Hebrew mind of Gordon seemed to fixate on Palestine and he began to write articles calling for its Jewish resettlement.

> Behold, dear brothers who love the gates of Zion, and who take pride in the honor of your nation, whose souls still yearn for the name and memory of Jerusalem, your holy city! Do not lend a listening ear to the voices of those who tell you: now is not the time to build the house of the Lord! Instead, respond to them: you speak falsehoods! … Our salvation is near and will soon come, and we will dwell in peace in our exiled lands, no longer persecuted by the cruel tyranny of the nations.

This is from "You Shall Triumph by Stillness and Quiet", a *Hamagid* article, titled from Isaiah and announcing, in 1863, Gordon's conversion to the idea that the resettling of Palestine must be the cornerstone of Jewish renewal. His headlines thunder. "A Timely Word on the Path of National Destiny of the Jewish People", declared one in 1869 – as he condemned the budding Reform movement, which was then seeking to strip all mention of a return to Zion from the liturgy, and rejected this sacrilege with a call for a real return to Palestine.

Gordon is the missing link between Benjamin II and Herzl: a pious Hebraist, yearning in his editorials for the Jews to develop a modern nationalist conscience. His newspaper, more of a messianic sublimation of faith into a modern shape than a real project, preserved in aspic the deeply religious psychological sparks of Zionism. "Only in the Land of Israel can the Jewish people be productive," he roared in 1881, at news of antisemitism rearing its head in Romania. He now fervently wished to gather the scattered Jews, most of whose communities he had only met in the work of Benjamin II, in their ancient land.

You can feel Gordon writing obsessively, manically, as not only the Hebrew revival but Zionism itself bubbled up. A drum beat of pogroms across the Tsar's empire pushing him ever deeper into this state. According to Professor Yosef Salmon of Ben Gurion University, the analyses of the Jewish condition usually attributed to Leon Pinsker, Moshe Leib Lilienblum, Max Nordau and Theodor Herzl were first developed by Gordon – from the negation of the Diaspora to the establishment of a Jewish congress to set an independent national course, to the founding of an emigration society for Palestine, to the assertion that the settlers must come not only from Russia, Poland and Romania, but also from Morocco and Persia, whose frightful conditions he had learned about from Benjamin II. All of this was powered by religious, not secular, emotions. This is what propelled Gordon to write and publish in Hebrew rather than Yiddish.

A disparate cultural movement of writers and readers that set out to save Hebrew was starting to obsess about the fate of the Jewish people. As the pogroms swept across the Tsar's empire, *Hamagid* became increasingly strident. Gordon now believed that to reach Palestine, the Jewish people needed a central body, and called for it regularly in his newspaper. A Tsarist official reading *Hamagid* might have judged it a tragic document: a sheet filled with escapist fantasies for a nation they mostly knew as peddlers and rag merchants. But that would be to miss the point. The newspaper mattered as much for the connections it made among its readers as for its content.

In 1884, after three years of constant pogroms – stretching from Odesa, through the streets of Kyiv, all the way to Warsaw – thirty-six writers and activists who knew each other through the Yiddish and Hebrew press met in Kattowitz, then in Germany, for what they optimistically called a conference. Two-thirds of them were from the pogrom-struck Russian Empire. At the behest of Leon Pinsker, who had abandoned hope for assimilation, they met to found the closest thing they could manage to an international organisation – Hovevei Zion, or the Lovers of Zion. Dismissed as lunatics even by many of their families, these Jewish activists in Eastern Europe switched from trying to save a language to trying actively to save their people, in their ancient land. And in this moment they reached a critical mass. Hovevei Zion would, through tiny groups and fundraisers passing from shtetl to shtetl, begin to organise what became known as the first *aliya*. There, at Kattowitz, David Gordon was an inspiration.

"If it is willed, it is no dream," wrote Ze'ev Dubnow, a typical young, idealistic and traumatised activist who made the jump to Palestine, some twenty years before Theodor Herzl made the slogan his own. "The recent pogroms have violently awakened the complacent Jews from their slumber," wrote another, Hayyim Hisin. Utopian, panicked, religious or simply hungry for land and lacking the coherence that would come later, this was the tentative beginning of the Jewish agricultural settlement of Palestine. Many of them were not so much pioneers as misfits, runways or dreamers. *Hamagid* became their mouthpiece, firing the minds of its readers with what would eventually be called Zionism. To them, Gordon, the Hebrew editor, was an inspiration, a pivotal figure. Asael Abelman and Chanoch Gamliel, authors of a recent book on the history of Hebrew, stress that the astonishing thing about the revival of the language is that it began from below, the work of modest men like Gordon, and that a tiny minority of Jews pushed millions into speaking it. Only true believers could achieve something like this. This was how the young Nahum Sokolow, a champion of the next generation of the movement, remembered meeting Benjamin II's translator, as a great rabbi of the new cause:

A tiny minority of Jews pushed millions into speaking Hebrew. Only true believers could achieve something like this

> Most men ... could not make a bold and unequivocal statement about the connection of the Jewish people with Palestine. Everything they said had to be qualified, hedged about with words and designed to be all things to all readers. Not so David Gordon. His articles ... bristled with the most explicit and daring assertions. He stated frankly and honestly that the Jews are not only a religious group, but also a nation.

Build a language, build a land
Abraham Shalom Yahuda and David Yellin

When my great-aunt, Claire Judah, died in 2017, we sang to her in Hebrew. They were synagogue songs, in a language we did not speak. As she shuddered in the gloom of the old people's home, the rabbi sang something I could feel but did not understand. Claire was like a grandmother to me, and the last of us to have been born in Calcutta. I'd often asked her who the Judahs were and where they'd come from, but she'd waved the question away. "They were a family of merchants and rabbis," she said, moving quickly on to other things – things that concerned who we were now, in England.

It was only when she could no longer answer that something came over me. An antsiness. I still had questions. I started looking at the family tree and, on a branch heading to Jerusalem, I found Abraham Shalom Yahuda. Another eccentric who had once asked about Hebrew, about Zionism, about our place in the Middle East, about our wandering – all the questions I was now asking. And so I learned about this day in London in 1896, when he had the most important conversation of his life.

In the 1890s, it was still extremely unusual to meet a Jew from Jerusalem. It's not evident why Yahuda's father, Shlomo, ended up there. Maybe *his* father, my great-great-great-grandfather, Yehezkel Yehuda, felt guilty about leaving his rabbis and son behind, to settle in India. Perhaps he wanted to prove his own piety by having one son ascend to that far-off holy city. Or use him to glorify the family name.

Whatever spurred him, in 1856, Rabbi Shlomo set off from Baghdad, travelling overland for forty days on camel-back with his family, paying an additional twenty-five keiri to the camel master for Shabbat so that the entire caravan might rest. They were not alone. This early dribble of religious Jews to Jerusalem, just as modernity was opening up the world, soon gave the city its first Jewish majority since the days of the Mishnah and the Roman Empire. Shlomo arrived in a country where sanitation was rudimentary, there were months without matches – rendering light, heat and cooking so much harder – and famine was feared. In the windswept Old City, full of ruined houses, the Jewish Quarter was so small that it was described as "the Jewish street" by his future son-in-law, Yehoshua Yellin.

In Jerusalem, Rabbi Shlomo ran a yeshiva funded by his family's Indian property and his brothers' opium business, and he raised his children with its religious focus. Outside the yeshiva, however, there were now competing voices – of the Haskalah, and of innovation – and his grandson, Abraham Shalom Yahuda, had not been insulated from that rising tide. Unable to refrain from smoking on Shabbat, frustrated in provincial Palestine, feted as a fabulous intellect, he was already a star of the Hebrew revival. His first book, on the history of the Arabs, was published when he was just sixteen.

And so it should have been no surprise to discover that in July 1896 Yahuda found himself in Queen Victoria's London, searching for something more, and about to have a conversation that he could never forget. Throughout Europe, the mission of *Hamagid* had been building. Yahuda, visiting from Jerusalem, wandered through jostling crowds, mostly young Yiddish-speaking workers, in the East End. They were gathered to hear the thoughts of a strange "messiah" or the "new Shabbatai Zvi", as a worried *talmid chacham* had warned Yahuda. It was Theodor Herzl.

The hall was packed. Outside, furious arguments took place. One journalist accused Herzl of being a tool of antisemitic elements in Vienna, wanting to frame the Jews for an international conspiracy for a Jewish state.

"When Herzl took the stage," wrote Yahuda, "he was greeted with a thunderous applause by his listeners. His impressive appearance, his graceful movements, his humility and simplicity, and above all the seriousness with which he spoke, all made a profound impression." Still, Yahuda was unsure that the Yiddish-speaking *schmatte* workers even understood what Herzl, speaking German, was saying, before a rabbi made a rousing speech in Yiddish.

Abraham Shalom Yahuda

Afterwards, slightly nervous, Yahuda was introduced to Herzl as a young man from Eretz Yisrael whose Hebrew history of the Arabs had been recently published.

Herzl, intrigued and impressed by the teenage author, asked him whether the Muslims in Palestine would willingly accept a Jewish state if the Sultan handed it over to the Jews. "Although I was still enthralled by his personality and his speech," Yahuda wrote, "I was taken aback, for I knew quite right that his hopes of obtaining Eretz Yisrael from the Sultan were somewhat before their time, and besides, he knew little about the conditions as they really were in Eretz Yisrael and the conditions of the Arab population." Yiddish crowds pressing in on him, he told Herzl that he should acquire the sympathies of the Arab population for the plan, especially of the moderate dignitaries who were friendly towards the Jews, as the Sultan would not take such a serious step without the consent of the Arab population. "Dr Herzl seemed a little disappointed to hear that opinion from me," he wrote.

"Who amongst us knows enough Hebrew to use it to buy a railway ticket?"

Yahuda, whatever his doubts about Herzl, was now a Zionist. Reaching Frankfurt for university, he joined the Zionist chapter, constantly campaigning in favour of Herzl's idea of holding a congress, against the city's aghast liberal, Orthodox and assimilationist notables. As a date and city were chosen for the congress – Basel, 29 August 1897 – and excitement mounted, the young man from Jerusalem was chosen as a local delegate. But his vision was different from Herzl's. Because central to that vision was Hebrew.

"Who amongst us knows enough Hebrew to use it to buy a railway ticket?" wrote Herzl the previous year, in his pamphlet *The Jewish State*. The Austro-Hungarian playwright and journalist had attached himself to something that was already happening, whose essence he did not truly grasp and whose debates he did not know. Back in the shtetl, unknown to Herzl, the Hebrew revival was underway. Through groups like Hovevei Zion and newspapers like *Hamagid*, the enthusiasm of the Hasidim seemed to have fused with the modernism of the *maskilim* into a new movement, for both dreamers and technicians.

Growing up in Jerusalem in an Arabic-speaking family, surrounded by Yiddish and Ladino, Yahuda would have known that Hebrew newspapers like *Ha-Melitz* were already reaching some 50,000 people scattered across Europe and in Palestine, and that the first Jewish settlements outside the ancient cities were being established. Where Benjamin II had wandered, dreaming of Jewish farmers, maps now showed tiny colonies with names like Rishon LeZion, Rosh Pina, Petach Tikvah, Zichron Ya'akov and Hadera. Setting up Hebrew classes in Frankfurt, Yahuda would have known of and supported a strange experiment being carried out in his hometown: to revive Hebrew not only as a written language of modernity, but as a language to be *spoken* in Eretz Yisrael.

> Will our language and literature last much longer if we do not revive it, if we do not make it a spoken language? And how can that work other than making Hebrew the instructional medium of our schools? Not in Europe, nor in any of the lands of our exile, where we are an insignificant minority and no amount of teaching effort is going to succeed, but in our land, the Land of Israel.

With these words, printed in *Hamagid* in 1880, the revival of spoken Hebrew was first proposed. The author was an unknown, staunchly secular Russian Jew, writing under the pseudonym Eliezer Ben-Yehuda. Little known to Herzl, this dreamer had tentatively proved that the idea was possible. In his early years, Eliezer Yitzhak Perlman, who only later adopted the oddly Baghdadi-sounding name, could have been a stand-in for any young Eastern European Jewish intellectual of his generation. Through *cheder* and yeshiva, Hebrew was the rock of his education, but he had also read it in newspapers being passed around, like *HaShahar*, which began printing in Vienna in 1868, full of debates about the trickle of Jewish pioneers to Palestine. Then, like so many others, he walked away from religion, through the gates of a European education, at La Sorbonne in Paris.

Incongruously, it was in Paris that he had his first halting conversation in Hebrew, with a Sephardi Jew from Jerusalem. His student mind was already filled with the same dread about the Jewish future, which was driving some men towards visions of Palestine. Then tuberculosis struck and he travelled to Algiers to recuperate. There, he conversed again in Hebrew, with the rabbis of the town. These conversations, typical of the not-quite-dead Hebrew of Benjamins I and II, were inspirational. Ben-Yehuda had already decided, he claimed, to make *aliya*. But his conviction that the Jews needed a land *and* a language came out of his arguments with European peers who said the Jews, without these things, were not a nation at all.

> I answered myself with a more natural and simple rejoinder: which was really the simplest of answers: [the] Jews cannot really become a living nation other than through their return to the language of the Fathers and by using it not just in books, not only in things holy or scientific ... but rather through spoken

word, spoken by young and old, women and children, boy and girl, in all affairs of life, like every other nation. This was the important, the decisive moment in my life.

Moving to Jerusalem, a city that had always gathered his kind – madmen, philosophers, freaks – he and his sickly wife Dvora, dragged out of devotion to him to the Holy Land, took a vow to speak only Hebrew at home. Somehow, they found a wet nurse willing to enter this pact with them. "I act in this great rudeness," wrote Ben-Yehuda of his refusal to speak anything but Hebrew to any Jew who could even half understand him. "Rudeness that has caused many people to hate me." The language so lacked functional modern words, his communication with Dvora often sounded more like "get this, get that" than real speech. Understandably, he was thought of as a lunatic in what was then scarcely more than a village of 9000 Jews, whose gossip was vindicated when his son, Bentzion, turned three and showed no signs of speaking. He remained mute until one day his painfully lonely mother was caught singing him a Russian lullaby, breaking her language pact, and Ben-Yehuda flew into a rage. The startled child cried out to him in Hebrew – "*Abba, Abba!*"

At the time of the First Zionist Congress in 1897, there were fewer than ten families, all in Jerusalem, who had chosen to follow Ben-Yehuda by speaking Hebrew at home. Herzl thought it absurd. German was the language of his emerging movement and the leading language in what he envisioned as a multilingual state. Switzerland, where the congress took place, was his explicit model. Hebrew as a national language, to him, felt like a dream too far. And he was keenly aware of the numbers: there were 11.2 million Jews worldwide, about 9 million of them in Europe, and 7 million of them spoke Yiddish.

While Ben-Yehuda failed to convince many families to make the switch, he was managing to persuade schools to start teaching in Hebrew. In 1889, the first all-Hebrew elementary school opened its doors in Rishon LeZion. And within a few years of the Basel congress, there were twenty wholly or partially Hebrew elementary schools in operation, attended by one in ten of the Jewish children of Palestine.

In Yahuda's writing from the congress, Herzl looms as this enormous, seductive and ignorant figure, who has come from nowhere, with enormous force. "From the moment I arrived in Basel, my main concern was to meet with Herzl and speak with him again about the Arab condition in Eretz Yisrael," wrote Yahuda, who was, to his knowledge, the youngest delegate there. Herzl, the delegates whispered, was "the Hebrew type at its purest", a new kind of prophet, possibly something like the Messiah himself.

> *Herzl's shimmering, bluffing energy was that of the contemporary campaigner before his time*

And so he has remained, obscured by his own legend. But a closer look at this showman and fundraiser, this journalist and freelance diplomat, reveals him to be something far more interesting. In many ways, he was one of the first modern politicians, who, if one looks closely, worked by tricks and tools: instantly recognisable to a jobbing Washington operator. Herzl's genius was to realise that anybody – even a Jew – could now play the media, court friendly billionaires and set himself up as a change agent with whom the Sultan and Kaiser would agree to meet. His shimmering, bluffing energy was that of the contemporary campaigner before his time.

Herzl was one of the most famous German-speaking journalists. This shift in purpose was surprising – as if Larry King had suddenly committed himself to something as quixotic as Californian independence – and everything Herzl knew about the media, about the theatre and how high society worked was poured into this provincial, eccentric and above all unpromising movement.

Dazzled by the huge blue and white bunting above the stage of the casino, which Herzl had rented for the occasion, and the elegance of the white ties and tails they were instructed to wear, the delegates overwhelmingly left Basel in a joyous, heady mood. Most of them returned to cities and small towns of the Russian Empire with that crucial thing only a gifted campaigner or politician can give: confidence and a sense of inevitability. But at least two of them left sour and uneasy: Abraham Shalom Yahuda and Ahad Ha'am, the thinker and essayist, who espoused, in the clutch of Hebrew newspapers that were David Gordon's legacy across Eastern Europe, a slow, cultural Zionism.

History, incarnated by these two curmudgeons, was challenging Herzl for answers. Yahuda, desperate to impress upon him the need to speak to, and cooperate with, the Arab Palestinians, had a long conversation with Herzl, who seemed interested – only to turn around and dismiss Yahuda's suggestions on the advice of recent Ashkenazi arrivals in Palestine, who, as Yahuda surmised, "never clearly understood the Arab problem". "Dr Herzl," he wrote, "insisted that the residents of Eretz Yisrael have no say in this matter, that the Sultan is the absolute determining factor, and no one in Eretz Yisrael will dare oppose [the Sultan's] orders from the time that Eretz Yisrael will open to the mass immigration of Jews".

I have often thought about Herzl's answer, concerning what would become the defining question of Jewish politics in my lifetime – the relationship with today's Palestinians – to this family member, as eccentric as he was distant. The *p'shat*, as a Talmudist would say, or plain, reading of the text is that Herzl was right: the fate of Palestine was in the hands of the great powers – the Ottoman Empire, then the British Empire. But as for the *drash*, as another Talmudist might counter – the notion that another essential idea lurks inside any text – Herzl was self-evidently wrong. "I left the Congress," wrote Yahuda, "with the recognition that nothing will be done concerning the Arab problem in Eretz Yisrael. All my following efforts to bring other Zionist leaders to recognise the necessity of Arab policies bore no fruit." He went back to Frankfurt full of worry: convinced that Herzl and his heirs would build the state he so badly wanted in opposition to and denial of Arab moderates.

> *A state without Hebrew and its culture was hardly worth having*

The other question that hung over the conference was the question of Hebrew. Ahad Ha'am returned to Odesa, he wrote, like "a mourner at a wedding". His vision of a gradual, spiritual and Hebrew-speaking centre emerging in the Land of Israel was the exact opposite of Herzl's *The Jewish State*, whose now forgotten second part planned for a speedy mass emigration of millions. The fear that had struck Ahad Ha'am under the bunting was that if Herzl succeeded, there was so little that was Jewish in his plan and presentation, that those attached to the language might as well say Kaddish for Hebrew and for all those generations of a specifically Jewish way of writing and thinking.

For this prophet of culture and patience, these fears exploded when Herzl finally sketched out his utopia in his novel *Altneuland*, the German for "old new land" – a vision, Ahad Ha'am screamed, that would mean "obliterating a people's nationality, language and spiritual propensities". A state without Hebrew and its culture was hardly worth having.

How could the Jewish state be Jewish? How could the Hebrew language be made to work? These were the thoughts that rattled that entire generation, as Hillel Halkin writes, full of angst and dread their efforts might all be for naught. Their compulsion to write not in German or Russian but in *Ivrit* was born of a terrible fear that it might die, as Latin had. It was too much a part of them and they refused to let it go. Ahad Ha'am in particular fretted that Hebrew, robbed of its organic evolution, lacked words and was now frustratingly difficult to use. What he called the Jewish "neurological system" was perilously weak. One solution came from Yahuda, who felt that mining Arabic offered not only a linguistic but also a spiritual aid to Hebrew. Writing in 1899 from Berlin, where he now taught as a professor, to his cousin David Yellin, he allowed himself to dream:

> But in Eretz Yisrael it is possible … [the Ashkenazim] will return to their Easternism in the East, and open their hearts to Eastern and Arabic literatures. And by doing so, they will shed light on the life of our people in the past, before they changed their nature from the East and became too close to foreign people alien to their spirit … but the people of the East left us many books and scriptures that may give us an idea of their way of life and their intellectual properties, and the vast Arabic literature will provide us with sufficient material for our needs.

This was already happening, not in the grand philosophical, even spiritual way that Yahuda imagined, but in the Hebrew spoken in the remote settlements. Arabic was peppering their speech. The popular language scholar Ruvik Rosenthal says that Arabic slang entered Hebrew in the agricultural colonies of the first *aliya* and, in sharp contrast to the politics, the two have lived together easily since. Words you can't imagine speaking like an Israeli without – *ahlan*, for "hi", *sababa*, for "cool", *kef*, for "fun" – are all derived from Palestinian Arabic and entered into Hebrew as early as the 1880s. As for the "material for our needs", Yahuda had intuited that Arabic would provide not only slang but also the folksy expressions that this desiccated language of rabbis, now being revived by ideologues, so sorely lacked.

Yahuda's cousin, David Ezekiel Yellin, was a new hybrid too. In another example of the proto-Zionism of the religious prefiguring that of the state, their mutual grandfather, Rabbi Shlomo Yahuda, upon arriving in Jerusalem from Baghdad, decided to marry his children off to families from different diasporic communities, to reunite the Jewish people. This is why his daughter Serah, to the shock of the old Sephardi families, was married to Yehoshua Yellin, the Jerusalem-born son of a family from Poland. In what would become a common Israeli experience – cross-cultural marriage – the young man was introduced to his new family from Baghdad:

> Upon my arrival at my father-in-law's home, even before we had crossed the threshold, a lamb was slaughtered as a sacrifice and the meat was distributed to the poor, as was the sacred custom. Entering into the domain of my esteemed father-in-law, I was introduced to a whole new world, one of exotic languages, dress,

cuisine, customs, and etiquette. Instead of the familiar white yarmulke and fur hat, I was given a resplendent red tarbush and a black headdress. Instead of Yiddish, I was greeted with mellifluous Arabic. And instead of the conventional table and chairs, we sat upon soft and sumptuous carpets, with legs folded beneath us, and were served with fragrant and savoury rice dishes and fried delicacies.

David Yellin, born in 1864, was the Jerusalem son of this rare Polish–Baghdadi union. Behind closed doors, he heard cracks in the devotion to this impoverished and isolated city. His parents, looking for a way out, wanted David to get a Western education and travelled with him to London in 1880, hoping their Sassoon cousins, now mostly having left India for luxury in Britain, might pay for his education. They were their only hope of a lifeline, as my great-grandfather Joseph Ezekiel Judah and his brother in Calcutta had gone bankrupt, cutting off crucial financial support to Rabbi Shlomo's family in Jerusalem.

Yellin waited for months hoping to meet David Sassoon's widow. Then, at the synagogue, he met a Sephardi Jew from Jerusalem with a curious plan. Nissim Behar was moving back to Jerusalem to found a school for the Alliance Israélite Univerelle. There he wanted to start teaching Hebrew in Hebrew – *Ivrit b'Ivrit* – as a living language. Behar was convinced that it would work since Middle Eastern Jews were used to speaking Hebrew as an occasional lingua franca. Behar suggested that this brilliant young Hebraist join the school as both student and teacher.

In London, the Sassoons never pulled through. This family betrayal was to be the Hebrew language's immense gain. Yellin became one of the builders of modern Hebrew's linguistic and social infrastructure. In 1882, he formally enrolled as student and teacher at Behar's new school in Jerusalem. But nothing – not even the articles he had been writing for *Hamagid* since his teens – had prepared his respected religious family for the eruption this decision provoked. The city's Ashkenazi rabbis had, until then, managed to block members of their flock from attending secular schools. Crossing this line was a decisive turning point for Hebrew in Jerusalem, as Abraham Shalom Yahuda remembered:

> One can understand the storm that was caused in these circles of zealots by the news that Rabbi Yehoshua Yellin went out into a bad culture and put his son in the same forbidden *schule*. Their anger burned the most because he was the first and only Ashkenazi who broke through their barrier. Well, all of them alike wore a terrible jealousy, and they expanded the fire of hatred against him and issued a severe excommunication of him that they announced in all the streets of Jerusalem. Loud and clamorous notices were posted on the doors of synagogues to alert the holy congregation to distance themselves from him and to expel him from the entire nation of Israel.

The Yellins stood firm with David and opened the door for others to follow. With the success of the Alliance, the religious monopoly over education in Jerusalem was broken. And, like so many people castigated for their choices, David Yellin cleaved even closer to Hebrew. As Behar had predicted, the school proved exceptionally popular among Sephardi and Mizrahi families, who found Hebrew, given its similarity to Arabic, quite easy to learn. Soon after, Behar hired a certain Ben-Yehuda.

David Yellin (front row, second from left) and Eliezer Ben-Yehuda (front row, far right) at the Hebrew Language Committee, 1912

In a 1912 photograph of the Hebrew Language Committee, Yellin wears a fez, a statement that, though his father was Ashkenazi, his mother was a Baghdadi, a Yahuda. He sits in the front row with Eliezer Ben-Yehuda, in a rather extraordinary white striped suit and pince-nez. This was where their life's work came together, compiling unprecedented dictionaries. Teaching, for Yellin, was now a national mission. He founded the first Hebrew kindergarten, in 1903, became head of the Hebrew Teachers Association that same year and by 1904 was working with the Hebrew Language Committee to develop new words that teachers across Palestine desperately needed. Drawing from words that might only appear once in Jewish sources, he created words for joke, *bedicha*; farmer, *chaklai*; lawn, *deshe*; compass, *matspen*; rare, *nadir*; engine, *manoa*; actor, *sachkan*; photography, *tsilum* and, tellingly, for the concept that must often have been on his mind: propaganda, *ta'amula*. The pious Jerusalem of his childhood, where Hebrew could only really be heard in the synagogue, was long gone. Now, as the more ideological, committed and politically coherent migration known as the second *aliya* – truly formed by the movement – gathered pace, the language burst into the open, in speeches, assemblies and street posters.

This transformation had not been the work of the Zionist leadership, who lived mostly in Europe and conducted their business predominantly in English, German or Russian. It was the work of educators like Yellin, who built a linguistic infrastructure, as crucial to their nation-building

Ben-Yehuda's wife baked a cake to celebrate the tenth Hebrew-only family to join the fold in Jerusalem

project as the kibbutzim. By the start of the second decade of the twentieth century, Hebrew was finally establishing itself as the language of the *Yishuv*. But it was tiny. As late as 1902, Ben-Yehuda's wife baked a cake to celebrate the tenth Hebrew-only family to join the fold in Jerusalem since he'd arrived in the city. Ten years later there were now about 50,000 Jews in Palestine and only 10,000 of them outside of the cities. Schools, newspapers and meetings were being held in Hebrew. This push on the ground meant that finally, in 1907, three years after Herzl's death and just eleven after his mocking question about buying a railway ticket in Hebrew, the movement's congress declared Hebrew "the language of Zionism".

Foundation of Tel Aviv, 1909

Within all the memorabilia from this period, one picture stands out. It's an iconic photo: a modest group of Jews, in hats and suits, are posing together on a sand dune. It is 1909 and the foundation of Tel Aviv, intended to be "the first Hebrew city". The picture sums it up: something is happening, but in such small numbers that a sudden gust could blow the whole thing off course. Few outsiders to the movement realised what was even happening there, let alone its importance. Three years later, in 1912, my great-great-grandmother Rachel Sassoon – not herself descended from David Sassoon – visited the new city with her family and wrote about it in her diary:

> We had a walk to the German Jewish colony called Tel a Bib [*sic*]. It is the cleanest and best part of Jaffa. There are over a hundred homes very nicely kept. The streets are level and clean and here and there is a bit of ground being prepared like a garden.

No other nationality is allowed to live there, the streets are named in Hebrew and Hebrew is spoken by everyone even the little children so here it is a living language.

Rachel Sassoon, London, c.1912

She continued to Jerusalem, where the "narrow dirty lanes" of the Jewish Quarter were "simply sickening", full of "dreadful hovels where perhaps the sun has never shone". Pulled by a "vow" to Jerusalem, she was "heart broken" at the misery of the poor. These are the writings of someone convinced that Palestine was seeing only small – if interesting – changes. Bursting into tears as she finally reached the Western Wall, she prayed, with no sense of its imminence, that "some day this Temple will eventually belong to our people".

Her emotions, and her impressions of misery, are strikingly similar to those of Benjamin II. Except that Rachel Sassoon kept visiting schools – David Yellin's linguistic infrastructure – which did as much to build the Yishuv as the agricultural settlements slowly establishing themselves across the country. And she kept noticing this new Hebrew culture, which was spoken, she observed, at the new Bezalel Academy of Arts and Design. A native Judeo-Arabic speaker, born in Calcutta, Sassoon chose to write in a schoolgirl's English, the language of her family's business, status and future. Already, the accounts were no longer kept in Judeo-Arabic, and Hebrew had slipped into a language of prayer. This was the global trend in the early twentieth century, from Saint Petersburg to the Lower East Side. According to linguist Lewis Glinert, as war erupted in the Balkans, portending a global cataclysm, most Jews even in Palestine were sceptical about the future of Hebrew and still did not send their children to Hebrew-speaking schools. David Yellin, whose educational work for the Jewish community had turned him into a national politician, was now in the Ottoman parliament and many Jews were following him in learning Turkish and the ways of the empire's politics. After all, Herzl's vision – of the great powers suddenly handing Palestine to the Jews – now seemed like more of a fantasy than someone buying a railway ticket in Hebrew, for which a word, *kartis*, plucked from the Aramaic in the Talmud, was now already in use.

It's easy, then, to imagine another history: in which the story of Hebrew, collated by a distant and nostalgic relative of Mr Yellin, is published as the story of a curio, a failed attempt to turn the Jewish Latin into the Jewish Esperanto by a few Jerusalem freaks.

And this is what Ben-Yehuda and David Yellin feared when, in 1913, the German-Jewish Ezra fund sponsoring the

Technikum – the first scientific and technical college in Palestine and the future Technion – decided that it would open in Haifa with German as its language of instruction. Ben-Yehuda instantly saw what was at stake. Should the Jews of Palestine receive their university educations and build their scientific output in German, the whole social infrastructure of jobs, plants and technical programmes would displace Hebrew. "The Technion will open only at the cost of Jewish blood, and scores of young people will end up in prison," he thundered. Controversy raged. David Yellin resigned from one of his many jobs, the German-Jewish–supported teacher's training college, which backed German, and founded a Hebrew one. Language-building, he wrote, was nothing less than nation-building:

> Not by clanging swords, nor by the influence of clubs, do we open our Hebrew schools … Not for the sake of money or material gain, and not for the sake of honour and external glory, have we left our good and fruitful occupations – for the sake of the ideal that burns within us every day … Our work in the holy field of education will elevate us above all the smallness of the moment and the excitement of the hour, and our success will enable us to establish a fresh and healthy generation for the people of Israel, for its religion, its law, and its wisdom.

The controversy proved so great the Technikum relented. Hebrew was chosen to be its language of instruction despite lacking hundreds of basic scientific words.

Then, like an earthquake – war. The expected timeline was smashed. The fate of the Jews and their languages was thrown wide open. The names of small towns and villages in Flanders became synonymous with hell. "I believe that this war," wrote Siegfried Sassoon, one of David Sassoon's British-born great-grandsons, "upon which I entered as a war of defence and liberation has now become a war of aggression and conquest." He would serve in the capture of Palestine. One after the other, the cities Benjamin II had visited fell to the British: Basra, Baghdad, Jerusalem.

As the empire of thirty-six sultans crumbled, Turkish forces entered a frenzy of oppression from Anatolia, through Mount Lebanon, to Palestine. Ben-Yehuda, with his Yiddish homing instinct, fled to New York. David Yellin, with his Arabic, was exiled to Damascus. Two years after the outbreak of war, roughly half of the Jews of Palestine were no longer in the country. Tel Aviv was evacuated, leaving only twelve people to guard the plot. From the Schlieffen Plan to the Battle of Verdun, had the German offensives gone differently, so too would Jewish history. Instead, Britain conquered Palestine, then, in a moment of idealism, cunning and cynicism, promised a "Jewish National Home". "Our policy may fail: I do not deny this is an adventure," said Arthur Balfour in the House of Lords, defending the declaration he had made as British foreign secretary. "Are we never to have adventures? Are we never to try new experiments?" Herzl's prophecy at the congress in Basel had come true: the fate of Palestine had been decided in Constantinople. The moment the Sublime Porte entered the war its fate was sealed.

The Jerusalem that Abraham Shalom Yahuda returned to in 1920 was a city transformed. Union Jacks fluttered in the clear light. There was a British high commissioner, Herbert Samuel, fresh from the House of Commons, and he was a Zionist and a Jew. From the stamps to the councils, the new structures not only handed the Zionists power, but affirmed that this power would be in Hebrew. Ben-Yehuda lived to see the mad pact he'd made with

Dvora confirmed by His Majesty's government in 1922 as Hebrew was recognised as one of the Mandate's three official languages. David Yellin found himself sitting in a Jewish assembly speaking Hebrew, not Turkish. And Yahuda was invited to come back to Jerusalem to join a Hebrew university.

As far back as when David Gordon of *Hamagid* attended the 1884 Kattowitz Conference of Hovevei Zion, the movement had dreamed of a university teaching in Hebrew. Its cornerstone would now be laid. They'd won the battle to stop the Technion teaching in German, and now Jewish research and education would be built around these two Hebrew-speaking institutions in Palestine. This led to the letter to Yahuda: would he be interested in joining this new Hebrew University of Jerusalem to teach Bible studies and Arabic language and literature? His cousin, Yellin, would teach there. It was clear from the outcome of World War I that a Hebrew-speaking Jewish society would emerge in Palestine. This society comprised only 40,000 speakers, but now they had newspapers, schools, higher education, even political institutions, to force the Jewish migrants to speak it – all they thought they needed was time. In the months he spent in Jerusalem after receiving the offer from the university, Yahuda – meeting the mostly Russian and Polish Jews who hadn't lived in Palestine for long but now commanded the movement – grew tense, frustrated and eventually angry. He felt the very future of the Yishuv was tied up with how the movement would relate to the Arabs, and their Palestinian elites in particular.

The dream of cooperation, rooted in a love of these Semitic languages, would find no meaningful politics

In November 1920, in an auditorium close to the Damascus Gate, Yahuda once again tried to nudge the course of history. He was giving a lecture, in his most erudite and refined register of classical Arabic, in honour of the new high commissioner. The subject was the glories of Arabic culture and Al-Andalus, and the audience was an increasingly rare cross-section of the city's Muslim, Christian and Jewish intellectuals. Channelling this memory of Grenada, he called on the Arabs to allow Jewish national rights to be actualised in Palestine, but for this to be done in partnership:

> Only when the spirit of tolerance and freedom that prevailed in the golden age of Arab thought in al-Andalus … will return to prevail today, in a way that will enable all peoples, without religious or ethnic prejudice, to work together for the revival of enlightenment in the Eastern nations, each people according to its unique character and traditions, can an all-encompassing Eastern enlightenment be reborn that will include all Eastern nations and peoples.

That enlightenment was not to be found. High Commissioner Herbert Samuel spoke after him, with a promise of an Arabic university that was never kept. No translation of Yahuda's speech was provided, so Samuel never even registered the appeal to history. Quickly, my very distant, very pompous relative was criticised and ostracised by the Zionist establishment. Across the Arab world, his speech was denounced as Zionist trickery – it made no pretence of compromising with his life-long vision of a Jewish national home. The dream of cooperation, rooted in a love of these Semitic languages, would find no meaningful politics. Only one person in the audience, the Iraqi poet and educator Ma'ruf al-Rusafi, was moved enough to praise it:

> Yahuda's speech made us all pensive
> And reminded us of what we knew so well.
> He celebrated Arab achievement in the West
> And recalled the glories of the Abbasids in the East.
> …
> We are not, as we have been falsely accused,
> Enemies of the Jews, overtly or in secret.
> The two people are but cousins.
> In their language is the proof
> But we fear expulsion from the homeland
> And being ruled by force of arms.

Al-Rusafi, too, would be ostracised, accused of treachery and forced into a half-apology because of these lines, before leaving his teaching position in Jerusalem and then the country. The first Arab riots had taken place in the city only a few months before. The next, in Jaffa, were a few months away. The problems that Yahuda had foreseen, but on which his idealism offered little guidance, were now erupting around him. A few months later he too left the country, trading oriental manuscripts in Cairo, eventually teaching in England and then in the United States.

I have often thought about this obscure speech, by an obscure man on an obscure night. It never represented, no matter how much I want it to, a different political future – without conflict – that the Zionist movement could have taken.

Yahuda believed in a Jewish state. What his speech represents, it pains me to say, are the delusions of the intellectuals about the price of making that state a reality. A movement founded by journalists, poets and dreamers was soon in the hands of men like David Ben-Gurion, who realised as early as 1919 that there would be no peace, in his lifetime, with the Arabs, because Zionism intended to build that state by bringing about a Jewish majority and irrevocably changing their homeland. Ben-Yehuda was right: to be saved, Hebrew had to be spoken, and to be spoken it needed a land. The price of Hebrew was my family's old Middle East: summers in Alexandria, synagogues in Beirut, and Judeo-Arabic. And Abraham Shalom Yahuda never owned up to it. He had dreams like those of Martin Buber, Judah Leon Magnes and other intellectuals of Jerusalem at that time, who went much further and flirted with binationalism, but these were all a form of denial. There was no both ways.

So: Abraham Shalom Yahuda left and his cousin David Yellin stayed. "Not by clanging swords, nor by the influence of clubs, do we open our Hebrew schools," wrote Yellin, who knew full well that the Zionists used pressure to get their way. Ten years later, in Tel Aviv, the little houses Rachel Sassoon had seen in the sand could now be described as a city, with a population of 160,000 in 1930. How could the handful of Hebrew ideologues she'd met on those streets have imposed the language on an immigrant population vastly larger – especially since most of them spoke Yiddish and German? Belief in the cause is part of the answer. The hidden part is what Professor Zohar Shavit has called the Tel Aviv language police. The municipality forbade correspondence, signage, even hotel guestbooks in any other language. Meanwhile, the vigilantes of the Battalion of the Defenders of the Hebrew Language aggressively pushed for Hebrew to be spoken on buses, disturbed Yiddish meetings or theatre performances – threatening theatre owners with property damage – smashed shop signs, threw stink bombs and picketed Yiddish lectures. At the time, American Jewish newspapers frothed with stories of children being expelled for *mamaloshen*. "I want everything to be done in Hebrew," said the national poet Chaim Nachman Bialik. "One should shit in Hebrew, shout, steal, commit adultery in Hebrew." But without pressure Tel Aviv would have sounded like Herzl's ideal – "a federation of languages". The proof? Bialik had made his declaration in Yiddish.

By the end of the 1920s, David Yellin was the president of the Jewish National Council, the Mandate's executive organ for the Yishuv, heading what looked like a shadow government. But, as his cousin Yahuda had feared, something had started to go terribly wrong. The relative live-and-let-live between Arabs and Jews was violently disintegrating. Politically, it wouldn't matter that, to quote al-Rusafi, "the two people are but cousins. In their language is the proof." Yahuda briefly returned but his attempts to talk to religious authorities in Al-Azhar in Cairo and at Al-Aqsa in Jerusalem proved pointless. In 1937, Yellin, by then Ben-Yehuda's successor as the head of the Hebrew Language Committee, buried his son Avinoam, who had been murdered in the Arab revolt. These forces, which Herzl had once said to Yahuda "do not count", would define everything.

A Hebrew society would survive. But whether it would be durable, let alone successful, wasn't yet certain

But none of it would stop Hebrew. The only thing that could, to invert al-Rusafi, was expulsion by force of arms. It is comforting, or fashionable, to forget how precariously Jewish history was balanced as Yellin and Yahuda became old men. Hair gone, eyes sunken and his handsome smile long turned, Yellin died in December 1941. He would have known about the slaughter of Operation Barbarossa. And he would have known about the Farhud, the massacre that had just ripped through Baghdad Jewry. He would have known they were coming: the Nazis, through North Africa. That people in Jerusalem were carrying cyanide for when the Gestapo arrived, and that panicked throngs were praying at the Wall on rumours of their advance. He would not have known the Afrika Korps had an extermination unit, or that the Yishuv was planning to gather the Jews on Mount Carmel, in a last stand, behind the terrifying slogan "Masada Shall Not Fall Again". But in his prayers and his sickness, his circling memories and fears, he would have felt it in his bones.

The fate of the Jews, few realise, was decided when Britain beat Field Marshal Rommel at El Alamein. Egypt would not fall. Palestine would not fall. The Jews would not be exterminated – there. A Hebrew society would survive. But whether it would be durable, let alone successful, wasn't yet certain. At the New School in New York, in midtown, a world away from the Jerusalem of his childhood and the bright oriental robes of his grandfather, Yahuda – when he wasn't engaged in disputes with Freud or his friendship with Einstein – hung anxiously on every piece of news. He had drifted to the right, becoming a supporter of Ze'ev Jabotinsky. He would have known that had Roosevelt, who opposed partition, not died; had Stalin, who misunderstood Zionism, not voted for it; and had the Kremlin decided not to arm the Yishuv, his nightmares would have come true. He would not have known that the United States, in 1948, feared it would have to land in Tel Aviv to prevent a massacre there. But he would have sensed the possibility of disaster.

Yahuda died of a heart attack in August 1951, after the fate of the Jews had been decided. In Central and Eastern Europe, they would die. In the Middle East, even in their ancestral Baghdad – the city Benjamin II had sensed eternal – they would have to flee. And in Israel, they would have a state – a state where they would speak Hebrew. His wife Ethel, almost immediately after he passed, sent a telegram to Ben-Gurion. Her husband, she said, one of the princes of Baghdad, had always been there with the Jewish people, his soul there with all the moments of their history. Just before his death, Yahuda had written the prime minister a congratulatory note on his re-election, which she enclosed, along with an article of his on Napoleon's musings about a Jewish state. Yahuda, his wife said, had wanted to come home to found a centre for Jewish–Arab research and understanding. And perhaps, eventually, reconciliation. To the end, his idealism about the Middle East was mixed with denial about the price of Zionism.

It might seem strange, after all of his feuds and disappointments with the Zionist leadership over the Arab question, that Yahuda would write to Ben-Gurion. Perhaps he knew: there would be wars to come but, for the next generations, Israel's shockingly brutal victories – across depopulated Palestinian villages he would have known from his childhood – would safeguard them. They would not be threatened with extermination again. Hundreds of thousands of Palestinians, however, would become refugees, and Jews would be expelled across the Arab world. Through desert battles, between El Alamein and Operation Pleshet in the Negev, the fate of Hebrew had been sealed. The cost would be a future of relentless conflict and the end of the old communal life of the Middle East so dear to Yahuda's heart. But the shape, not only of this new state and society but of what had already been celebrated as the only known revival of a dead spoken language, was far from set.

The new Hebrew
Hamutal Yellin translates her great-grandfather

In April 2023, a couple of weeks after Passover, I had a chance to talk about this history – about this language, *Ivrit*, which, though I struggle to communicate in it, I feel is deeply part of me – with someone at the other end of this journey through language. The journey that began with Benjamin II, on his way from Baghdad to Calcutta, where he met Yehezkel Yehuda.

I'm a writer from London and Hamutal Yellin is a translator in Givatayim, a suburb of Tel Aviv. I am in my thirties, she is in her forties, and we both live for cats and books. We are both descendants of Yehezkel Yehuda, which makes us, I think, fourth cousins. While my great-great-grandfather Joseph Ezekiel Judah ran opium ships back and forth to China, his brother Rabbi Shlomo Yahuda, her great-great-great-grandfather, founded a yeshiva in Jerusalem. While my great-grandfather Emanuel Judah developed the coal industry in Bihar and Bengal, his cousin, Serah Yellin, Hamutal's great-great-grandmother, married Yehoshua Yellin, and raised Hamutal's great-grandfather David Yellin, who did so much to build up the spoken Hebrew we have today. "They dressed him in Ashkenazi clothes and sent him to an Ashkenazi *cheder* which was in the courtyard of the Hurva synagogue and at home he spoke Yiddish like the Ashkenazim. But the influence of the Sephardic mother prevailed over David," wrote his cousin Abraham Shalom Yahuda, in his eulogy.

I am not, if I am honest with myself, truly the product of my ancestors' fidelity to Judaism: that was the fate of Rabbi Shlomo's lineage. I am the result of their longing for assimilation, of choices that led them to follow their Sassoon cousins to London. Choices from Rachel Sassoon's English-language diary to my grandfather's enrolment at a British public school. Hamutal is the product of choices that began in the same place but led to Hebrew. For me, the library of Ma'tuk might as well never have existed, because in this generation, I am the Benjamin II in my ancestor's language. Often as lost in modern Hebrew as he was in Baghdad, trying to make sense of Judeo-Arabic.

Hamutal has recordings of David Yellin, made in 1935 in London, with both his and Abraham Shalom's cousin Joseph Yahuda, who had abandoned Jerusalem for England. It's an instructional vinyl for learners: slowly and patiently, he reads a list of words, beginning with *Adam* and *Chava*, through the names of the great rabbis – *Shmuel Hamagid, Ramchal* – to the names of the Zionists – *Herzl, Nordau* – until he arrives at a list of towns – *Petach Tikvah, Rishon LeZion*. The effect is haunting, like the whole of Jewish history, and when Hamutal listens to it she is stunned by how differ-

> "I can feel my father turning in his grave at how I speak, write and translate certain things in Hebrew"

ent Yellin sounds. His pronunciation, to her modern ear, is almost bizarre: both deeply Ashkenazi and deeply Sephardi at once. These are the sounds that have faded out of Hebrew: the guttural *ayin* and *chet* of the Mediterranean and the Middle East and the *ay* diphthongs and rolling *resh* of Central and Eastern Europe.

David Yellin had wanted his son Emanuel, Hamutal's grandfather, to be a merchant, as there were too many teachers in the family, but he had the worst possible character for such a role, she says, both too trusting and too meek. Hamutal's late father, Yehoshua Yellin, was a Hebrew teacher, who taught at the teacher training college in the city of Be'er Sheva, on the edge of the desert, and specialised in medieval Sephardi poetry. "I can feel my father turning in his grave," she said, "at how I speak, write and translate certain things in Hebrew." This gap, between the refined Hebrew of her home and that of the street, hit her very young. "I have a black belt in mixed martial arts," says Hamutal, "and one of the reasons is that from kindergarten, I was teased and picked on for speaking in this high, literary-sounding Hebrew I heard from my father." Possessives like *avi, aviha, aviv* – my father, her father, his father – instead of using the preposition *shel*, "of" – as in *abba sheli, abba shela, abba shelo* – sounded archaic and comical to her classmates.

It's a spoken language that is subtly different from that of early Israel across the full spectrum of speech: in its use of grammar and gender, slang and syntax, conjugation and acronyms. "I remember in the early 1990s," says Hamutal, "when I first came back from the army, I was using so many acronyms my father couldn't understand what I was saying." This subtle militarisation of speech, with acronyms like *shnatz*, from *shnat tzohoraim*, meaning "nap", and *luz*, from *luach zmanim*, meaning "timetable", is one way the language would sound strange to David Yellin. Hamutal has also begun to notice recently that her use of gender has changed. Online posts today often use a collective feminine plural – like, for example, *sofrot*, for "writers" – rather than the collective masculine plural – *sofrim* – which would be the grammatically correct default. It's now common to see full stops between male and female endings, for example *im.ot*, to address a mixed group, she says – like *sofrim.ot* – in a liberal, secular and Tel Aviv–coded culture found all over Israel. Facebook Memories keeps reminding her that this gender amalgam is not something she ever would have used ten years ago. "I'm a feminist," she said, "but my father would say, look, that's the way it is – the tradition, the Bible and whole of Hebrew culture – but I would say language should serve its speakers."

The scholar Ruvik Rosenthal says modern Hebrew exists in constant friction between how it is supposed to be and how it is actually spoken. "I've felt this as a translator," Hamutal says, "as books are now being retranslated, as they sound too archaic." This is, for the most part, the third or fourth generation of a spoken language, finding its grooves, which she thinks is often what feels right in the mouth. She frequently works on young adult books, and an informal, officially ungrammatical Hebrew is what she uses to make dialogue sound like it is being spoken by a teenager. Things like the increasing casual use of the third-person future tense, over the first, among the under-thirties. Saying *ani ekra*, for "I will read", can sound a bit weird, but less so, *ani yikra*. The counter-intuitive sets of masculine and feminine numbers are also beginning to fall away in favour of simpler feminine numbers. "If you go to a fancy supermarket," says Hamutal, "you would find prices for a melon referred to as *asarah shekalim*, the right masculine form. In the market it would be referred to as *eser shekel*." Masculine or feminine numbers have become a subtle class marker in Israel today.

When Hamutal was a child, the older generation sprinkled their Hebrew with more Yiddish. Now, she says, it is impossible to listen to modern Hebrew and not hear the English. It would have shocked David Yellin, but by the 1980s, *shalom* for "hello" and *l'hitraot* for "goodbye" had been sidelined in casual conversation by "hi" and "bye". *Slicha*, meanwhile, has half slipped out of use for "excuse me", replaced mostly by "sorry". Hebrew is now full of expressions like *macreep* (gives me the creeps) and *le'dalet* (to delete) and adjectives like *macringe* (cringeworthy). Even what are, on the surface, Hebrew words are being used in idiomatically

English forms: *keilu*, for instance, from the Talmud, is now used as "like" is in English, as a verbal pause or tic. "My father hated these expressions, like *lakachat tmuna*, a copy-paste translation of 'to take a picture' instead of using the verb *letzalem*," says Hamutal, "where the syntax isn't Semitic and isn't Hebrew. They were not much used in his childhood but grew common later in his life."

She thinks David Yellin, who was such a passionate believer in Hebrew's potential as a spoken language, would not necessarily have been horrified that Hebrew grammar is evolving and the language now incorporates so much English. "Languages live like that," Hamutal says, "and this is the ultimate proof that it lives." But when I ask her what he might have thought about life in modern Israel, she says he would have been shocked at how little Arabic Jews speak. Not only did Yellin speak fluent Arabic, his mother's native tongue, but he translated from it, and throughout his life had many Palestinian friends and acquaintances. Hamutal says he would have used Arabic every day; while she translates from English and Dutch, she has no grasp of more than a few words of Arabic. And this makes her uncomfortable: that the Arabs she meets speak her language fluently but she can't respond as her great-grandfather would have. There is now marginally less Arabic slang, such as *ahlan*, for "hi", used in Hebrew than in the past, and more Palestinians speak Hebrew than Diaspora Jews.

After we spoke, Hamutal found a letter written by the sixteen-year-old David Yellin to his father, thanking him for having encouraged him to learn English instead of French. As an experiment, she decided to try to translate him into the Hebrew of a modern Israeli teenager. "It proved surprisingly difficult," she said. First, she removed most of the possessives, such as *avi*, for "my father", and *atsatecha*, for "your advice", turning them into *abba sheli* and *haetsa shelcha*. Then, she removed the *asher*, meaning "which", as it is now almost never used in informal writing; *she* is used instead. The use of *ha*, for "that" or "which", in the present, she also dropped for *she*, as this again has slipped from everyday use. However, when it came to Hebrew's distinctive direct object marker, *et*, she added a few more. But many of the changes were for the words themselves: *yerushalmim*, for "Jerusalemites", instead of *yoshvei yerushalayim*, or "dwellers of Jerusalem"; or *tsarfatit*, for "French", instead of *lashon tsarfat* – changes that reflect the modernisation of the language. Or changes like *avodah*, for "work", instead of *melacha*, where a word that was in common use has taken on a literary or religious meaning. "The biggest trouble I had translating it," said Hamutal, "was how richly knotted it was with biblical allusions and verses. I think it might have saddened my great-grandfather that I struggled with it, despite being highly educated, as it reflects the drift of the Israeli mainstream away from the Hebrew culture of the Bible."

> "What he would have found the most incredible is that I am thinking and dreaming in Hebrew and so are millions of us here"

Hamutal, when we spoke, had been protesting every weekend against anti-democratic legislation, opening the doors to authoritarianism. "I think my father would have been so upset," she said, "to think of the degraded situation that Israel is in now. But his grandfather, David Yellin? I don't really know. He died in 1941. He never saw the State of Israel and he was never sure that we were going to have it, and I think if he could see it now his overriding emotion would still be that he would be so happy and proud we have the State of Israel." Despite being obsessed with words, David

Yellin never thought in Hebrew. He thought in Yiddish, and that troubled him. "This makes me think," said Hamutal, "that what he would have found the most incredible is that I am thinking and dreaming in it and so are millions of us here."

After talking with Hamutal, I started imagining David Yellin walking the streets of Tel Aviv. It would not have taken him long to realise, reading *Haaretz* in the sun, that while all the political dreams of Zionism – from Herzl to Ben-Gurion, from ending antisemitism to building a secure and just state – are a mix of tragic successes and partial failures, the cultural dream of the Hebraists, of Ben-Yehuda, Ahad Ha'am and Yellin himself, is the one complete triumph. Ironically, it was the one dream that Herzl considered a genuine fairytale.

The Hebrew heart
David Solomon Sassoon the bibliophile

As I was planning this essay, I was contacted by my grandfather's cousin, Edwina Sassoon, a descendant of both David Sassoon the patriarch and Rachel Sassoon the diarist. She had helped put together an exhibition on the history of the Sassoons, which was being shown in New York, at the Jewish Museum on the Upper East Side. Would I be interested in coming to the launch event? A few weeks later, I found myself in the audience, listening to the panel of the patriarch's descendents: Lord James Sassoon, Edwina Sassoon and the Marquess of Cholmondeley. Not everyone on the panel was Jewish. None spoke Hebrew. Yet, each in their own ways, they were the triumphant ends of a journey west, into assimilation and English. Like my family's journey, involving choices I am unhesitatingly proud of.

As I walked into the gallery, though, there were the treasures of the one Sassoon who had turned east. Whose descendants are now rabbis and Israelis. The bibliophile David Solomon Sassoon. An heir to a great trading fortune, he made the other choice, unlike the rest of his family, and threw his life into collecting Hebrew manuscripts. Tracking them down across Europe, the Mediterranean and the Middle East, from dealers, synagogues and remote souks. At times he collaborated with another bibliophile – Abraham Shalom Yahuda – working in a frenzy to assemble these priceless books and scrolls from as early as the ninth century. Handwritten copies of the work of the Rambam. Illuminated codices from Provence. Damascene Torahs. The oldest Bibles ever recorded.

As his relatives, to quote a waspish letter from the poet Siegfried Sassoon, spent money at drapers' shops, jewellers and pastry shops, David Solomon Sassoon poured his fortune into a collection that grew to more than 1200 works. Sassoon spent recklessly, compulsively, practically running a spy agency to open up every "new source" of manuscripts he could find. Like a Jorge Luis Borges character in a Mayfair mansion, he assembled the greatest trove of its kind that ever existed.

There in London, from ancient signatures and faded name plates, he set about gathering the contents of the great library of Sliman Ben David Ma'tuk, the same books that once educated David Sassoon and Yehezkel Yehuda. But why? It was 1938, and the world was darkening. Nazi bombings, he feared, would come even to Mayfair. There was nothing for it.

> Last night, I removed some manuscripts and printed books from their home of many years – books by which I had passed my days and nights, books in which I delighted every day, holy books

more precious and dear to me than much fine gold – and with great care wrapped them in paper in order to send them for safekeeping in a more secure place. This afternoon, my son Sliman, may God protect and keep him, and I took the packages and began to place them on the inner seat of a taxi. ... Later, my righteous duchess [wife], may God protect and keep her, and I went to a place called Winchester House Safe Deposit, on [Old] Broad Street, and with a broken heart and a crushed spirit, we stored the books in an ironclad room. I hugged and kissed them and pressed them against my eyes – the same eyes that saw by their light – and then took my leave of them asking myself: when will they return to me?

I am thirty-five years old. I was born thirty-seven years after the expulsion of Jewish Baghdad and forty-three years after the end of the Holocaust. And thirty-two years after Abraham Shalom Yahuda wrote to Ben-Gurion on his death day. Roughly the same amount of time that separates the letter from Yahuda's speech by the Damascus Gate. A similar amount of time again separates his futile call for a new Al-Andalus from his meeting Herzl in the East End. And, again, not too far off that slab of time separating that encounter from Benjamin II's return from his travels. In those five spans of time it takes a man to grow up, millennia-old worlds and patterns of life that added up to a Jewish civilisation were destroyed or disintegrated. This is why, in my heart, I know why David Solomon Sassoon was collecting. Out of a terrible premonition. That if he did not act to save them – in Warsaw, in Aleppo, in Frankfurt, in Sana'a – they would be destroyed as the darkness gathered against us.

These precious books were there, behind glass, in front of me. But there was only one I could turn to. Beautiful, resplendent, its words framed in gold: the Judah Haggadah, from Calcutta. Commissioned by Sassoon Ezekiel Judah, the third brother of Rabbi Shlomo Yahuda and my great-great-grandfather Joseph Ezekiel Judah. The Baghdadi family, whose descendants – from me in New York to Hamutal in Givatayim – now dream in different languages. We are children of two new ways of being Jewish, one in the Middle East, one in the West, between which *Ivrit* is the dividing line; but still, there in my prayers, in my wedding vows, in the everyday words that define what it is to be a Jew, is what ties us together.

As I squinted at the Hebrew script, it was suddenly clear to me. Our religion, our story, is, at its heart, a love of this language and a refusal to let it go. A feeling so strong that Israel, a state, was made from it.

Then, through the glass, I began – haltingly, not understanding every word – to read. *HaHaggadah shel Pesach k'minhag Yisrael Kadoshim b'lashon HaKodesh* – the Haggadah for Passover following the customs of Israel is holy in the Holy Language. ≡

The silent tailor

Isaac Bashevis Singer
(translated by David Stromberg)

Translator's introduction

During his prolific career, Isaac Bashevis Singer wrote more stories than he could publish in English, especially as he was directly involved in the translation process. In picking which stories to translate, he usually chose those he believed travelled best across the linguistic and cultural divide. Stories that were considered too bleak, or too experimental, or different from what his readership came to expect were often set aside.

These untranslated stories are part of the Yiddish canon that is largely unknown. "The Silent Tailor" belongs to a group of six stories that remained unknown even to scholars, because it was published during a period – from July 1952 to December 1959 – for which no bibliography has yet been published. I came upon it during my efforts to fill this gap in the bibliography, and was immediately struck by its unique character. The story, which first appeared on 24 June 1956, is a powerful tale of religious and spiritual penitence – a topic that especially preoccupied Singer. As a translator, the challenge was not only in getting the voice of the silent tailor right, but also in finding the right professional words for the materials that tailors used during this period, which can be presumed to be around the end of the nineteenth century.

"The Silent Tailor" can be seen as a sort of companion piece to Singer's canonical story "Gimpl tam", which has recently been published in a definitive bilingual edition as "Simple Gimpl". In his story, Gimpl confesses that he has one flaw: he does not know how to be angry. In "The Silent Tailor", the protagonist confesses the opposite: his anger is too great. Singer, it seems, turned the story of Gimpl on its head.

While Gimpl is the storyteller in his story, in "The Silent Tailor" this role belongs to the rabbi of the town where the tailor settles. This way, Singer emphasises an important aspect of the rabbi's role in the shtetl: spiritual leader for lost souls as well as chronicler of its remarkable events. This is why, after hearing the tailor's story, the rabbi says, "We have to write this up." With these words, Singer points to a tradition of Hasidic rabbinical writings that retell events that they have witnessed, providing moral tales that not only set their readers on the righteous path, but also strengthen their faith in God and in the Jewish tradition. This literary theme may not have seemed culturally resonant in the America of the mid-1950s. But it is part of what makes the story timeless.

David Stromberg, Jerusalem

"Rabbi," said the silent tailor, "I'm not mute. I can speak." The rabbi's face turned as white as his beard. The community's elders looked at each other in shock. The beadle sat flat on his big backside and rested his hands on his cane. People in the street knew all about the extraordinary event and crowded around the window and door. The silent tailor had lived in Tzivkev for twenty years and in all that time hadn't made a single peep. No one had ever heard as much as a squeal or a groan. He was as silent as any mute. They knew he could hear, which was surprising because mutes were very often also deaf, but what did such small-town folk know about these kinds of medical questions?

It had been twenty years since the silent tailor had arrived in Tzivkev. No one knew where he came from or why he had chosen Tzivkev in particular. He was already an old man by then. He began to sew women's clothes and quickly made a name for himself as a quality craftsman. Silently, he opened a workshop, hired assistants, and married a local woman – a widow. He sewed like the tailors in Lublin: loose rotonda coats, long women's capes and more fashionable styles like pelerines and fur overcoats. When he made a wedding dress with a train, it became the talk of the town. He was also a furrier and knew how to add fur lining to outerwear. The noble ladies in the area, who until then had had their clothes made in Zamość or Lublin, now ordered all their clothes from the silent tailor.

He had a pitch-black beard, a wide forehead and big sharp eyes. He didn't need to take measurements. He would take one look and, intently, take chalk and write down the width of the shoulders, the length of the sleeves, the size of the chest, hips and waist. It was only later that the assistant would take measurements, and they were always perfect.

People who are mute tend to communicate with gestures and hand signals. But the silent tailor said little even with his hands. He only demonstrated what to do. When an assistant made a mistake, the master got angry. His face turned red, his eyes flared up, and he pursed his lips. But he never hit anyone – never even pulled an apprentice's ear. He knew how to write nothing but numbers, though he'd brought a prayer book with him and on the cover was his name, Eliezer Ben Rov Dovid. This was how he was called up to the Torah. He was respected in town. He behaved like a solid man. He awoke at daybreak and went to the prayer house for the earliest service. He looked down at the prayer book and when the cantor finished a blessing, he nodded his head. He never overcharged anyone, never used inferior material, never kept fabric remnants for himself. The tailor's apprentices got their payment every Friday. Usually, apprentices took out the slops, swept the house, rocked the babies in their cradles and were generally treated like servants. But the silent tailor taught them their profession from the very beginning, and as soon as a young man could make some use of himself, he gave him a salary. People fought over apprenticing with the silent tailor. The other tailors feared that this stranger was going to take away their livelihood. But since he was a little more expensive than they were, and supervised everything himself, he didn't take on too much work. Even his competitors praised him and came to him for patterns. It would happen that another tailor would order a trousseau from him for his own daughter. In the tailors' prayer house, he was given a seat on the eastern wall, and was invited to all the meetings. Tailors tended to badmouth each other, but they always admitted that the silent tailor had golden hands. You never saw people with such dexterity and discipline. He could do ten fittings for a single item.

He didn't deliver a piece of clothing until it fitted like a glove. He could have been a wealthy man. But he contented himself with less.

And so the years passed. Little by little, his black beard was streaked with grey stripes of hair. His frame had bent. His hands started to tremble. People in Tzivkev started to say that he was losing his strength. Soon enough, he could no longer get out of bed. There were no doctors in Tzivkev. Fayvel, the local healer, gave him some medicinal herbs, a kind of tincture, but it didn't make things better. The members of the burial society were already talking about finding him a plot.

That was when the tailor's wife came and gathered the rabbi and the community.

The sick man was sitting in bed, propped up against two pillows. On a stool lay a prayer book and a book of psalms. The work table was covered with a sheet, as it was on Shabbat. His wife's eyes were red and she blew her nose into a handkerchief. The silent tailor spoke, and from his accent it was clear that he came from Greater Poland – from the other side of the Vistula.

"Rabbi, I'm not mute. I've chosen to be silent. That's the truth."

"Why have you made this choice?" the rabbi asked. "When? How did it happen?" His voice was choked with tears.

"I'll tell you, Rabbi. I come from Kalisz. My father, may he rest in peace, lived there, as did my grandfather and many other generations. My father was a tailor of women's clothing and I soon learned his trade too. At seventeen, I married another tailor's daughter and set out on my own. I was successful in everything I did. I sewed for the wealthiest women. I wasn't like the others, who made promises they didn't keep. When I said that something would be ready by Shabbat, or by the coming holiday, it was as good as done. When a dress came out too loose or too tight, I sewed it again. If someone's fabric was damaged, I used my own. People don't like to be cheated. I always went with the truth and it did me good. My father passed away and his clients came to me as well. I was unlucky only in one thing: my wife was never able to conceive. People tried to convince me to divorce her, but how can you divorce your wife in such a situation? Is it her fault that God has, as they say, closed her womb? I've studied Torah. I can read the sacred texts. It was as if she had a lump in there. People said that it was fated this way, but who cares? I'll be laid out on a bed of nails. I don't pretend to be a holy man. And it would have all been fine had I not been such an angry man.

"Rabbi, I'm a priestly *kohen*, but also a bitterly angry man – ever since childhood. Everything has to be done just right, and when it's not, I lose control. When I get angry, I can be as wicked as Esau. Once, when one of my assistants burned a piece of silk with an iron, I fell into such a rage that I spat in his face and chased him out with a broom. I ran after him through the whole marketplace, yelling: *You idiotic incompetent good-for-nothing – you and your two left hands!* I knew this would ruin him, but I couldn't stop myself. No other tailor wanted to hire him. He hung around with nothing to do but swallow his own spit. I even considered taking him back, but he was too thin-skinned. Around this time, the community was supposed to send a young man to be drafted into the army, and the young man was made a soldier. Rabbi, it was my fault.

"I promised myself never again to fall into such a rage. I listened to travelling preachers and knew that such behaviour was the greatest of sins. But it didn't help. When an apprentice failed to stitch a buttonhole properly, or sewed a button on crookedly, I turned into a wild beast. I'd curse him in the filthiest way right then and there. I'd whack him too. I had a pair of iron fists. I could knock out someone's teeth with a single blow. I paid better than anyone else, but it became hard for me to find assistants. They shook at the sound of my voice. And they gave me a nickname too: Layzer the Razor. They say that breaking a dish in anger is like worshipping an idol. Rabbi, I spent half my life worshipping idols. Anytime things didn't go smoothly, I took it out on the dishes. I broke plates, cups, bowls – anything that fell into my hands. I once tore more than two metres of sackcloth to pieces. I'd take a piece of fabric or cloth and throw it into the fire. In general, I never held a grudge against anyone, but I hated mistakes like they were spiders. For me, ruining something was worse than renouncing one's faith. People would sometimes bring me clothing that other tailors had ruined. Sometimes I could fix it, and other times I couldn't, but I never spared them. I dragged their names through the mud. I had an angry tongue and this, Rabbi, was my undoing. When I called someone a name, it stuck. I was also a joker. I impersonated everyone – the way they threaded a needle, how they stitched, clipped, tacked, sewed on patches. I'd go into the inn, have a little brandy, and when you make fun of people, there's always someone to hear you. We had a tailor's guild in town and on the intermediary days between holidays we'd organise a big dinner. I'd entertain the crowd and people would split their sides from laughter. Tailoring is a trade where people put each other down. Every tailor thinks he's the best and that all the others are worthless. I considered myself to be the best of the best. Women from Warsaw would sometimes come to visit and I'd take note of how the big city masters worked – yet I'd find faults with each one. It started to bother me that I was wasting away in Kalisz while in Warsaw every other loser lived in big halls full of mirrors. I wanted to get out of there, but my wife wouldn't even consider the possibility. Her whole family lived in Kalisz.

"You can imagine, Rabbi, that I didn't lack enemies. The others said the worst possible things about me and you could always find a gossiper who passed it on: this one said this, that one said that. I believed that I spoke the truth, while the others only told lies. I'd curse them, and again they would find out about it. Meanwhile, the gossipers pretended to be my good friends, to have my best in mind. I realised that what's written is true: 'Life and death are both in the hands of the tongue.' My wife, may she rest in peace, would admonish me: 'Layzer, what good is all this heckling doing you? If only you'd treat people with respect. Is it their fault that they're no good? Everyone tries to do their best.' But it didn't seem to me that they were trying. It's true, Rabbi, that where there's a will, there's a way. A good tailor will sit all day to flatten a single fold or pleat, while an amateur wants to get everything out of the way quickly. Today, I understand this better, but then, I believed they could have better applied themselves.

"A good number of years passed this way until some of the housewives preferred to have things sewn by the amateurs rather than by me, since, after all, there were many of them, and they stuck together. They had it out for me and even stopped calling me up to the Torah at the prayer house. On Simhat Torah, when everyone is supposed to go up to the Torah, they treated me like a beggar and let me come up to the platform. I no longer had enough work and had to refurbish old rags. I had no one to unload my bitterness on, so I took it out on my wife."

*

"Rabbi, you should know that I'm guilty of my wife's death. I led her out of this world – and all because of my filthy mouth. She was a nice person, she had a good soul, though she was a little slow.

She would put some milk up to boil, then her mind would wander, and it would boil over. She'd start to cook something and before long it was burned. Every Friday, there was an ordeal with the hallahs: either she put too much wood in the oven, or not enough. If I'd had any sense at all, I wouldn't have got involved in the housework. And, anyway, so what if your wife isn't the best cook? It's not like I was a big eater. She used to talk to me like a criminal. 'Layzer, get your nose out of my pots!' But I had a sharp eye and saw everything. If only I'd been blind, things would have been better. I thought that if I taught her and yelled at her long enough, she'd improve. When she swept the house, I'd always find a little pile of dust in a corner, or stuck in a crack, or under a rug. Rabbi, I shouldn't be telling you such things, your mind is filled with the Talmud. But this is my confession. I've taken it upon myself to tell the truth before I die.

"I tortured her and called her names: klutz, butterfingers, stumblebum. I criticised everything she did: how she washed, how she cleaned, how she knit. All I did was to tell her how to do things and to torment her like an old hag. I didn't like anything she cooked. There was never enough salt, or pepper, or some other spice. I'd pull up my shirtsleeves and cook the meals myself in order to prove that I was an able-minded person and that she was incompetent. It became a kind of obsession for me. Today I know it was all the fault of the Evil Spirit.

"Once I came back from the tailors' prayer house completely worn out. There'd been a gathering there and I noticed that all the women's clothes had been sewn by other tailors. It was my fault, not my wife's, but I took it all out on her. There was a piece of straw on the table and I yelled at her for not keeping the house clean. Then I continued to rant about the dirty tablecloth. The raisin wine wasn't properly strained, and I found residue in the glass.

The hallah was as soft as a dumpling, the onions weren't thinly sliced, the gefilte fish fell apart. If you wanted to, Rabbi, you could find a defect with the sun. The cholent was also no good: it was left uncooked. I reproached my wife for not even knowing how to shut an oven. On Shabbat, you shut it with a bit of dough, and if it's not soft enough, it falls off. One word led to another, and it turned into a fight. She had a good heart and the poor thing didn't want to argue, but we're only human, and she answered me with a few good words of her own. I fell into such a rage that I grabbed the pot of cholent, the sliced kugel, the kasha and the stuffed chicken, and dumped it all into the outhouse, which we had in the courtyard. My wife yelled, 'You should end up in the outhouse yourself!'

"If only her curse had come true! But all that happened was that I got angrier and walked over to the pantry. I don't mean to speak poorly of my wife, but she had a tendency to store away foods for whole months or years, and it would all go bad. The chicken drippings turned rancid, the flour went stale. Everything was full of moths and worms. She came from a large family and was used to buying food for hordes of people. I opened the pantry door and showed her just what kind of home she kept. I held each thing up to her nose so she could smell it – and then I threw it all into the garbage. She couldn't stand seeing anything thrown away. It was a matter of life and death. And I did it to spite her. I emptied out the pantry. After that, I took to the clothes. She never threw anything out, no matter how old, just stuffing it all under the bed, behind the trunk, anywhere she could. It all piled up – worn rags, feather dusters, spools of thread – all of it covered with dust. I used to complain that we couldn't store every scrap of fabric that fell from my scissors at home. Remnants had to be given away to anyone who wanted them. Mice can get into them too. But she grew up in a poor home where they sewed one patch on top of another. She couldn't help putting her hands on every little piece of fabric. 'It might come in handy.' But when was it going to come in handy? I know garbage when I see it, and it was piling up to the roof!

"And so, in the middle of our Shabbat meal, I took to her old clothes. I knew you weren't supposed to touch such things on Shabbat, since you only use them during the week, but when your fury burns, you forget all about God. At first she tried to stand in my way, but I pushed her, and she nearly fell. If only my hands had withered away before I'd touched her! Well, she just stood and watched as I threw out all her treasures.

"When I no longer knew what to do with my anger, I left the house. I banged the door so hard it rattled the window panes. She called after me, 'You'll be sorry.' Oh, Rabbi, I was so sorry! It's been over twenty years and I still feel like I deserve to be skinned alive. How can God forgive me when I can't forgive myself?

"I left and I honestly had no idea where my feet were taking me. I ended up at the cemetery. I wasn't thinking about the fact that I was a *kohen* and went right up to the fence. Farther up lay the dead of olden times, but closer to the fence the graves were still fresh. I read the names on the tombstones and was suddenly sad. I knew them all – the men and the women. It was just yesterday, it seemed to me, that I'd taken their measurements for new clothes. Now they lay in the ground with grass growing over them. So what was the point, then, in all this fighting? What difference did it make whether or not the cholent was cooked? I was already sorry for turning Shabbat into such a black day for my wife. I was entirely consumed with regret and I was on my way home to beg her for forgiveness. My heart felt like it was full of tears, as if I'd known that it was already too late. Rabbi, I didn't walk but ran back. The townsfolk probably thought I'd gone mad. I walked into the house and saw my wife lying on the cot without her headdress. I leaned down and saw that she was completely white. I touched her and she was cold.

"Rabbi, what happened inside me cannot be expressed in words. I wanted to scream and call out for help, but I was on bad terms with everyone, and I didn't want to satisfy my enemies. I picked up a knife and intended to kill myself, but it fell out of my hand. I started banging my head on the wall and screaming, 'I'm a murderer! I've killed you!' It seemed that someone heard me yelling because the neighbours came running. I hid in the woodshed and locked myself inside. I couldn't look anyone in the face – so deep was my sorrow. Rabbi, I didn't even go to the funeral. That night, I left town, abandoning everything. People later said that I drowned myself in the river.

"I spent my nights in the forest and fasted for a week or even longer. Then I tried eating grass. I thought and thought and came to the conclusion that if my tongue had led me to commit such a crime, then I should take a vow of silence. I wanted to cut my tongue out, but you need a certain brutality for such an act. I lay down with my face in the ground and swore by God and by the bones in my parents' grave that I would remain silent. That I would never utter another word for the rest of my life. As my witnesses, I took the heavens and the earth.

"It isn't easy, Rabbi, to be silent. I wandered for the first year. No matter where I spent the day, I'd go somewhere else to sleep. I'd approach the peasants and mend things for them – sometimes a fur coat, sometimes a pair of pants. I'd sleep in barns. I ate bread and water. I spoke by gesturing with my hands. I put peas in my boots and walked like that for miles. At night, when mosquitoes bite, I'd take off my shirt and let them eat me up. I didn't even scratch the bites. I arrived in Tzivkev on a Friday, during the Days of Awe between Rosh Hashana and Yom Kippur, on the eve of the Shabbat of Repentance. On Shabbat morning, I listened to you, Rabbi, give a sermon. You said it wasn't right for people to destroy themselves. I felt like you were speaking directly to me. Your sermon touched me so deeply that I decided to stay here. Never, Rabbi, have I missed a single one of your sermons.

"It's no small thing to keep silent for twenty years. I was sometimes caught by a powerful desire to speak, to yell. When an assistant did something the wrong way, or when my own wife made a mistake, I wanted to give them a scolding to remember. But each time I recalled my holy vow – and how my wife lay cold on the cot – and I fell silent. I knew that my tongue was my worst enemy, and an enemy never gives up. I took this punishment upon myself and it's possible that I've atoned a little for my sins. If not, that's fine too. When you kill someone, you should suffer for your deed. After all, Gehenna is meant for people, not for dogs.

"Now, Rabbi, as the end gets close, I want you to know that I was not mute. On the contrary, I still had a tongue that was too sharp.

"I want half of my fortune, Rabbi, to go to my wife, the widow, and the other half should go to the poorhouse, and to pay for a religious Jew to say Kaddish for me. You, Rabbi, can choose whomever you'd like.

"It is also my desire, Rabbi, to be buried behind the fence, where they bury the unworthy, and that no tombstone be placed on my grave, just a wooden plank. It should only say my name, Eliezer Ben Rov Dovid. I'm a murderer, Rabbi, I killed a good, honest woman!

*

For a long time, no one said anything. The tailor's wife cried bitterly, as though he had died. The elders cried quietly into their beards. The rabbi took his handkerchief and hid his face. After a while, he called out, "You can still overcome this, Reb Eliezer. You cannot, God forbid, be buried with the unworthy. This only suits criminals who don't repent. You, Reb Eliezer, are a penitent. It is said that not even the righteous can stand where penitents stand."

"Rabbi, I'm a murderer."

"God forbid. Your wife would have died either way. It was already decided when God sealed that year's Book of Life."

"Rabbi, I was the cause. My words caused her gallbladder to burst."

"Your wife, may she rest in peace, has already forgiven you, and God is merciful and gracious. You will, God willing, sit in the Garden of Eden with her."

"And what's going to happen to me?" asked the tailor's wife. "Where do you plan to put me?"

"Paradise is big enough for all good people," answered the rabbi.

And after a long silence, the rabbi added, "We have to write this up, we have to learn our lesson about just how much we have to watch our tongues. All sins come from loose lips. It says in the religious books that every hurtful or unnecessary word that we keep to ourselves and stop from saying merits a light that the righteous will see with the coming of the Messiah. Just imagine how much light you create when you keep your mouth shut for twenty years! You're a good man, Reb Eliezer, and you have a good soul!"

Reviews

Assistant lit: A personal history

Joanna Rakoff

Works discussed:
The Best of Everything, Rona Jaffe (Penguin Books, 2011,
    originally published 1958)
A Big Storm Knocked It Over, Laurie Colwin
    (Harper Perennial, 2021, originally published 1993)
The Vixen, Francine Prose (Harper Perennial, 2021)
Three-Martini Lunch, Suzanne Rindell (Putnam, 2016)

As a dreamy, bookish child who felt closer to the characters in the novels I read than to my actual, real-life friends, I would while away afternoons perusing the spines of the books on the tall teak shelves that lined our family room, attempting to decode the names and symbols at their base. What did the greyhound-like dog below Philip Roth's name signify? Who or what were Harper & Row, Simon & Schuster and Alfred A. Knopf? The last name particularly intrigued me because it could have belonged to one of my father's friends from Seward Park High School or City College. Because, of course, it sounded Jewish.

One of those friends, Irving Greenfield, published novels at a mind-boggling rate – nearly a book a year, mysteries and westerns and romances, some under pseudonyms – yet I somehow made it through dozens of dinners at his Staten Island row house with no understanding of how books came into the world. The terms "publisher" and "agent" often arose in conversation – I distinctly remember Irving laughing about being his agent's least famous client – but I was, most likely, too absorbed in a Judy Blume book to glean their meaning.

All that changed in 1996, when I took a job as assistant to the head of Harold Ober Associates, New York's oldest (or second-oldest, depending on whom you asked) and most storied literary agency, whose earliest clients included Dylan Thomas, Agatha Christie, William Faulkner and F. Scott Fitzgerald.

My boss, a commanding lady of a certain age, bore the name Phyllis Westberg. "My mom's name is Phyllis, too," I told her, a day or two into the job.

"She's Jewish, right?" she said, with a dry little laugh. Shocked, I nodded. My family didn't utter the word "Jewish" outside the confines of our house, the spectre of both the Holocaust and McCarthyism still vivid.

"It's a common name for Jewish girls of our generation," she told me, lighting up a cigarette. "Everyone always thinks I'm Jewish. Phyllis Westberg. It sounds Jewish, but it's not." She laughed again. "It's not a bad thing, in publishing, passing as Jewish. It probably helped me."

I was soon to discover that I was part of another tradition: that of the young, female assistant. A subject of such fascination that it has spawned its own micro-genre, which I think of as Assistant Lit. I've spent my whole adult life fielding questions about my brief time at Ober, and eventually wrote a memoir about it, *My Salinger Year*.

The genre originates with Rona Jaffe's 1958 bestseller *The Best of Everything*, newly republished by Penguin, in celebration of its sixty-fifth anniversary, with an introduction by *New Yorker* writer Rachel Syme. I first discovered Jaffe's epic page-turner a few months into my own assistantship, devouring it in two frenzied days, nodding my head furiously in recognition. The novel centres on Westchester-raised, Radcliffe-educated Caroline Bender, who takes a job in the typing pool at the fictional Fabian Publications after her fiancé jilts her for a Texan heiress. Though Jaffe never explicitly describes Caroline as Jewish – as she would the heroines of her fifteen subsequent bestsellers – her identity was instantly clear to me, even before she and a friend nickname a dull, affluent suitor "Bermuda Schwartz", and the ins and outs of her days shocked me with their similarity to my own, forty years later.

As Jaffe explains in her own introduction to the 2005 edition, she wrote the novel shortly after leaving Fawcett Publications, where she had worked her way up to associate editor. She aimed not simply to fictionalise her own story, but to lay bare the realities of an assistantship in the so-called glamour industry of publishing. These realities include near-constant sexual harassment and pay so low that Caroline can't even afford a ticket home to the suburbs, and her friend April can only buy food thanks to her grocer's largesse. The trade-off for Caroline, specific to the industry, is upward mobility. Caroline's instincts for fiction allow her to rise through the ranks quickly, a rarity for women in post-war America. And though she arrives at Fabian hoping her duties will take her mind off her failed romance, within a few days she finds work more satisfying than anything she's experienced in her life. "Manuscripts were piled on her dresser among the perfume bottles ... There was always work to do, not because Fabian made their editors take work home but because she wanted to ... For her the thrill was in the competition and the achievement."

And while contemporary audiences thrilled to Jaffe's frank portrayal of young women's lives – including abortions, seductions by married men and many other then-taboo subjects – I found myself astonished by Jaffe's groundbreaking depiction of the actual labour involved in the publishing industry. Caroline barely breaks for lunch and feels nothing but pity for her married friends, at home cleaning and tending to babies. And when Bermuda Schwartz proposes, she turns him down.

Jaffe intended her debut to serve as a cautionary tale and was perpetually surprised by the hordes of young women who read it more as an instruction manual: how to get ahead in publishing. One part of those instructions rang particularly true for me: dress the part. While Caroline's less ambitious colleagues show up in shiny baby blue suits with peter pan collars, Caroline wears simple, chic outfits in black and grey wool. Her dress signals maturity, yes, but it also functions as a kind of high WASP cosplay. With my own uniform at Ober, which involved kilts and twinsets, loafers and Oxfords, I was trying to portray myself in the same way – as a very specific sort of assistant, one who understood the mores and aesthetic and history of the literary realm. A very specific sort of *Jewish* assistant. In other words: a Laurie Colwin character.

If you're not familiar with Laurie Colwin, you will be soon. In the decades since her untimely death at forty-eight, in 1992, love has grown steadily for Colwin's slim, elegant fictions, culminating in her two publishers' collaborative 2021 reissue of her ten books. Earlier this year, when *The New Yorker* ran a newly discovered Colwin story, "Evensong" – in which a Jewish book designer has an affair with her Episcopalian neighbour – a furore, of sorts, ensued, as fans who'd thought her body of work complete kvelled over not just the story itself but also the possibility that Colwin might have left behind other unpublished work. Colwin's five novels and many short stories – the first of which was published in *The New Yorker* when she was just twenty-five and an editorial assistant herself – have a wry, comedic tone that masks their subversive ideas about love and marriage, friendship and community. Set largely in 1980s New York, Colwin's deceptively light tales often centre on fictional versions of the female scions of New York's original Jewish families, whose ancestors made fortunes in banking a century or two ago, and who now dwell in spacious Upper East Side apartments, eating lox on toast points and working in publishing. Part of Colwin's enduring appeal lies in the very contemporary enmeshing of her heroines' work lives with their inner struggles, their romantic quandaries and their maternal reckonings. Colwin's novels collapse the personal and the professional. In her entire oeuvre, the office serves not as set dressing but as a function of both plot and character.

I read Colwin's last novel, *A Big Storm Knocked It Over*, published posthumously in 1993, in 1996, when I began at Ober, not knowing that Colwin had died so recently, nor that she had worked in publishing for years, starting out as an assistant and writing at night, like me. Hamish Levey, the genteel house where her heroine works, with its library-like chambers and eccentric characters, greatly resembled my own first place of employment. I felt a shy kinship with Colwin's heroine, Jane Louise Parker, a book designer who adores her job and has worked her way up from an assistantship under the mentorship of her boss, Sven Michaelson, despite spending an inordinate amount of her workday deflecting the advances of Sven, who can't go five minutes without commenting on her body or asking when she's going to sleep with him.

Jane Louise has just married a kind, even-keeled New Englander named Teddy. Though she loves him, she also harbours deep, unsettling fears that he's made a mistake in marrying a "Jewess". Surrounded by Teddy's family, "her Jewishness presse[s] in on her" in a way it never does at work, nor, troublingly, with the married, lecherous Sven, who has "some weird hold over her". Partly because he's devastatingly handsome, and partly because he, too, is Jewish. She feels a kinship with him that she can't replicate with Teddy, despite Sven's lewdness and reduction of her to a mere sexual object.

Back in 1996, Sven's behaviour struck me as perfectly normal. It still did in 2014, when I read it a second time. This winter, however, I found myself putting the book down and taking deep breaths to quell my horror – at Sven, yes, but also at my former self. And I found myself wondering why so many works of Assistant Lit, with their quiet exposés of psychological abuse and sexual harassment, have been penned by Jewish writers, including, most recently, the venerable Francine Prose, whose clever comedic novels often explore issues of race, identity, class and power. Her latest, *The Vixen*, is set in 1953 – the same year as *The Best of Everything*, surely not a coincidence – and charmingly narrated by Simon Putnam, a rare male assistant at the fictional Landry, Landry & Bartlett, where "even the lowliest job carried a certain cachet". Simon arrives at his midtown office to find a beautiful, angry – and very pregnant – girl sitting at his desk; an exemplary assistant, now that she's showing she's been fired by – according to the office rumour mill – Simon's magnetic new boss, Warren Landry, "a publishing legend" with a corona of white hair, a bespoke suit and a wife he mentions only to denigrate.

A newly minted Harvard grad, Simon is completely qualified for the job, except for one thing: he's Jewish, his name "the prank of an immigration official who, on Thanksgiving Day … gave each new arrival ... the surname of a *Mayflower* pilgrim". Though Simon is "content to let people believe what they wanted about who I was and where I came from", much like Colwin's Jane Louise, he can't slough off his discomfort about passing as a gentile. "I felt disloyal to my parents, ungrateful for their love and care." All the more so when he's asked to edit a propagandistic novel with a right-wing agenda and a hint of antisemitism.

Ultimately, Simon leaves not just Landry, Landry & Bartlett but publishing itself, partly because he realises he prefers writing to editing – this is not, like the Colwin and Jaffe, a novel about the joys of work – but more because he believes the industry unfriendly to Jews, incompatible with Jewishness. It's a move that reminded me of Suzanne Rindell's searing, underappreciated *Three-Martini Lunch*, a 2016 novel set in the publishing industry in 1958, five years after *The Best of Everything* came out. (Also, not a coincidence.) Rindell's heroine, Eden Katz, an ambitious would-be editor, arrives in New York from Fort Wayne, Indiana, with a letter of introduction to the fictional publisher Torchon & Lyle. Or actually *two* letters. "I took the liberty of writing one in the name of Katz, and one in the name of Collins," says her college mentor, a former editor. "Publishing is a pretty friendly business to ... all types ... some circles are friendlier than others ... and you'll want to play your cards right." Not quite understanding – or not quite wanting to understand – Eden arrives at Torchon & Lyle with the letter bearing her real name. "*Eden Katz*," drawls the editor with whom she meets. "How exotic."

Still, she's hired and, like Jaffe's Caroline Bender, finds quick success and happiness as a reader. Though she becomes her boss's greatest asset he unendingly treats her with suspicion and coldness. A fellow assistant reveals why: "[E]verybody knows Mr. Turner is funny about Jews." Eventually, Eden meets a high-level editor, Mabel Singer, who explains that the publishing industry is firmly segregated: Jewish publishers – the Knopfs and Simon & Schusters and Pocket Books – hire Jews. Gentile firms hire gentiles. Eden crossed this divide purely due to her letter of introduction. Without it, a Katz – or a Goldstein or a Klein – wouldn't have even been called in for an interview.

That letter got her in the door, but it can't shield her from the antisemitism threaded through the office. Nor from the lecherous editor who stays late at the office, preying on whichever poor assistant has been made to work late. One night, it's Eden. When her boss returns to the office after hours and finds her pinned to a desk, screaming, it is she who's fired for sexual misconduct.

By the novel's end, Eden has found her way to a Jewish publisher, risen through the ranks and used her position to publish books of literary and political importance, books that have the potential to change the world, including a memoir modelled somewhat on James Baldwin's *Go Tell It on the Mountain*. It's an outcome I couldn't help but think of as distinctly Jewish, a literary iteration of *tikkun olam*, and one shared by the founders of real-life Jewish publishers like Alfred A. Knopf, whose goal, from the start, was to publish books of literary and social importance, or Kurt Wolff, founder of Pantheon, and the subject of Alexander Wolff's recent biography, *Endpapers*, who aimed "to present to the American public works of lasting value, produced with the greatest care and stress on quality ... to help spread knowledge and understanding of the essential questions of human life and culture".

By the time I walked through the doors of Harold Ober Associates – still, deep down, the same dreamy, bookish child – Knopf and Pantheon had become part of the Random House empire, as had many other publishers, Jewish and not. The era of passionate, entrepreneurial publishers, determined to have a hand in shaping American culture, had ended, and that of corporate publishing begun. But at my desk in the firm's library-style offices, the fire and passion of those original Jewish publishers, and magazines, and critics, somehow, still, instilled itself in me, vibrating through every letter I typed, every contract I filed, every manuscript I read, ultimately investing me with the knowledge and confidence to have my own hand in shaping American culture in the way I'd always imagined: as a writer.

Eggplant, raisins and the Jewish origins of Italian food

Luisa Weiss

Jewish Flavours of Italy
Silvia Nacamulli
Green Bean Books

Portico
Leah Koenig
W.W. Norton

During the First Jewish–Roman War, in 70 CE, in the days just before Passover, the Roman army destroyed the Second Temple in the siege of Jerusalem, killing thousands of Jews and enslaving thousands more. This cataclysmic event not only reshaped Jewish history but also had an immediate impact on the rituals and traditions that, until that point, had been linked to the Temple's altar. One of these rituals was the sacrifice of lambs on the day before Passover. Today, out of respect for what was lost all those centuries ago, most Jewish communities avoid serving lamb at the Passover Seder. But the Roman Jewish community, the oldest continuous Jewish community in the Western world, was established before the destruction of the Second Temple. And to this day, the Jews of Rome eat roasted lamb on Passover, in a tradition that is uniquely theirs.

This is but one of many eye-opening details about the foodways of Roman Jews that I learned from two new cookbooks. *Jewish Flavours of Italy*, by Silvia Nacamulli, and *Portico*, by Leah Koenig, throw fresh light on the enormous influence Jews have had on what we think of as classic Italian cuisine. They are replete with captivating stories about the evolution of Roman and Italian Jewish food over the centuries, through terrible hardship and deprivation, as the city absorbed repeated waves of forced emigration from places like Jerusalem, southern Italy, central Europe, Spain and Libya.

I have my own ties to both Italy and Judaism. My mother is from Rome and my father is an American Jew from Philadelphia. Though my parents divorced when I was very young and we lived on separate continents thereafter – my mother in Germany, my father and I in Boston – I was raised bicultural. My school year was in Boston, with frequent trips to Philadelphia to see my paternal grandparents, and I spent summers in a rural part of central Italy, at my maternal grandfather's house, where my Italian family reunited from various parts of Europe.

When I was a child, Judaism, and Jewish food, was something I associated with my American family. My grandmother volunteered as a librarian at her local synagogue; my cousins had elaborate celebrations for their bar and bat mitzvahs; and in Philadelphia I was fed matzo balls and brisket, chopped liver and pickled herring. Italy and Italian food, to me, were entirely the province of my mother's family. My maternal grandmother, from a small town in Apulia, and my grandfather, raised in Milan, spent most of their married life in Rome. My mother immigrated to Germany as a young woman, and her older sister to Belgium, but their Italian identity held strong. My mother harboured no great affection for cooking, but it is her family's recipes for pollo coi peperoni and pomodori al riso that I hold dear. In retirement, my grandparents moved to a quiet village in Le Marche, near the Renaissance jewel of Urbino. I have precious memories from summers in their village of my aunt's Sicilian husband and his mother spending hours each day preparing fried artichokes, meltingly tender eggplant and baked curly endive with anchovies, muttering to each other in incomprehensible dialect.

For most of my life, I thought of Jewish food as being inextricably linked to German food. What are matzo balls – *kneidlach* – if not Jewish *Knödel*? (*Knödel* are German dumplings, which can be made from a variety of ingredients, like semolina, potatoes, cubed stable bread or a dough made with fresh cheese.) So I can still vividly remember the first time I spotted *The Classic Cuisine of the Italian Jews*, by Edda Servi Machlin, on the bookshelf at my American grandparents' apartment in Elkins Park. To see an Italian cookbook in their home was a moment of unforgettable cognitive dissonance. It was also my first introduction to the world of Italian Jewish food, although it would be many years before I developed a deeper understanding of the differences between Ashkenazi and Sephardi Jews, and even longer before I learned that Roman Jews consider themselves a separate entity. Roman Jews are known as Italkim, with their own rites and liturgy, and their own food traditions. The dishes I had always associated with Italy, and my Italian family, either had deep Jewish roots or were appropriated by the Jews to fit their dietary needs. It was the Jews who introduced artichokes, fennel and eggplant into the Italian diet. And the Jews who brought orecchiette to Apulia (probably from southern France); those little ears are supposed to be Haman's. Restrictive laws that confined Jews to ghettos, circumscribed the foods they could purchase and dictated in which jobs they could work only encouraged their resourcefulness. This led to culinary developments like a reliance on anchovies and sardines, a taste for wild and bitter greens, a mastery of fried foods (*fritti*), the inclusion of slow-cooked meat dishes for the Sabbath, and the use of meat offcuts, now featured in some of Rome's most celebrated dishes.

Although writers like Machlin and, perhaps more famously, Claudia Roden have written about Italian Jewish cookery in the past, recent years have turned a more intense spotlight on Roman Jewish cuisine. The Jewish ghetto in Rome is no longer considered an insider tip for good restaurants, but rather an essential stop for every gourmand visiting the Eternal City. In the world of cookbooks, Benedetta Guetta's *Cooking alla Giudia* (2022) focuses on Italian Jewish recipes from all regions of the country, and other recent books about Roman food, such as Rachel Roddy's *Five Quarters* (2015) and Katie Parla and Kristina Gill's *Tasting Rome* (2016), mention some Jewish food within the greater Roman canon. But both *Jewish Flavours of Italy* and *Portico* go a step further, firmly establishing Jewish ownership and influence over everything from spinach with pine nuts and raisins to simmered beef brisket.

Claudia Roden, before agreeing to write her seminal tome *The Book of Jewish Food*, apparently once protested that there was no such thing as Jewish food, "just food from different places where Jews live, adapted to dietary laws". Only upon encouragement from her editor did Roden embark upon what would become a multi-year project of collecting and categorising Jewish food from around the globe, enshrining age-old traditions, practices and foodways in one towering achievement, presumably leading her to recant. There is no such hesitation in this new crop of Jewish-Italian cookbooks, in which the authors are more than proud to claim ownership and to enlighten readers, perhaps especially

Italians, on the origins of their favourite and most iconic foods. But what is most remarkable about both books is that the authors always retain their educational enthusiasm and wonder, learning as they go.

Nacamulli is herself a Roman Jew, born into a family that can trace back its origins in Italy sixteen generations. While she left Italy at twenty and now lives in London with her family, she keeps her rituals and traditions alive both at home and through her work as a cooking instructor. As the title suggests, while Nacamulli is a member of the Italkim community and covers all the greatest hits of Roman-Jewish cuisine, her book goes beyond Rome, showcasing recipes from Jewish communities throughout Italy, especially Livorno and Venice. The inclusion of recipes like tiramisu and pasta alla puttanesca muddies the waters somewhat: these aren't Jewish recipes per se, even though they may be enjoyed by Italian Jews. But, as Nacamulli explains, certain classic Italian recipes are treasured by the Jewish community because, for example, they are easy to prepare in advance for Shabbat, which makes more of a case for their position here.

Koenig is a Jewish-American food writer (*Portico* is her sixth cookbook) who fell in love with Roman-Jewish cooking as a young woman, on a trip to Italy. After her last book, *The Jewish Cookbook* (2019), an enormous collection of Jewish recipes from across the globe, it must have been a relief for Koenig to limit herself to the food of one tiny community, especially with the outsized and underappreciated influence it has had on Italian food. *Portico*, with a few exceptions, focuses very tightly on Roman-Jewish cuisine.

There are many recipe overlaps between Koenig's and Nacamulli's cookbooks, but *Portico* has a slicker, more elegant feel to it than *Jewish Flavours of Italy*, which feels more homespun, like someone's grandmother's recipe notebook come to life. The different approaches to the same subject pose intriguing questions. Nacamulli's book is a looser, living document from her own culture. She writes from the inside out, with family photos and lore revealing intimate details from a 2000-year-old community. Nacamulli may have spent more time outside of Italy than within it by the time she wrote it, but hers is a deeply Italian cookbook, with an amusing balance of the stringency Italians insist upon when it comes to food (she recounts her father's derision at her request for grated cheese on pasta col pomodoro, which had been made with garlic, not onions – a reaction that will be familiar to anyone with an Italian family member who becomes apoplectic in the face of culinary heresy) and cherished personal recipes like her grandmother's mixture of mashed potatoes and canned tuna shaped into a fish and covered with cucumber scales.

Koenig's approach is from the outside looking in. Despite my American-Italian background, I've written two books on German food and have long been interested in the dynamics of looking at a food culture as an outsider, of trying to translate and communicate truths about that culture to the wider world in a way that feels authentic and meaningful. As a professional food writer, an Ashkenazi Jew and an American, Koenig successfully distils the broad subject of Roman-Jewish cuisine into a laser-focused examination that delivers just enough information and context for each of the recipes and situates the Italkim community under the larger Jewish umbrella. *Portico* is rigorously researched and painstakingly sourced – Koenig takes pride in her many contacts in the world of Roman-Jewish cooking, including long-time members of the Italkim community as well as newer additions from the Libyan-Jewish diaspora in Rome. As a stringent Italian myself, I must admit to being puzzled by the rare occasions when Koenig changes a recipe to her own taste, but of course the American home cook will appreciate her perspective.

My mother spent most of her childhood in Rome living with her Apulian grandmother, so the food she grew up with was from either Apulia or Le Marche (tagliatelle, for example, and cappelletti in brodo), because the maids her grandmother employed were Marchigiane. My mother's childhood exposure to typically Roman dishes was at restaurants, a rare experience, or at a friend's house. The sole cookbook my family relied on was the encyclopaedic *Il Talismano della Felicità* by Ada Boni, first published in the early twentieth century. Thanks to Nacamulli's and Koenig's books, I can now understand the foods I most deeply associate with my mother within a larger context. Those pomodori al riso I always adored are similarly beloved by Roman Jews for Passover or the Sabbath. My Sicilian uncle's deft touch with eggplant, endive and artichokes takes on new resonance now that I know that these "vile" vegetables, as Italians called them, were brought to Rome after the expulsion of the Jews from Sicily during the Spanish Inquisition.

Contemporary Italian and Roman-Jewish food is, in a broad sense, the encapsulation of the history of a diaspora over thousands of years and countless traumatic events. With a history that spans the destruction of the Second Temple, the Spanish Inquisition and, in more recent times, the expulsion of the Jews from Libya, Jewish-Italian cuisine is a vibrant display of the foods and collective traditions that both define Italian Jews and differentiate them from Ashkenazi and Sephardi Jews. Not only that: arguably, without the Jews, Italian – and, in particular, Roman – food would look nothing like it does today. What would Italian cuisine be without artichokes, eggplant and fennel or anchovies, raisins and pine nuts?

Both *Portico* and *Jewish Flavours of Italy* do an excellent job of illuminating the role of Jewish inventiveness and culinary influence on Italian and Roman food.

As I pored over both books, I couldn't help but repeatedly call my father and my mother to read to them aloud, all of us delighting in the discovery of so many fascinating details about our favourite foods and this culture we thought we knew. Both my Jewish grandparents and my Italian grandparents would have been just as enthralled. To say that I have a newfound appreciation of the Jewish influence on Italian food is an understatement; I feel that I now see the arc of Italian food, and particularly Roman food, with entirely new eyes. And it feels deliciously fitting that these books have shown me how to unite two very different parts of my background on the table.

The rediscovery of Bruno Schulz

Marta Figlerowicz

Bruno Schulz: An Artist, a Murder,
and the Hijacking of History
Benjamin Balint
W.W. Norton

In a self-portrait sketched in 1933, six years before the start of World War II and one year before the publication of his first short story collection, Bruno Schulz looks down at his observer, focusing on a distant point behind their shoulder. His slightly narrowed eyes and tightened lips come together in an expression of cautious, carefully observant expectation. Shown in a three-quarter profile, he seems on the brink of either leaning in to look at us further or turning around to flee. Though he is looking down, there's fear in his gaze, as if we, the viewers – or something alongside us – were ready to pounce on him, metaphorically or literally.

Antisemitism raged around Schulz throughout his painfully short life. First, eruptions of violence from his Polish and Ukrainian neighbours, then the systematic measures taken by the Nazis to exterminate Europe's Jewish population. He often seemed helplessly caught in the vortex of this many-sided violence, unable to take decisive action. Meanwhile, his writing and art captured exquisitely the atmosphere of watchful waiting in which he lived.

The figures he describes and draws inhabit baroque fairytale worlds, but the feelings their features express – and these faces themselves, drawn from life as documents of his own and his near ones' lives under the Nazis – are very real.

Benjamin Balint's *Bruno Schulz: An Artist, a Murder, and the Hijacking of History* reproduces a selection of Schulz's hard-to-access artworks, including the self-portrait I describe above, situating his art, as well as his writing, in the context of his life. Based on both newly accessible and previously available archival sources, Balint's account of Schulz's life and art is rich and captivating. Unlike most of Schulz's prior biographers, Balint focuses on Schulz the artist rather than Schulz the writer. He also devotes considerable attention to the tumultuous afterlife of Schulz's art. This rebalanced account is a slightly chaotic but ultimately bracing narrative of how Europe's ethnic hatreds repeatedly robbed Schulz of the time and space he carefully carved out for his creative life, and how they also destroyed much of his artistic output. *Bruno Schulz* is also a spirited defence of the measures the Israeli government took to preserve fragments of his art that were astonishingly rediscovered in 2001.

Bruno Schulz, as Balint puts it, was "born an Austrian, lived as a Pole, and died a Jew". He spent most of his life in his native Drohobycz, where he watched its borders shift – it belonged to the Habsburgs, then the Second Polish Republic, before being flooded by Soviet then Nazi armed forces. Born in 1892, Schulz was in his late forties when World War II started, with two short story collections to his name and the draft of a novel in his desk drawer. He had also launched an artistic career with a portfolio of sexually explicit *cliché-verre* lithographs and oil paintings, whose exhibition, in 1928 in the nearby town of Truskawiec, caused a minor scandal.

Even before the war, Schulz was struggling to make a living as an artist, and he worked full time as a high school teacher to make ends meet. The war threw him into deep abjection and poverty. When the Germans occupied Drohobycz in 1941, he managed to survive their antisemitic purges for several months by covering the living quarters of a Nazi officer, Felix Landau, with frescoes in exchange for protection. But Landau's protection was shortlived, and Schulz was shot in the street by a Nazi officer (whether by Landau himself or by someone else remains unclear) the following year.

Following his untimely death, Schulz's students and friends fought to preserve his legacy. In Poland, this legacy persisted through his writing, which found rapid critical acclaim and was eventually included in the national high school curriculum. His ornately beautiful stories have inspired a range of Polish and Jewish writers, including Isaac Bashevis Singer, Cynthia Ozick and the 2018 Nobel Prize laureate Olga Tokarczuk, some of whom have spent time speculating about, and trying to dream into being, the tragically lost manuscript of Schulz's novel, *The Messiah*, which he considered to be his masterpiece.

The aura of genius and mystery that surrounds the surviving pieces of Schulz's prose is well deserved, and hard won. Yet as Balint rightly reminds us, Schulz's inner life revolved not around words, but around images. Schulz himself seemed to have considered images, rather than the writing they eventually also inspired, as being at the heart of his aesthetic sensibilities. As he puts it in a description of his childhood self: "Before I could even talk, I was already covering every scrap of paper and the margins of newspapers with scribbles that attracted those around me."

The images these "scribbles" reproduced came from dreams as well as from life, rapidly accruing iconic meanings in his mind's eye.

Women riding in carriages, men gazing at them with hopeless longing: time and again, these visions and others like them demanded to be restaged and re-represented. Describing to a friend one such image, derived from a childhood dream, Schulz despairs of ever being able to interpret or depict it adequately:

> I seem already to be beyond time, sub specie aeternitatis, an eternity that cannot be anything else for me now but a dreadful consciousness of guilt … I am condemned forever … How is one to explain, at such an age, the symbolic charge, the semantic potential of this dream, which I have been unable to exhaust to this day?

Schulz was "condemned" and imprisoned by these images and by the moral universe they circumscribed for him – like Franz Kafka in his world, Schulz often felt himself at fault. Yet the fantasies he wove around his visions and memories also clearly inspired and energised him. He worshipped them with a passion he described as a kind of "idolatry".

Many of Schulz's images and fantasies were sexual in nature: he had strong masochistic tendencies that he acted on, and that his friends and students were aware of. In this regard, Schulz's artwork is much less guarded than his prose, in a way that will astonish those who only know him as a writer. *Bruno Schulz* reproduces a wide range of these surviving artworks, from oil paintings to sketches and lithographs from his scandal-generating portfolio. Schulz the writer occasionally invites comparison to Kafka, and his paintings and sketches show him also to be a worthy, unjustly forgotten contemporary of Gustav Klimt. Embodying a sensuality that his prose sometimes disguises through metaphor, his fantastical images announce and celebrate this sensuality with a boldness and artistic courage that are especially startling coming from a man who, in most photographs, as well as in his self-portraits, looks cautious, fearful, retiring.

The murals Schulz painted for the Nazi officer Felix Landau harness this bold energy as well; indeed, as Balint rightly puts it, they reharness it, in celebration not only of the sensual – usually female – body, but also of Schulz's own self, now cast into servitude and despair. "When I stood before these murals at Yad Vashem," Balint writes,

> I couldn't help but imagine the artist sapped of his vitality, compelled to flatter the fancies of his master, forced to flounder somewhere between *Lebensraum* and *Todesraum* (living space and death space), hourly reminded of his status as a disconsolate prisoner of an enemy who wished to dehumanize him. I wondered whether he painted his desire to seize the reins of his own narrative, to reclaim dignity.

In *Bruno Schulz*, Balint aims to highlight and celebrate this act of reclamation. But another reclamation also animates his book, sometimes becoming the subject alongside Schulz himself. This is the surprising, conflicting story of how a number of Schulz's works were belatedly brought to light at the beginning of the twenty-first century. Blow-by-blow, Balint recounts the series of events and decisions that eventually led Schulz's murals to be exhibited where Balint first saw them, at Israel's Yad Vashem.

By the time Schulz's murals were uncovered, having lain hidden under several coats of paint in the pantry of a rundown house, his native town of Drohobycz – now spelled Drohobych in its

English transliteration – was no longer part of Poland, but of Ukraine. As Balint recounts, "The discovery in February 2001 of Schulz's murals initially attracted little notice in Poland." Polish authorities did not rush to take measures to extradite them from Ukraine as part of Poland's national heritage. Within the vacuum created by this indecision, Israeli art historians, working in cooperation with the city's Ukrainian officials, decided to remove the murals from Landau's former house, at this point inhabited by two unsuspecting locals bemused by the attention the murals attracted.

Poland's government belatedly protested the removal of the murals, and there was considerable diplomatic conflict and media furore. Balint is careful to represent the legal grey zones and ambiguities that contributed to this situation. But he is clearly on the side of Yad Vashem's art curators, whose statement in response to attacks from the Polish government and press he summarises as follows:

> In mounting its defiant defense, Yad Vashem issued a remarkable statement of self-assertion ... It rests on a simple predicate: Having mourned their dead, commemorated their martyrs, and rebuilt their shattered cities, the Polish people had recovered from the war; Polish Jews – and their thousand-year-old culture – had not. As far as Jews are concerned, Yad Vashem maintained, Poland is a wasteland. Thus the rescue of Schulz's fragments was nothing less than the redemptive overcoming of the Jews' exile and fragmentation. For Yad Vashem – concerned with Schulz's death as a Jew rather than his life as an artist – those fragments are witnesses to the Shoah by one of its countless martyrs.

Balint sees the murals' repatriation to Israel as a gesture that is not only morally justified, but also poetic: "A poetry ... thrums in the longing to restore Bruno Schulz to his homeland, wherever that might be." This phrasing resonates with Schulz's own lyrical attempts to make a home for himself and his "Republic of Dreams", amid the various ethnic allegiances and boundaries that rendered his sense of belonging fragile and endangered.

Balint's double focus on Schulz's art and on rediscovery gives his book a bifocal quality that is usually bracing but can occasionally disorient his reader. His account of the diplomatic tensions that erupted over Schulz's recovered murals is accurate and careful. Still, as I turned the pages, I sometimes found it hard to imagine what kind of interlocutor Balint is addressing: what prior knowledge of or exposure to Schulz might drive someone to read such a detailed artistic biography?

I finally decided that Balint's ideal reader would be someone who encountered Schulz's mural as a visitor to Yad Vashem's art galleries; a viewer who becomes curious about the author of the murals while wondering how the works before her found their way into their current home. Implicit in this narrative positioning is the hope that Yad Vashem will become a major gateway, perhaps even the preferred one, into Schulz's life and work, alongside the frequently reissued and retranslated collections of his stories. I'm sympathetic to that impulse.

Schulz the visual artist is still too little and too imperfectly known. Much work remains to be done on this aspect of his creativity, and to recentre our understanding of his artistic legacy alongside his legacy as a writer. *Bruno Schulz* makes a significant step in this direction, and will be of interest to both the scholarly and the casual reader. For the success of this effort, Balint merits much praise. ▄

Past issues

"For a long time now, the authority of knowledge has been under siege from those who march under the banner of pure belief."
—Simon Schama

The Return of History investigates rising global populism, and the forces propelling modern nativism and xenophobia.

"Traditional principles and allegiances have given way to realpolitik." —Lina Khatib

The New Middle East examines the dramatic changes unfolding in the region as new rivalries, blocs and partnerships are formed – based not on ideology but on pragmatism.

"The left has become the ideology that dare not speak its name." —Anshel Pfeffer

In *The Strange Death and Curious Rebirth of the Israeli Left*, Anshel Pfeffer takes the pulse of Israel's left wing, examining its health and prospects and dissecting the country's complex post-Netanyahu political reality.

"If ink on paper can reassemble a world …"
—Rachel Kadish

The Jewish world of pre-war Europe was almost destroyed. If we hold up a lantern to that darkness, what can we discover about what was lost, what survived and what could have been?

"Younger writers were freed to think about specifically Jewish questions. [Their] work has a narrower appeal. Only time will tell if it is also a deeper one." —Adam Kirsch

After the Golden Age examines the current generation of leading American Jewish writers as they grapple with questions about religion, Israel, politics and multiculturalism.

"Iran's strategy is to eat away at American power, while legitimising its own role as a regional power with nuclear ambitions." —Kim Ghattas

Iran examines the motivations behind the country's changing role and influence in the Middle East, delving into the regime's secretive strategy and tactics.

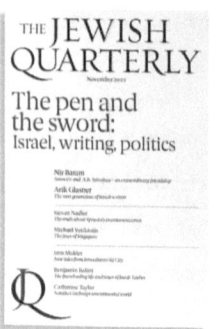

"The process of saying goodbye to these two authors, who had been a visible presence in Israeli society for decades, is far from over."
—Nir Baram

The Pen and the Sword explores the efforts by successive generations of Israeli writers to grapple with their nation's difficult political questions.

"Ukrainians voted for a mixture of Benny Hill and Boris Johnson, and they somehow wound up with Churchill."
—Vladislav Davidzon

The Jews of Ukraine explores the rich, tumultuous history of the Jews of Ukraine, who have played a pivotal role in modern Jewish life.

"I need to understand what no one yet understands: why, after nearly thirty years, there has been no justice." —Javier Sinay

The AMIA Bombing delves into the unresolved questions and political intrigue surrounding the terrorist attack that destroyed Buenos Aires' Jewish community centre in 1994.

Add these past issues to your subscription when buying online.

Subscribe to The Jewish Quarterly and save.

Enjoy free delivery of The Jewish Quarterly to your door, digital access to every issue of The Jewish Quarterly for one year, and exclusive special offers.

Forthcoming issue:
JQ254: *Bibi* (November 2023)

Never miss an issue.
Subscribe and save.

- 1 year* print and digital subscription (4 issues) £42 GBP | $56 USD
- 1 year* digital subscription (4 issues) £25 GBP | $32 USD

Subscribe now:
Visit jewishquarterly.com/subscribe
Email subscribe@jewishquarterly.com

Scan one of these QR codes with your mobile device camera app:

Subscribe in £GBP   Subscribe in $USD

PRICES INCLUDE POSTAGE AND HANDLING.
Prices and discounts current at the time of printing. We also offer subscriptions in AUD for subscribers from Australia, New Zealand and Asia, and for existing subscribers to Schwartz Media titles. See our website for more information. *Your subscription will automatically renew until you notify us to stop. We will send you a reminder notice prior to the end of your subscription period.

www.ingramcontent.com/pod-product-compliance
Lightning Source LLC
Chambersburg PA
CBHW022148160426
43197CB00009B/1475

I.
Anklagen gegen die Jesuiten.

1) Vom Congreß der Protest-Katholiken in München.
22.—24. September 1871.

Aus dem Programm n. VI. „Da offenkundig durch die sogenannte „Gesellschaft Jesu" die gegenwärtige, unheilvolle Zerrüttung in der katholischen Kirche verschuldet worden ist; da dieser Orden seine Machtstellung dazu mißbraucht, um in Hierarchie, Klerus und Volk culturfeindliche, staatsgefährliche und antinationale Tendenzen zu verbreiten und zu nähren; da er eine falsche und corrumpirende Moral lehrt und geltend macht: so sprechen wir die Ueberzeugung aus, daß Friede und Gedeihen, Eintracht in der Kirche und richtiges Verhältniß zwischen ihr und der bürgerlichen Gesellschaft erst dann möglich ist, wenn der gemeinschädlichen Wirksamkeit dieses Ordens ein Ende gemacht sein wird." (Stenograph. Bericht. S. 223.)

2) Vom Protestantentag in Darmstadt.
4. und 5. October 1871.

Resolution II: „Bezüglich des Jesuitenordens: In Anbetracht 1) daß der Jesuitenorden durchweg aus Mitgliedern besteht, welche ihrer Familie, der bürgerlichen Gesellschaft und ihrem Vaterlande entfremdet sind und unbedingt den Befehlen ihrer römischen Obern gehorchen; 2) daß der Jesuitenorden kein Verein ist von freien Individuen, sondern ein streng disciplinirter geistlicher Heereskörper unter Offizieren und einem Obergeneral; 3) daß derselbe seit seiner Wiederherstellung durch den Papst Pius VII. (Bulle vom 7. August 1814) wie vor seiner Aufhebung durch den Papst Clemens XIV. (Breve vom 21. Juli 1773) nach einheitlichem Plane daran arbeitet, die mittelalterliche Herrschaft der römischen

Hierarchie über die Geister zu erneuern und zu verschärfen, und die Oberhoheit des römischen Papstes über die Fürsten und Völker wieder aufzurichten; 4) daß der Jesuitenorden der gesammten weltlichen Geistes=Cultur, den modernen Rechten und der bürgerlichen und politischen Freiheit den Krieg erklärt hat (Päpstliche Encyklica vom 8. Dez. 1864) und die religiös=sittliche Entwicklung der Menschheit zu hindern sich anstrengt; 5) daß er den Frieden der Familien stört und untergräbt, die für den Bestand und Entwickelung des Deutschen Reiches unerläßliche Gleichberechtigung der Confessionen bedroht und bei jeder Gelegenheit die Rechte des Protestantismus anfeindet; 6) daß er die Erziehung der Jugend durch geistliche Dressur, durch Ertödtung der Wahrheitsliebe, durch Vernichtung gewissenhafter Selbstthätigkeit, durch sklavische Unterwerfung unter die Auctorität der Hierarchie verdirbt, und dadurch die Entwicklung der Charakter= und Geistesbildung der Nation und der Individuen schwer beschädigt; 7) daß er den Aberglauben befördert und die Schwäche der Menschen zur Vermehrung seiner Reichthümer und zur Befriedigung seiner Herrschsucht frevelhaft ausbeutet; 8) daß die Vereinsfreiheit und die Freiheit religiöser Genossenschaften nur insoweit zu Recht bestehen, als Vereine und Genossenschaften die Staats= und Rechtsordnung achten und sich derselben unterordnen, spricht der deutsche Protestantentag seine Ueberzeugung aus: Die Sicherheit der Rechtsordnung und der Autorität der Gesetze und der Staatsgewalt, die Wohlfahrt der bürgerlichen Gesellschaft, die Wahrung des confessionellen Friedens und der Schutz der Geistesfreiheit und Geistescultur erfordern das staatliche Verbot des Jesuitenordens in Deutschland, und betrachtet es als eine ernste Pflicht der deutschen Protestanten und der ganzen deutschen Nation, mit aller Kraft dahin zu wirken, daß jede Wirksamkeit in der Schule und Kirche den Angehörigen oder Affiliirten des Jesuitenordens[1] verschlossen werde. (Augsb. A. Ztg. Nr. 278. S. 4917.)

---

[1] Wie weit der „geschäftsführende Ausschuß" diesen Begriff

3) Von Protest-Katholiken aus Wiesbaden.

Aus der Petition an den Reichstag vom 31. October 1871, betreffend das Verhältniß des Staates zur Kirche und zu den kirchlichen und geistlichen Vereinen, insbesondere zu dem Jesuiten-Orden.

...... „Es ergeben sich hieraus folgende legislatorische Aufgaben. Der Reichstag hat

1) das Verhältniß der durch das Unfehlbarkeitsdogma in ihrem Grundcharakter geänderten römischen Kirche zu den deutschen Bundesstaaten der Prüfung zu unterziehen und das Reich in seiner Gesammtheit aus den seitherigen Beziehungen seiner Glieder zu dieser Kirche zu lösen;

2) nach dem Grundsatz der Selbstständigkeit aller Religionsgesellschaften auch die deutsche evangelische Kirche in die selbstständige Ordnung und Verwaltung ihrer Angelegenheiten einzusetzen;

3) ein allgemeines Gesetz über die Erwerbung und Entziehung von Korporationsrechten in weiterem oder engerem Umfange zu erlassen;

4) ein Gesetz über die Civilehe und die Führung der Civilstandsregister, wodurch die Begründung der Ehe und der Familie, in welcher der Staat seine Wurzel hat, von den kirchlichen Gemeinschaften unabhängig ge-

---

ausdehnt, beweist nachfolgendes Actenstück, das in Nr. 237 der „Germania" sich findet:

„Hochgeehrter Herr! Wir benachrichtigen Sie, daß auf dem Protestantentag zu Darmstadt beschlossen worden ist, den Kampf gegen die Jesuiten nachdrücklichst aufzunehmen und bis zu ihrer Entfernung aus dem deutschen Reiche fortzuführen. Diese Agitation soll nun zunächst dadurch in Bewegung gesetzt werden, daß die Darmstädter Beschlüsse mit der Begründungsrede unter dem Titel: „Wider die Jesuiten" gedruckt und in großartigem Maßstabe verbreitet werden, und zwar soll der Zweck, der dadurch erreicht werden soll, ein doppelter sein: einmal soll die Verbreitung der Flugschrift zur Aufklärung und zur Erzeugung einer entschiedenen öffentlichen Stimmung dienen, dann aber sollen durch den Verkauf der Schrift zu dem Preise von 5 Silbergroschen oder 18 Kreuzer das Exemplar dem Verein die Mittel geschafft werden, deren er für seine Bestrebungen bedarf, sowohl gegen die Jesuiten in der römischen, als in der protestantischen Kirche. Wir bitten dazu auf's Dringendste um Ihre Mitwirkung.

stellt und jedem Staatsbürger ohne Rücksicht auf seinen
Glauben die Möglichkeit gewährt wird, eine Ehe einzugehen, welcher nach der bürgerlichen Gesetzgebung kein
Hinderniß entgegensteht.

Zu diesen Gesetzen kommt dann die strenge Handhabung des staatlichen Aufsichtsrechtes über die religiösen
Vereine und insbesondere die geistlichen Gesellschaften. In
dieser Beziehung ist namentlich dahin zu wirken, daß der
Thätigkeit des Jesuitenordens gesteuert werde. Dieser
Orden fällt notorisch seiner ganzen Organisation nach unter die Verbindungen, in welchen gegen bekannte Obern
unbedingter Gehorsam versprochen wird und welche
als verboten von dem Strafgesetzbuche vorgesehen sind.
Zugleich ist die Wirksamkeit des Jesuitenordens eine im
höchsten Grade staatsgefährliche; ist er es doch, der seit

> Unsere Meinung ist die, daß überall, wo Localvereine oder
> Vereinshelfer oder sonst befreundete Männer sich befinden, diese alle
> ihnen zu Gebote stehenden Mittel anwenden, die zur Verbreitung der
> genannten Schrift dienen. Die Wege, dieselbe unter das Volk zu
> bringen, können je nach den örtlichen Verhältnissen sehr verschiedene
> sein. Einmal kann durch Annoncen und Aufrufe in den Ortsblättern
> darauf aufmerksam gemacht werden und Gelegenheit gegeben werden,
> sie durch den Vorstand des Vereins oder aus näher bezeichneten Verkaufs-Localen in einer Anzahl Exemplare deponirt werden, zu beziehen, wobei bemerkt wird, daß die Auslagen aus den Einnahmen
> bestritten werden können. Ein anderer Weg ist der, daß, wo sich geeignete Buchhandlungen vorfinden, man sich mit diesen in Verbindung
> setzt; es ist dabei selbstverständlich, daß dieselben den Anspruch auf
> einen angemessenen Rabatt haben. Endlich erscheint uns als ein besonders erfolgreiches Mittel die Colportage in den Häusern, auf den
> Bahnhöfen ꝛc., weil erfahrungsgemäß auf diesem Wege der Absatz ein
> viel größerer ist als durch öffentliche Einladungen und Aufrufe; die
> Herren Vorstände und Vereinshelfer haben dabei natürlich die Vollmacht, entsprechenden Rabatt zu gewähren.
>
> Wir ersuchen Sie, so bald als möglich die Bestellung auf die
> Anzahl Exemplare, die Sie glauben absetzen zu können, beim Verleger
> Herrn R. E. Friedrichs in Elberfeld (Verlag der Daniel Schenkel'schen „Allg. Kirchl. Zeitschr.") zu machen. Da bereits 10,000 Exemplare im Druck begriffen sind, kann die Bestellung sofort ausgeführt
> werden.
>
> Heidelberg, den 8. October 1881.
> Der geschäftsführende Ausschuß des deutschen Protestantenvereins.
> Bluntschli. Hönig."

Jahrhunderten auf die Einführung des Unfehlbarkeits=
dogmas in der römischen Kirche hingearbeitet, der die
Lehre von der Oberherrlichkeit der Kirche über den Staat
am eifrigsten vertreten, der den Syllabus formulirt und
endlich in dem Vaticanischen Concil die Glaubensneuerung
durchgesetzt hat, durch welche, wie der bayerische Cultus=
minister Herr v. Lutz es jüngst so richtig bezeichnete, die
ganze Selbstständigkeit des Staates und der Staatsgewalt
einer imminenten Gefahr gegenüber gestellt ist.

Demnach erlauben sich die Unterzeichneten, an den
hohen deutschen Reichstag die Bitte zu richten: Derselbe
wolle auf Grund der Verfassung des deutschen Reiches
seine Competenz in den oben aufgezählten Angelegenheiten
aussprechen und an die Reichsregierung das Ersuchen
stellen, ihm die betreffenden Gesetzentwürfe vorzulegen;
eventuell selber in dieser wichtigen Materie die Initiative
ergreifen, endlich bei der Reichsregierung darauf dringen,
daß gegen geistliche Gesellschaften, welche den Charakter
strafbarer Verbindungen an sich tragen, insbesondere gegen
den Jesuitenorden, auf dem gesetzlichen Wege vorge=
gangen werde [1]."

4) Von Protest-Katholiken aus Köln und Bonn [2].
Aus der Petition an den Reichstag.

„Einem hohen Reichstage erlauben sich die Unter=
zeichneten nachstehende Petition, betreffend den Ausschluß
des Jesuitenordens oder der sogenannten Gesellschaft Jesu
aus dem Deutschen Reiche zur geneigten Berücksichtigung
und weiteren Veranlassung ehrerbietigst vorzulegen.

Die Grundsätze und Bestrebungen dieses Ordens sind
in neuester Zeit so unverhohlen zu Tage getreten, daß es
nur weniger Erinnerungen bedarf, um dieselben als staats=
und culturfeindlich überhaupt und insbesondere als grund=
verderblich für unser Deutsches Vaterland erkennen zu lassen.
Ueber die Lehren der Jesuiten in Betreff des Verhält=

---
[1] „Mittelrhein. Zeitung. Nr. 257. II.
[2] Aus der „Kölnischen Zeitung. Nr. 811. I.

nisses von Kirche und Staat und der verschiedenen Confessionen zu einander kann kein Zweifel mehr bestehen. Wir erlauben uns auf einige besonders charakteristische Sätze dieser Art hinzuweisen" (Civilta Cattolica) . . .

„Nur der eine Gedanke konnte den Vaterlandsfreund beruhigen, daß das Deutsche Reich von dieser ausländischen, romanischen Lehre vermöge seiner Kirchen= und Schul=Einrichtungen, so wie vermöge des gesunden Sinnes des Deutschen Volkes nichts zu fürchten habe. Aber leider erweist auch dieses einzige Beruhigungsmittel sich als trügerisch. Denn nirgendwo hat jene Doctrin ein so getreues Echo gefunden, als in den Gauen unseres Deutschen Vaterlandes. Während die französischen und belgischen Jesuiten sich ihres römischen Hauptorganes doch einiger Maßen schämen, werden die Deutschen Ordensmitglieder am Laacher See nicht müde, die Geistesproducte ihrer italienischen Brüder unverzüglich nach Deutschland zu importiren. Wir begnügen uns damit, nur zwei Sätze, deren Begründung und weiterer Entwicklung ganze Abhandlungen in den „Stimmen von Maria Laach" gewidmet sind, hervorzuheben." (Heft 7. S. 23. und H. 12. S. 52).

„Das oben dargelegte romanische System über Staat und Kirche wird also, zum Theil wörtlich der Civilta entnommen, auch in Deutschland von den Jesuiten offen verbreitet. Wenn nun ein solches Beginnen schon an sich unerlaubt und staatsgefährlich ist, so würde dasselbe doch immer noch mehr Gegenstand des sittlichen Abscheues wegen seiner Verworfenheit und des Bedauerns wegen einer so unbegreiflichen Geistesbeschränktheit und Verblendung sein, wenn dem Jesuitenorden nicht ungeheure Machtmittel zur Verwirklichung seiner Plane zu Gebote ständen. Zahlreiche Mitglieder dieses Ordens sind, namentlich in Preußen, allenthalben unermüdlich thätig auf der Kanzel wie im Beichtstuhl, durch Abhalten sogenannter außerordentlicher Volksmissionen, Exercitien für Weltgeistliche, Leitung unzähliger Bruderschaften und Vereine für jedes Alter, Stand und Geschlecht. Durch kluge Berechnung aller individuellen

Wünsche und Bedürfnisse, sowie durch eine nur den Zweck im Auge behaltende Connivenz selbst gegen sittliche Verirrungen ist es ihnen gelungen, einen großen, an einzelnen Stellen den größten Theil der Seelsorge an sich zu ziehen, namentlich Einfluß auf die Frauen und damit auf die Familien zu gewinnen, oft nicht ohne heftige und dauernde Störung des bis dahin ungetrübten häuslichen Glückes. Außerordentlich ergiebige Geldquellen, zu deren Ausbeutung sie durch ihre weitreichenden Beziehungen und durch Anwendung der ihnen so vielfach zu Gebote stehenden religiösen Mittel zu gelangen wissen, sichern und vermehren ihre Macht. Fast in allen deutschen Diöcesen haben sie sich directen oder indirecten Einfluß auch auf die Ausbildung der Geistlichkeit mit Erfolg zu verschaffen versucht, und so ist denn das gesammte religiöse Leben der deutschen Katholiken schon jetzt mehr oder weniger vom Geiste ihres Ordens inficirt. Einzelne deutsche Bischöfe, wie die von Paderborn und Regensburg, sind sogar notorisch nur noch die bloßen Organe, durch welche die Jesuiten die betreffenden Diöcesen regieren. Erscheinen daher ihre Träume von einer unter ihren Inspirationen stehenden päpstlichen Weltherrschaft auch noch so abenteuerlich, mit bewundernswerther Ausdauer und Consequenz verfolgen sie diese Ziele Schritt für Schritt und bilden so, selbst für den Fall des Unterliegens, den stets die Wunde religiöser Zersplitterung offen haltenden Pfahl im Fleische des neu erstandenen Deutschen Reiches.

Der größte Sieg aber, den sie errungen, fällt gerade in unsere Zeit. Am Tage der französischen Kriegserklärung, am 18. Juli 1870, erreichten sie, wonach sie seit ihrer Entstehung vor drei Jahrhunderten gestrebt haben. Auf ihr Betreiben kam es zur Verkündigung des Dogma's, dem gemäß der Papst allein endgiltig über die Glaubens- und Sittenlehre der katholischen Kirche zu entscheiden, nach der oben dargelegten Doctrin der Jesuiten also auch über das Thun und Lassen der Katholiken bezüglich der Beziehungen zwischen Staat und Kirche, über deren Verhalten den Angehörigen anderer Confessionen und unter

Umständen selbst den Staatsgesetzen gegenüber im Gewissen bindende und mit den Androhungen der schwersten Kirchenstrafen begleitete Decrete zu erlassen berufen ist. Da heutzutage notorisch die Ideen und Tendenzen der römischen Curie mit denen der Jesuiten völlig identisch sind, so leuchtet ein, mit welch furchtbarer Macht die culturfeindliche und staatsverderbliche Richtung dieses Ordens gerade in unserer Zeit und gerade für unser deutsches Vaterland ausgerüstet erscheint, dessen Wohlfahrt und Gedeihen wesentlich auf dem friedlichen und verträglichen Nebeneinanderleben der verschiedenen Religionsgenossenschaften beruht.

Aus diesen Gründen scheint es geboten, unverzüglich Maßregeln der Nothwehr zu ergreifen, damit nicht still und unvermerkt im Innern des Reiches jene feindliche Macht erstarke, die in verhängnißvollen Augenblicken, etwa im Bunde mit äußeren Feinden, unsägliches Verderben über das Vaterland zu verbreiten im Stande wäre. Wenn die Gesetzgebung des Deutschen Reiches die freie Bildung von Vereinen garantirt, so kann sie unmöglich solche Vereinigungen für zulässig erachtet haben, deren Bestrebungen die Grundlagen und Existenzbedingungen des Reiches selber untergraben. Da nun nach unseren obigen Ausführungen bei dem Orden der Jesuiten dies nachweislich der Fall ist, so erlauben wir uns, dem hohen Reichstage die Petition ehrerbietigst zu unterbreiten, Hochderselbe möge dahin wirken, daß durch einen Zusatzartikel zu dem Gesetze über das Vereinswesen ausdrücklich erklärt werde:

Auf die sogen. Gesellschaft Jesu findet das Recht der freien Vereinigung keine Anwendung und sind darum alle bestehenden Profeßhäuser, Collegien und sonstigen gemeinsamen Niederlassungen derselben sofort aufzulösen und neue Anstalten dieser Art nicht zuzulassen; derjenige, welcher dieser Bestimmung entgegen handelt, verfällt in eine Gefängnißstrafe bis zu einem Jahre.

Köln, den 6. November 1871.

II.
Zeugnisse für die Jesuiten.

1) Vom Oberhaupt der Kirche, Papst Pius IX.
Aus dem Breve an den Cardinal-Vicar Patrizi,
vom 2. März 1871.

„Pius IX., Papst. Ehrwürdiger Bruder! Gruß und Apostolischen Segen.

Gleichwie die Kirche Gottes ähnlich einer in mannigfacher Zier strahlenden Königin mit dem edlen Schmucke der verschiedenen kirchlichen Orden sich geziert hat, so hat sie auch immer der eifrigen Mitwirkung derselben sich bedient, um die Ehre des göttlichen Namens zu mehren, die Angelegenheiten der christlichen Gesellschaft zu besorgen und mit Hilfe der Lehre und werkthätigen Liebe bei den Völkern die Civilisation einzuführen und zu fördern. Die Gegner der Kirche, so viele deren auch im Laufe der Zeit aufgetreten sind, haben deßhalb auch stets die religiösen Orden am meisten verfolgt und unter denselben pflegten sie den ärgsten Haß auf die Gesellschaft Jesu zu werfen, weil sie bei dieser größere Wirksamkeit und darum größeren Widerstand gegen ihre Plane annehmen. Wir sehen dies gegenwärtig neuerdings zu Unserem Schmerze geschehen, indem es den Anschein hat, als wollten jene, welche beutegierig über Unsre weltliche Herrschaft, die immer ihren Räubern zum Verderben geworden ist, herfielen, mit der Aufhebung aller klösterlichen Genossenschaften bei den Vätern der Gesellschaft Jesu den Anfang machen.

Um zu dieser Frevelthat sich den Weg zu bahnen, suchen sie die Väter der Gesellschaft Jesu beim Volke zu verdächtigen und klagen sie feindlicher Gesinnungen gegen die jetzige Regierung an; namentlich aber geben sie vor, dieselbe erfreue sich bei Uns eines solchen Einflusses und einer solchen Gunst, daß wir infolge dessen gegen jene Regierung immer erbitterter gemacht würden, und zwar ständen Wir so sehr unter ihrer Herrschaft, daß Wir in allen Unseren Handlungen nur durch ihren Rath Uns leiten ließen. Wenn diese thörichte Verleumdung darauf abzielt, Uns zum Gegenstande höchster Mißachtung zu machen, indem man Uns als geistesschwach hinstellt und unfähig, irgend einen Beschluß zu fassen, so liegt deren Albernheit klar zu Tage, da Jedermann weiß, daß der römische Papst gewohnt ist, nach Anrufung göttlicher Erleuchtung und Hilfe das zu thun und anzuordnen, was er für recht und der Kirche ersprießlich erachtet, in wichtigeren Dingen aber ohne Rücksicht auf Rang, Stand oder Ordensangehörigkeit des Beistandes solcher sich zu bedienen, welche er im Hinblick auf größere Sachkenntniß eines weiseren und klügeren Urtheils für fähig hält. Wir ziehen auch in der That nicht selten Väter aus der Gesellschaft Jesu zu Rathe und übertragen denselben verschiedene Aemter und namentlich im hl. Dienste, da sie bei deren Ausübung immer neu jenen Pflichteifer bethätigen, um dessentwillen sie von Seiten Unserer Vorgänger häufiges und reichlichstes Lob verdienten. Indeß ist diese Unsere wohl gerechtfertigte Liebe und Werthschätzung jener Gesellschaft, welche sich um die hl. Kirche Christi, um den römischen Stuhl und das christliche Volk immer in ausgezeichnetem Grade verdient gemacht hat, weit entfernt von jener servilen Hingebung, welche eine Erfindung ihrer Feinde ist, eine Verläumbung, welche Wir von Uns und von der bescheidenen Ergebenheit der guten Väter mit Unwillen zurückweisen. Wir glaubten, Dir, ehrwürdiger Bruder, dies mittheilen zu sollen, um die hinterlistigen Pläne, welche gegen die Gesellschaft geschmiedet werden, an's Licht zu bringen, um Unsere in schändlicher und unverständiger Weise verdrehte und verkehrte Gesinnung wieder in das rechte Licht zu stellen und endlich der berühmten Gesell-

schaft ein neues Zeichen Unseres überaus geneigten Wohl=
wollens auszustellen¹)."

2) Von dem deutschen Episkopat.

1. Von dem Herrn Bischof von Limburg,
vom 17. October 1871.

Erklärung²). Der zu Anfang dieses Monats in Darm=
stadt abgehaltene Protestantentag hat sich bemüßigt gesehen,
wie überhaupt sich mit innern Angelegenheiten der katholischen
Kirche zu beschäftigen, so insbesondere eine Agitation für
ein staatliches Verbot des Jesuiten=Ordens in's Werk zu
setzen, indem er es als eine „Pflicht der deutschen Prote=
stanten und der ganzen deutschen Nation" erklärt, dahin
zu wirken, daß jede Wirksamkeit in Schulen und Kirchen
den Angehörigen und Affiliirten (?) des Jesuiten=Ordens
verschlossen werde. Ich kann es den Rechtsgelehrten über=
lassen, die Unvereinbarlichkeit eines solchen Verlangens mit
der gesetzlich garantirten Religions=Freiheit und Autonomie
der Kirche nachzuweisen, und von den Factoren der' Ge=
setzgebung unseres Vaterlandes erwarten, daß sie nicht
aus Hinneigung zu den Tendenzen des Protestanten=Ver=
eins sich zu Aenderungen von Grundprincipien der Ver=
fassung bereit finden, oder die den öffentlichen Frieden ge=
fährdenden Anreizungen von Staats=Angehörigen zum Hasse
und zur Verachtung gegen einander in Schutz nehmen
werden. Was ich aber nicht unterlassen will, wozu mein
Gewissen mich auffordert und meine Stellung als katholi=
scher Bischof mich berechtigt, ist, den nichtswürdigen Ver=
leumbungen entgegen zu treten, welche bei dieser Gelegen=
heit wieder gegen eine große Zahl unbescholtener, im
Dienste der Kirche wirkender Männer in unverantwort=
licher Weise geschleudert worden sind, und welche indirect
auch den deutschen Episkopat treffen, welcher sich der Mit=

---

1) „Köln. Volkszeitung" Nr. 80 vom 21. März 1871. Der
lateinische Text findet sich im „Katholik" 1871. I. Band. S. 486.
2) „Köln. Volkszeitung" Nr. 288. II.

wirkung der Jesuiten in seinen Diöcesen bedient. Zwanzig Jahre lang habe ich Gelegenheit gehabt, diese Männer in ihrer manchfaltigen Thätigkeit durch eigene Erfahrung kennen zu lernen, ihren tadellosen, sittenreinen Wandel zu beobachten, ihre gründliche philosophische und theologische Bildung zu würdigen und von der Liebe und Anhänglichkeit mich zu überzeugen, welche allerorts, wo sie gearbeitet haben, ihnen in hohem Maße zu Theil geworden sind. Nirgendwo in meiner gemischten Diöcese ist durch die Jesuiten der confessionelle Friede gestört worden; niemals haben sie etwas von der katholischen Lehre Abweichendes gelehrt oder geübt, wie auch nur Unverstand und Böswilligkeit ihnen falsche und unmoralische Grundsätze zuschreiben. Indem ich diese Erklärung öffentlich abgebe, darf ich hoffen, daß Alle, denen es um Recht und Wahrheit und religiösen Frieden zu thun ist, derselben mehr Werth beilegen werden, als den Aeußerungen eines Vereins, dessen Ingrimm gegen den Jesuiten-Orden aus seiner offen ausgesprochenen Bekämpfung alles positiven Christenthums und aller bestehenden kirchlichen Ordnung erklärlich ist.

Limburg, den 17. October 1871.

Dr. Peter Joseph Blum, Bischof von Limburg.

2. Von dem Herrn Bischof von Paderborn,
vom 23. October 1871.

„Oeffentliche Erklärung[1]). Wenn ich der neulichen öffentlichen Ehrenerklärung des hochwürdigsten Bischofes von Limburg zu Gunsten der auf den jüngsten Protestanten-Versammlungen zu Darmstadt und München, wie seither in den liberalen Preßorganen so maßlos mißhandelten und verdächtigten Gesellschaft Jesu mich, wie hiermit geschieht, in allem vollständig anschließe, so glaube ich damit nur eine Pflicht der Gerechtigkeit zu erfüllen. Denn dieselbe Gerechtigkeit, die mir das falsche Zeugniß verbietet, gebietet mir

---

1) „Köln. Volkszeitung", Nr. 295. II.

unter Umständen das wahre, und solche gebieterische Umstände muß ich solchen öffentlichen, unbefugten und ungerechten Angriffen eines von der katholischen Kirche werthgeschätzten Instituts gegenüber gegenwärtig als wirklich vorhanden anerkennen.

Ich kann einer Versammlung von Protestanten (und auch die Münchener Versammlung war nichts anderes) das Recht der Einmischung in die innersten Angelegenheiten der katholischen Kirche nicht zugestehen, glaube vielmehr eine solche Einmischung als einen unbefugten Uebergriff und zugleich als eine öffentliche Beleidigung der katholischen Kirche und ihrer rechtmäßigen Vertreter feierlich zurückweisen zu müssen. Am allerwenigsten kann ich protestantischen Versammlungen das Recht einer solchen Einmischung mittels unwahrer Schmähungen und Verdächtigungen zugestehen. Die Unwahrheit dieser Schmähungen und Verdächtigungen vollgiltig zu bezeugen, glaube ich allerdings vollkommen in der Lage zu sein. Seit meiner mehr als fünfzehnjährigen bischöflichen Amtsführung kenne ich das Walten und Wirken der Jesuiten in meiner Diöcese aus unmittelbarer persönlicher Anschauung; ich kenne die Mitglieder der Gesellschaft Jesu als wahrhaft gottesfürchtige, tugend- und ehrenhafte Männer, wie als eifrige und wissenschaftlich durchgebildete Arbeiter im Weinberge des Herrn. Auf Grund solcher genauen Personen- und Sachkenntniß bezeuge ich demnach hierdurch öffentlich und vor aller Welt, daß die Jesuiten, die in meiner Diöcese in der Seelsorge Aushilfe geleistet, durch das leuchtende Beispiel ihrer Tugenden, wie durch ihre unermüdlichen Arbeiten in der Seelsorge das Reich Gottes, das wahre Wohl der Kirche und des Vaterlandes befördert, und daß sie insbesondere auch durch ihr selbstverleugnendes, aufopferungsvolles Wirken in den Kriegsjahren 1866 und 1870/71 im Dienste der erkrankten, der verstümmelten und der sterbenden Krieger etwas ganz anderes verdient haben, als ungerechte Schmähungen oder als kalten Hohn und Spott.

Paderborn, am 23. October 1871.

Dr. Conrad Martin, Bischof von Paderborn."

3. **Von dem Herrn Erzbischof von Bamberg,**
vom 26. October 1871.

„Erklärung[1]). Der Protestantenverein, welcher am 4. und 5. d. M. in Darmstadt tagte, hat sich erlaubt, in seinen Verhandlungen in die inneren Angelegenheiten der katholischen Kirche in einer Weise sich einzumischen, welche den oberhirtlichen Stellen Deutschlands nicht gestattet, diese Einmischung stillschweigend hinzunehmen.

Der genannte Protestantenverein hielt sich für berufen, das vom jüngsten vaticanischen Concil verkündigte Dogma von der lehramtlichen Unfehlbarkeit des Papstes zum Gegenstand seiner Discussion zu machen, und benutzte dasselbe als Vorwand zu Beschlüssen, die Uns keinen Zweifel daran übrig lassen, welches das Loos der Katholiken und der katholischen Kirche in Deutschland werden müßte, falls die Reichsgewalt sich herbeilassen könnte, diese Beschlüsse der genannten Versammlung sich anzueignen, und sie in Ausführung zu bringen. Wir sehen uns deshalb zur folgenden öffentlichen Erklärung veranlaßt:

1) Wir weisen mit Indignation den vom Protestantenverein gemachten Versuch der Einmischung in die inneren Angelegenheiten der katholischen Kirche zurück;

2) Wir weisen ebenso zurück den Versuch, diese Einmischung dadurch zu rechtfertigen, daß man das katholische Dogma von der lehramtlichen Unfehlbarkeit des Papstes als einen „Angriff auf die Souveränität des modernen Staates überhaupt, und des deutschen Reiches, sowie der deutschen Staaten insbesondere, dann als eine Gefährdung des confessionellen Friedens in Deutschland, und als eine Bedrohung der Geistes- und Gewissensfreiheit und unserer ganzen Cultur" verdächtigt. Diese Verdächtigung eines katholischen Dogma verliert Nichts an der in ihr liegenden Kränkung aller treu zu ihrer Kirche stehenden Katholiken dadurch, daß die genannte Versammlung dieser einen Verdächtigung eine zweite hinzugefügt,

---

[1]) „Germania". Nr. 251.

indem sie diese Gemeinschädlichkeit dem „neuen römischen Dogma" „im Sinne der Jesuiten" zuschreibt.

3) Wir weisen mit Indignation die unerhörte Anmaßung zurück, mit welcher eine Versammlung, deren Mitglieder der katholischen Kirche vollkommen fremd, ebensowenig ein Verständniß für die Lehren und Institutionen dieser Kirche, als das Recht besitzen, über diese Lehren und Institutionen öffentlich zu urtheilen, deßungeachtet wagt, einen von der katholischen Kirche approbirten Orden in einer Weise, wie in den Motiven der II. Resolution genannter Versammlung geschehen, anzutasten, und die öffentliche Verfolgung gegen ihn herauszufordern, daß man sich erstaunt fragen muß, in welchem Lande und in welcher Zeit wir denn eigentlich leben;

4) insbesondere weisen Wir mit Aller Entschiedenheit die in den ebengedachten Motiven 1 und 2 aus der Organisation des Jesuiten-Ordens hergeleitete Verdächtigung zurück, welche mehr noch gegen das Oberhaupt der katholischen Kirche selbst, als gegen den Jesuiten-Orden sich richtet. Wir müssen ferner das Motiv 4 als eine gegen das Oberhaupt unserer Kirche gerichtete Anklage, zu welcher der Protestanten-Verein unbedingt kein Recht hat, ebenso unbedingt zurückweisen, und bezeichnen die Motive 3, 5, 6 und 7 als ebensoviele Behauptungen, welche aufzustellen die Ehrenhaftigkeit der Mitglieder jener Versammlung ihnen hätte verbieten sollen.

5) Wir legen hiermit öffentlich und feierlich Verwahrung ein gegen die von oftgemeldeter Versammlung gegen den Jesuiten-Orden und seine Existenz in Deutschland versuchte Interpretation der Gesetze für Vereinsfreiheit und Freiheit der religiösen Genossenschaften, indem diese Interpretation, zur öffentlichen Geltung gelangt, an die Stelle der gesetzmäßigen Freiheit der Individuen wie ganzer Genossenschaften mit aller Gewißheit ein System der Willkür setzen würde, dessen Früchte allerdings zunächst nur den Katholiken und der katholischen Kirche in Deutschland zugedacht sein mögen, unter dessen Consequenzen aber

nur zu bald das ganze deutsche Volk elend dahinsiechen würde;

6) der von beregter Protestanten-Versammlung erhobenen Anklage des Jesuiten-Ordens gegenüber, und unter gleichzeitiger Zurückweisung der vom sogenannten Altkatholiken-Congreß in München gegen die Jesuiten erhobenen Beschuldigung, als werde „vom Jesuiten-Orden eine falsche und corrumpirende Moral gelehrt und geltend gemacht", erklären Wir hiermit öffentlich, daß Wir dem Jesuiten-Orden für die von seinen Priestern in der Erzdiöcese Bamberg entfaltete Thätigkeit in Volksmissionen, Conferenzen und Exercitien, und für die hierdurch Unseren Diöcesanen, Klerikern und Laien, erwiesenen geistlichen Wohlthaten herzlich dankbar sind, und bezeugen, daß die Missionäre aus dem Jesuiten-Orden in ihren Vorträgen niemals, — Zeuge hierfür sind noch tausende ihrer Zuhörer, — eines Angriffs auf Andersgläubige, oder irgend einer Verletzung der Rechte derselben oder der denselben gebührenden Achtung und Liebe, niemals einer Aufreizung zum Ungehorsam gegen die weltliche Obrigkeit sich schuldig gemacht, niemals Grundsätze gelehrt, oder irgend wo oder irgend wie zur Geltung gebracht haben, welche nicht in vollster Uebereinstimmung mit den Lehren und Grundsätzen der katholischen Kirche gewesen; wohl aber waren die Jesuiten-Missionäre bemüht, die Liebe zu Gott und die Liebe zum Nebenmenschen, wie sie der göttliche Heiland uns aufgetragen hat, den Gehorsam gegen die Obrigkeit und gegen jede von Gott gesetzte Autorität in den Herzen ihrer Zuhörer zu wecken und zu befestigen, und allüberall, wo die Jesuiten bei Uns in Stadt oder Land gewirkt, steht ihr Wirken, ihr Wort und ihr Beispiel, bei Klerus und Volk in gesegnetem Andenken.

Wenn, wo immer eine Mission stattfand, auch ein frischeres katholisches Leben sich zu entwickeln pflegte, so müßte der katholischen Kirche erst selbst das Recht der Existenz abgesprochen sein, wollte man aus diesen Früchten der Mission einen Vorwurf gegen die Jesuiten ableiten.

7) Indem Wir daher hiermit laut und öffentlich gegen den frivolen Angriff des Protestantenvereins auf die Lehren und Institute der katholischen Kirche, gegen diesen unerhörten Versuch des Friedensbruchs unter den Confessionen in unserem Vaterlande Verwahrung einlegen, und alle Verantwortung öffentlich ablehnen für die Folgen, die unausbleiblich sein würden, wenn das Beispiel des Protestantentags in Darmstadt anderwärts Nachahmung finden sollte, sprechen Wir das Vertrauen aus, daß das Reichsoberhaupt den einer Proscribirung der katholischen Kirche in Deutschland gleichkommenden Anträgen des mehrgedachten Protestantenvereins nicht stattgeben, sondern die Katholiken und katholisch-religiösen Genossenschaften des Reiches in ihren durch die Gesetze ihnen garantirten Rechten zu schützen geneigt sein werde. Dieses Zeugniß öffentlich im Interesse der guten Sache hiermit der Wahrheit und Gerechtigkeit zu geben, halten wir für Gewissenspflicht.

Bamberg, am 26. October 1871.

Michael von Deinlein, Erzbischof von Bamberg.

4. Von dem Herrn Erzbischof von München-Freising.

Der vorstehenden Erklärung schließe ich mich in ihrem ganzen Umfange aus voller Ueberzeugung an[1]).

München, 31. October 1871.

Gregorius, Erzbischof von München-Freising.

5. Von dem Herrn Bischof von Regensburg, vom 28. October 1871.

„Erklärung[2]). Die plötzlich in Scene gesetzte Verfolgung der Gesellschaft Jesu in Deutschland kennzeichnet sich freilich als ein Werk der Ungerechtigkeit, der Feigheit und der Lüge, und fällt somit als eine That der Schande zurück auf Die, welche sich nicht entblöden, sie zu vollführen: aber nichtsdestoweniger folge ich den Ein-

---

1) Bamberger Pastoralblatt Nr. 46. S. 215.
2) Germania. Nr. 249. I.

gebungen meiner bischöflichen Pflicht, sowohl meinen Diöcesanen, deren Sinn und Gewissen beirrt werden könnten, als auch den auf die unverantwortlichste Weise verleumdeten Mitgliedern dieses von der Kirche stets in hohen Ehren gehaltenen Ordens gegenüber, wenn ich im vollsten Anschlusse an die Erklärungen der hochwürdigsten Bischöfe von Limburg und Paderborn meinem tiefsten Schmerze und meiner gerechtesten Entrüstung hiermit offenen Ausdruck geben zu müssen glaube.

Es kann nicht meine Absicht sein, alle die selbst sinnlosen Anklagen, wie sie zur Schmach eines sich gebildet nennenden und wenigstens vorgeblich die allseitige Freiheit und Gleichberechtigung Aller anstrebenden Jahrhunderts gegen die Gesellschaft Jesu geschleudert werden, zu widerlegen.

Man wirft diese Anklagen auf, ohne auch nur eine zu beweisen; wirft sie auf nicht vor Gericht, wo man die Vertheidigung der Angegriffenen zu fürchten hätte, sondern aus dem **Hinterhalte einer kirchenfeindlichen Presse**, oder mit dem tumultuarischen Verfahren einer aus erklärten Feinden, sei es aller christlichen Religion, sei es der katholischen Kirche, zusammengesetzten Versammlung; wirft sie auf, obschon man recht gut weiß, daß sie schon unzählige Male erschöpfend widerlegt worden sind; wirft sie auf — ich will diese Ehre der **Intelligenz** der Feinde angedeihen lassen, — **ohne sie selber zu glauben**; wirft sie auf in Form der gewaltthätigsten Eingriffe in die inneren Angelegenheiten der katholischen Kirche.

Unwahrhaftigkeit und Fanatismus sind zu unwürdig, als daß man sie mit Gegengründen widerlegen dürfte; und so lange man nur mit Verleumdungen und Fanatismus gegen den Orden kämpft, muß es um denselben gut stehen. Der Gesellschaft Jesu gereicht es zu großer Ehre, von **solchen Feinden auf solche Weise** angegriffen zu werden. Den Katholiken Deutschlands gereicht es zur Belehrung über den Orden; denn sie sehen, an wen sie sich zu halten und wen sie in ihrem Interesse zu schützen haben.

Den Bischöfen Deutschlands gereicht es zum Troste, denn sie erkennen, daß sie recht gegriffen, indem sie solche Männer in ihren Diöcesen zur Theilnahme an der apostolischen Arbeit zuließen. Beiden aber, Bischöfen wie Volk, ist es eine Pflicht der Gerechtigkeit, dieselben nun auch wirklich zu beschützen.

Uebrigens vermögen uns die modernen Feinde der Gesellschaft Jesu über das Endziel nicht zu täuschen, welches sie mit dieser „Jesuitenhetze" zu maskiren suchen. Man hat der katholischen Kirche, ja dem Christenthume und der gesammten von Gott gegründeten sittlichen Weltordnung den Untergang geschworen; die Jesuiten sind die gefürchtetsten Vertheidiger derselben, also müssen diese zuerst vertilgt werden. Dabei hegt man außerdem die Hoffnung, daß, wenn das katholische Volk einmal diesen Faustschlag in das Angesicht seiner ihm garantirten Freiheiten und Rechte lautlos hingenommen, es auch einen zweiten und dritten und letzten leichter sich werde gefallen lassen.

Die Folgen aber sind ebenso unübersehbar, als durch die Traditionen der Geschichte geheiligt. Ueber die Jesuiten, die gefallenen Opfer, hinweg schritten deren Feinde stets zum Sturme gegen Altar und Thron. Vor gerade einem Jahrhundert folgte unmittelbar auf die Auflösung der Gesellschaft Jesu die französische Revolution. Der Aufruhr in Frankreich im Jahre 1830 kam nach der Jesuitenverfolgung von 1828, und die wiederholten Handstreiche der französischen Regierung gegen den Orden von 1845 und 1846 lösten sich auf in die furchtbare Katastrophe von 1848. Die Pariser Mordbrennerei dieses Jahres endlich suchte ihre Opfer in den Reihen der Jesuiten, nicht aber unter deren Feinden. Kurz, die Verfolgung der Kirche wurde stets eingeleitet durch die Verfolgung der Gesellschaft Jesu, und auf die Verfolgung der Kirche folgte der Sturm gegen die weltliche Autorität. Thron und Altar stehen eben nur sicher, so lange sie da stehen, wohin sie Gott gestellt, im Gewissen der Völker.

Dieses zu belehren, zu schärfen, zu heilen, zu veredeln ist aber die einzige Aufgabe der Gesellschaft Jesu, darum ist gerade sie die Zielscheibe des Hasses aller Feinde des Thrones, des Altares, des christlichen Gewissens.

Die Kirche hat es gleichsam durch den Mund des Statthalters Christi auf Erden, Pius IX., ausgesprochen, indem derselbe in dem Stiftungsdocumente des Collegiums von Sinigaglia also sich ausdrückt: „Wir wissen zum größten Troste unserer Seele recht gut, daß die Mitglieder der Gesellschaft Jesu nach der Weihe und dem Institute ihres Ordens sich nichts mehr angelegen sein lassen, als mit besonderer Anstrengung, mit Eifer und Klugheit zu arbeiten, die größere Ehre Gottes überall zu fördern, das ewige Heil der Menschen zu wirken, die gesunde Lehre zu vertheidigen und zu verbreiten, und die Jugend in der Gottseligkeit und in den Wissenschaften zu unterrichten zum größten Nutzen, Ruhm und Schutze der Kirche und des Staates."

Dieses Urtheil des Oberhauptes der Kirche eigne ich mir vollkommen an, und finde dasselbe durch meine **persönlichen jahrelangen Erfahrungen** vollkommen bestätiget. Dieses Zeugniß der Gerechtigkeit, des Dankes und der Achtung schulde ich den in unwürdigster Weise verfolgten Mitgliedern der Gesellschaft Jesu in Deutschland, schulde es im Namen von **Tausenden meiner Diöcesanen**, welche durch die apostolischen Bemühungen dieser durch Tugend wie durch **Wissenschaft** gleich ausgezeichneten Priester den Frieden des Herzens und der Familien wieder gefunden haben.

Werden sie wehrlos der Verfolgung preisgegeben, so bleibt ihnen freilich der erhabene Trost, wie ihr göttlicher Meister von Denjenigen verlassen worden zu sein, welchen sie nur Gutes erwiesen hatten, aber vielleicht schon in kurzer Zeit wird man erkennen und fühlen, wohin diese Hetzerei geführt und ob es die Kirche sammt ihren Orden, oder ob es deren unwürdige Gegner mit der Menschheit gut gemeint haben.

† Ignatius v. Senestréy, Bischof v. Regensburg.

6. Von dem Herrn Bischof von Eichstädt[1]).
An den P. Provinzial der Gesellschaft Jesu.

„Euer Hochwürden! Da die Feinde unserer Religion mit uns in der Gesellschaft Jesu eine besondere Stütze der katholischen Kirche erkennen, so haben dieselben von jeher ihre maßlosen Angriffe auf diesen Orden gerichtet. Er theilt deshalb auch jetzt gleiches Schicksal mit der Kirche und dem hl. Vater und ist derselben Heftigkeit des Hasses und der Verfolgung ausgesetzt wie jene.

Wenn wir uns daher auch hierüber nicht wundern dürfen, so glaube ich doch als Bischof der Diözese Eichstädt nicht ganz schweigen zu können, da es Pflicht ist, um so offener und entschiedener der Wahrheit Zeugniß zu geben, je frecher und ungehinderter die Lüge ihr Haupt erhebt. Möchten Euer Hochwürden und Ihre Ordensbrüder daher in diesen meinen Zeilen eine Art Genugthuung finden, welche Ihr Orden den unbegründeten Verdächtigungen und Verleumdungen Ihrer Feinde gegenüber verdient! Meine Diöcese wird nie vergessen, was sie der Gesellschaft Jesu seit Jahrhunderten verdankt.

Schon im 16. Jahrhunderte war es besonders die segensreiche Wirksamkeit der Priester dieses Ordens, welche der Verbreitung des Abfalls vom katholischen Glauben in unseren Gauen Einhalt that. Sodann bildeten die Väter dieser Gesellschaft mehr als ein Jahrhundert hindurch in dem Collegium Willibaldinum dahier einen tüchtigen Clerus für die Diöcese heran. Unvergeßlich bleibt, was die Universität Ingolstadt, diese Perle des Bisthums Eichstädt, gewirkt hat. Ihr Name allein genügt, um an die vielen gelehrten und verdienstvollen Männer Ihrer Gesellschaft zu erinnern, welche daselbst zur allgemeinen Bewunderung thätig waren, und deren Namen jetzt noch durch ihre wissenschaftlichen Werke glänzen.

Die weit über Deutschland hinaus rühmlichst verbreitete Instructio pastoralis Eystettensis, die seit einem Jahrhun-

---
1) Germania. Nr. 259. I.

derte als Diöcesan-Gesetzbuch gilt, und deren ganz ungewöhnlicher Werth immer mehr Anerkennung findet, verdankte Bischof Raymund Anton der Gelehrsamkeit und Pastoral-Klugheit der Väter dieses Ordens.

Vier meiner Vorfahren, Zierden des bischöflichen Stuhles zu Eichstädt, und mehrere Weihbischöfe dahier waren Zöglinge des Collegium Germanicum, und ich selbst werde beständig dankbar bleiben für die Erziehung, welche ich, wenn auch wegen der Ungunst der Zeit nur 1½ Jahr, daselbst genossen habe.

Was die Väter der Gesellschaft Jesu in neuerer Zeit unter der Diöcesan-Verwaltung meines hochseligen Vorfahren Georg durch Abhaltung von Missionen und Exercitien in meiner Diöcese wirkten, hat derselbe gar oft anerkannt, und der Clerus und die treuen Katholiken meiner Diöcese stimmen heute noch mit dem Zeugnisse ihres dahingeschiedenen Bischofs überein. Die Priester meines Bisthums sind erst wieder in diesem Jahre zahlreicher als je zu den geistlichen Uebungen unter der Leitung eines Paters aus Ihrer Gesellschaft herbeigeströmt, und das ganze katholische Volk hat nach Abhaltung von Missionen sowohl in den Städten als auch auf dem Lande unzählige Beweise seines Dankes und der größten Verehrung gegen die Patres Missionäre gegeben.

Ich kann es daher nicht unterlassen, mich der Stimme meiner Vorfahren und meiner Diöcese anzuschließen und mit Dank gegen Gott anzuerkennen, mit welchem Segen und mit welcher Aufopferung die Väter der Gesellschaft Jesu sowohl früher als auch in neuerer Zeit in dem mir anvertrauten Theile des Weinbergs des Herrn gearbeitet haben.

Indem ich Ihnen die Erlaubniß ertheile, von diesen Zeilen auch öffentlich Gebrauch zu machen, verbleibe ich in aller Hochachtung.

Euer Hochwürden ergebenster

† Franz Leopold.

Bischof von Eichstädt.

Eichstädt, den 28. October 1871.

7. Von den Erzbischöfen und mehreren Bischöfen in Preußen[1]), vom October 1871.

"Erklärung: Den maßlosen Schmähungen und Angriffen gegenüber, welche unlängst auf den Versammlungen der sogenannten Protest-Katholiken zu München und des Protestantenvereins zu Darmstadt sowohl als auch anderweitig in der kirchenfeindlichen periodischen Presse fast überall gegen die Jesuiten laut geworden sind, fühlen die unterzeichneten Oberhirten, in deren Diöcesen die Jesuiten seither domicilirt und thätig gewesen sind, im Interesse der Wahrheit und Gerechtigkeit sich gezwungen, hierdurch das Zeugniß abzulegen, daß jene Schmähungen, Anklagen und Angriffe gänzlich unbegründet sind; daß vielmehr die Mitglieder der Gesellschaft Jesu sich durch einen echt sittlichen und christlichen Wandel eben so sehr empfehlen, als insbesondere die Priester derselben durch gründliche Kenntnisse und gesunde Principien in der theologischen Wissenschaft, sowie nicht minder durch eifrige und gesegnete Wirksamkeit in der Hülfs-Seelsorge unter bischöflicher Leitung sich auszeichnen. Namentlich muß hervorgehoben werden, daß die Jesuiten sich der Seelsorge für die Fabrikarbeiter mit einem sehr günstigen Erfolge angenommen und dieselben an den Orten ihrer Wirksamkeit vor den großen Gefahren der social-demokratischen und communistischen Verwirrungen bewahrt haben. Wir bezeugen zugleich, daß die Jesuiten der Autorität des Staates sowohl als der Kirche gegenüber durch loyale und treue Haltung den Gläubigen mit einem guten Beispiele vorangehen und nach beiden Seiten hin sich einen gerechten Anspruch auf lobende Anerkennung erworben, keineswegs aber die gegen sie erhobenen Anklagen und Beschuldigungen verdient haben. Schließlich bemerken wir, daß in den beiden letzten Kriegen insbesondere die Priester sowohl als die Laienbrüder der Gesellschaft Jesu durch geistliche resp. leibliche Pflege der

---

[1]) Köln. Volkszeitung. 1871. Nr. 308. II.

verwundeten und erkrankten Krieger sich in einer ganz hervorragenden Weise um Staat und Kirche verdient gemacht und dafür die allgemeinste Anerkennung gefunden haben. Indem wir für die von der katholischen Kirche gutgeheißene, von ihren Feinden aber ungerecht verleumdete und verfolgte Gesellschaft Jesu das obige Zeugniß ablegen, zeichnen wir

Im October 1871.

† Miecislaus, † Paulus,
Erzbischof von Gnesen und Posen.   Erzbischof von Köln.
† Heinrich, Fürstbischof von Breslau.
† Peter Joseph, Bischof von Limburg.
† Conrad, Bischof von Paderborn.
† Mathias, Bischof von Trier.
† Johann Bernhard, Bischof von Münster.

8. Vom Herrn Erzbisthums-Verweser von Freiburg[1]),
vom 4. November 1871.

„Erklärung: Wenn gegenwärtig in Deutschland eine mächtige und einflußreiche Partei in ihrem Kampfe gegen das positive Christenthum und gegen die katholische Kirche ihre heftigsten Angriffe gerade gegen die Gesellschaft Jesu richtet, und wenn sie die Anstrengung macht, dieselbe aus dem deutschen Reiche zu exiliren, so dürfen wir uns hierüber keineswegs wundern. Hat doch schon Voltaire offen erklärt: „Haben wir einmal die Jesuiten vernichtet, so haben wir alsdann mit der Infamen (d. i. die christliche Religion) gutes und leichtes Spiel."

Der tiefe Haß und die maßlos feindselige, alle Grundsätze der Gerechtigkeit mißachtende Agitation der widerchristlichen und kirchenfeindlichen Partei gegen die Gesellschaft Jesu ist unstreitig ein glänzender Beweis von der großen Bedeutung dieser Ordensgesellschaft für die Sache

---
1) Freiburger kath. Kirchenblatt. 1871. Nr. 45.

des Christenthums und der Kirche und der diesfallsigen vortrefflichen Leistungen ihrer Mitglieder. Man haßt und bekämpft die Jesuiten nicht, weil man von dem Bösen, das man ihnen fälschlich und verleumderisch nachsagt, überzeugt sein kann, sondern weil man in ihrer Wirksamkeit ein hauptsächliches Hinderniß für die Ausführung gewisser Pläne erblickt, weil man wahrnimmt, mit welch' gesegnetem Erfolge diese Ordensmänner arbeiten für Verbreitung und Befestigung des Reiches Gottes, für das Heil der unsterblichen Seelen, indem sie, mit reicher Geistesbildung und ächter katholischer Wissenschaft ausgerüstet, wirksam das göttliche Wort verkünden, unermüdet das hl. Bußsacrament verwalten, in aufopfernder Liebe des Volkes sich erbarmen, durch ihr Leben und Wirken in die verschiedensten Kreise wahrhaft christliche Gesittung bringen.

Darum erscheint es aber auch als eine heilige Pflicht Derjenigen, welche mit dem Christenthum und der katholischen Kirche es aufrichtig und ehrlich meinen, und welche Wahrheit, Gerechtigkeit und den religiösen Frieden lieben, gegen diese unqualificirbare Agitation laut ihre Stimme zu erheben und öffentliches Zeugniß abzulegen für die so ungerecht geschmähten und verfolgten Ordenspriester.

Als Capitular-Vicar der Erzdiöcese Freiburg, in welcher die Jesuiten seit mehr als zwanzig Jahren durch Abhaltung von Volksmissionen und Priesterexercitien und seelsorgliche Aushilfe die segensreichste Thätigkeit entfalten und dadurch um Priester und Volk große Verdienste sich erworben haben, halte ich mich im Gewissen verpflichtet, im Anschlusse an die hochw. Oberhirten von Limburg, Paderborn, Regensburg, Bamberg und Eichstädt öffentlich und feierlich zu protestiren gegen all' die verleumderischen Anschuldigungen, unter deren Vorwand man die Gesellschaft Jesu, mit Verletzung aller Rechtsprincipien und der garantirten Gewissens- und Vereinsfreiheit, aus Deutschland zu vertreiben sucht. Ich zweifle nicht, daß der hochw. Clerus und das gläubige Volk der Erzdiöcese diesem meinem Proteste aus vollster Seele und innigster Ueberzeugung sich anschließen. Haben doch die ehrwürdigen Väter der Gesellschaft Jesu, nachdem sie im Jahre 1849 nach Bewältigung der Revolution durch den hochsel. Erzbischof Hermann zur Abhaltung von Volksmissionen in die Erzdiöcese berufen worden, zur Beruhigung des damals tief aufgeregten Volkes, zu seiner religiös-sittlichen Erhebung und zur Gestaltung geordneter staatlicher und bürgerlicher Zustände wesentlich mitgewirkt und dadurch selbst die Anerkennung angesehener Staatsmänner sich erworben. Und haben sie doch seither stets, wie als treue und eifrige Diener Christi und Seiner Kirche, so auch namentlich im letzten Kriege als wahre Freunde des Staates und des Volkes sich erwiesen, als apostolische Männer des Friedens, der Liebe und der Duldung, als ächte Ordenspriester, die nicht blos ein unbescholtenes, sittenreines Leben führen, sondern nach höherer christlicher Vollkommenheit streben, in beständiger Selbst- und Weltverleugnung, im Dienste Gottes und der Menschheit ihre Lebenstage zubringen.

Zu diesem öffentlichen Zeugniß für die allgemein segensreiche Wirksamkeit der Väter der Gesellschaft Jesu fühle ich mich verpflichtet im Interesse der Wahrheit, der Gerechtigkeit und des religiösen Friedens."

Freiburg, den 4. November 1871.

† Dr. Lothar von Kübel,
Bischof von Leuka i. p. i. und Erzbisthumsverweser.

8. **Von dem Herrn Bischof von Fulda,**
vom 15. November 1871.

"Erklärung[1]). Gegenüber den maßlosen Schmähungen und Angriffen, welche unlängst auf den Versammlungen der Protestkatholiken zu München und des Protestantenvereins in Darmstadt, sowie von Seiten einer kirchenfeindlichen Presse überall gegen die Gesellschaft Jesu laut geworden sind, haben diejenigen preußischen Oberhirten, in deren Diöcesen Jesuiten domicilirt sind, im verflossenen Monate gemeinsam der Wahrheit Zeugniß gegeben und die

---

1) Mainzer Journal. 1871. Nr. 270.

großen Verdienste der Gesellschaft Jesu um Staat und Kirche gebührend anerkannt.

Um nicht durch Schweigen die Meinung zu veranlassen, als ob ich in diesem Punkte mit meinen Hochwürdigsten Amtsbrüdern nicht vollkommen einverstanden wäre, trete ich, gestützt auf meine Erfahrung während einer mehr als zwanzigjährigen Amtsdauer, in welcher mir die Väter der genannten Gesellschaft durch Abhaltung von Missionen, Conferenzen und Exercitien die erspießlichsten Dienste geleistet haben, hiermit ihrer Erklärung ausdrücklich bei.

Fulda, am 15. November 1871.

† Christoph Florentius.

10. Von dem Herrn Bischof von Mainz[1]).

„Ich habe von meiner Jugend an Gelegenheit gehabt, Mitglieder dieses Ordens genau zu beobachten und ihre Grundsätze kennen zu lernen. Ich bin in meiner Jugend von meinen Eltern einer von Jesuiten geleiteten Erziehungsanstalt übergeben worden und habe in derselben vier Jahre zugebracht. Ich brachte von dem elterlichen Hause eine so selbstständige Gesinnung und reine sittliche Anschauung mit, daß, wenn ich nur einen Schatten von dem, was man so in der Welt die Grundsätze der Jesuiten nennt, bemerkt hätte, ich mich mit Ekel und Widerwillen von ihnen abgewendet hätte. Auch meine Eltern, deren Lebensstellung eine vollkommen unabhängige war, und die selbst von der reinsten und innigsten Liebe zu ihren Kindern und ihrem wahren Wohle erfüllt waren, hätten mich wahrlich keinen Augenblick in dieser Anstalt gelassen, wenn sie etwas Aehnliches wahrgenommen hätten. Ich fand aber in dieser Anstalt nichts, was meinen, in den reinsten Grundsätzen des Christenthums genährten, jugendlichen Geist je verletzt hätte; und ich schied von allen meinen Lehrern mit der tiefsten Achtung und der zweifellosesten Ueberzeugung, daß sie Männer seien, die täglich an sich die höchsten sittlichen Anforderungen stellten. Von da an, also vom Jahre 1828, wo ich mit mehreren anderen westphälischen und rheinischen

---

1) Offene Erklärung. Beilage des Mainzer Abendbl. Nr. 40.

Jünglingen das Pensionat in der Schweiz verließ, bis zum Jahre 1848, wo durch die veränderten Verhältnisse die Jesuiten nach Deutschland kamen, habe ich mit keinem in Berührung gestanden. Seitdem habe ich aber in den verschiedensten Verhältnissen eine nicht unbedeutende Anzahl Priester aus dieser Gesellschaft näher kennen gelernt. Ich kenne eine Anzahl Priester, die früher am Rhein und in Westphalen mit hoher Auszeichnung in ihrer Heimath als Capläne und Pfarrer gewirkt haben und dann in den Jesuitenorden eingetreten sind; ich kenne eine Reihe von Jünglingen, gleichfalls aus Westphalen und am Rhein, die von den besten Familien abstammen, sich in ihrer ganzen Jugendzeit durch ihren Eifer in den Studien, durch ihr sittenreines Leben, durch ihre hohe ideale Richtung, ausgezeichnet haben, welche die Freude ihrer Eltern und der Gegenstand der innigsten Hochachtung ihrer Mitschüler waren und dann in diese Gesellschaft eingetreten sind; seit ich Bischof bin, sind aus meiner Diöcese eine Anzahl theils studirender Jünglinge, theils Priester in diese Gesellschaft eingetreten, deren Namen ich nur zu nennen brauchte, um viele Zeugen dafür zu erhalten, daß sie in ungewöhnlicher Achtung bei Allen standen, die sie früher kannten. Ich kenne ferner eine Anzahl Jünglinge aus den höchsten Ständen, geliebt und geehrt von den Ihrigen, mit allen Ansprüchen reich ausgestattet, die Talent und Reichthum gewähren, und die Alles verlassen haben, um Jesuiten zu werden. Ich habe endlich eine Anzahl älterer Patres bei Missionen, bei den Exercitien kennen gelernt und von diesen Allen habe ich die festeste Ueberzeugung, daß sie keinen Tag Jesuiten bleiben würden, wenn sie je in jener Gesellschaft einen jener Grundsätze angetroffen hätten, die derselben so oft vorgeworfen werden. Ich glaube, daß Niemand diese s. g. Jesuiten-Grundsätze mehr verabscheuen kann, als die Jesuiten selbst. Von dieser Ueberzeugung bin ich, sind mit mir alle Bischöfe der Kirche und mit uns alle Katholiken erfüllt, die diese Gesellschaft kennen."

Mainz, 14. Februar 1866.

W. E. Freiherr v. Ketteler.

3) Von weltlichen Behörden.

Die amtlichen Berichte über das Verhalten und Wirken der Jesuiten entziehen sich gewöhnlich der Oeffentlichkeit. Wir sind aber im glücklichen Falle, durch die Verhandlungen des preußischen Landtages im Jahre 1853 hieher gehöriges Material zu besitzen. Wir entnehmen das Folgende dem offiziellen Sitzungsberichte vom 12. Februar 1853. Berichterstatter war Abgeordneter v. Gerlach. Er sprach[1]):

„Lassen Sie mich noch einiges Material anführen und zwar ipsissima verba. Dieses Material unterscheidet sich von Allem, was ich bisher angeführt habe, dadurch, daß es aus der neuesten Zeit ist, unmittelbar auf unsern Gegenstand sich bezieht. Es ist mir möglich geworden, die amtlichen Berichte über die Thätigkeit der Jesuiten-Missionen, namentlich in der Rheinprovinz, einzusehen; sie sind, so viel ich weiß, ausschließlich von Protestanten, gewiß größtentheils von Protestanten, und ich zweifle nicht, daß die Berichte über die Thätigkeit der Jesuiten-Missionen in Schlesien, die mir nicht zugänglich gewesen sind, im Wesentlichen damit übereinstimmen. Hören Sie nun den wörtlichen Inhalt:

„Von Proselytenmacherei oder Erregung confessionellen Unfriedens haben sich die Jesuiten vollkommen frei gehalten. Von protestantischer Seite ist daher auch ihrer Wirksamkeit vielfache Anerkennung zu Theil geworden. Nur die Demokratie grollt, weil die Jesuiten überall als Sendboten des Grundsatzes der Autorität, in kirchlichen wie in staatlichen Dingen, auftreten und die sozialistischen Trugbilder, mit welchen die Demokratie auf die Selbstsucht der Massen spekulirt, entlarven und schonungslos bekämpfen. Sie werden von den Anhängern der Demokratie als bestochene Agenten der Regierung bezeichnet und mit Schmähschriften be-

---

[1]) Die Ministerialerlasse vom 22. Mai und 16. Juni 1852 in der zweiten Kammer. Paderborn bei Schöningh. 1853. 219 Seiten. Obige Mittheilung steht auf S. 29 und 30.

droht. Indifferentisten, welche seit 20 Jahren kein Gotteshaus besucht hatten, mußten beschämt gestehen, daß ihnen hier überzeugend und überzeugt, eine Glaubenskraft von solcher Tiefe und Gewalt entgegengetreten sei, wie sie deren Möglichkeit in dieser Zeit kaum geahnt hätten. Auch wissen die Landräthe, übereinstimmend, nicht genug zu rühmen, wie wohlthätig sich der praktische Erfolg ihrer Missionen gestaltet habe, nicht blos sichtbar hervortretend auf dem Gebiete äußerer Sittlichkeit und Legalität in Vermeidung des Schleichhandels, der Polizeivergehen, des Branntweintrinkens, der nächtlichen Tanzlustbarkeiten u. dgl., sondern noch mehr nach Innen in der Erweckung des Geistes christlicher Zucht und Liebe zwischen Ehegatten, Aeltern und Kindern, Herrschaft und Gesinde, und in den Verhältnissen des Hauses, der Familie und der Gemeine."

Diese Berichte über einen so durchaus kirchlichen, geistlichen Gegenstand tragen allerdings ein gewisses trockenes, offizielles Gepräge, wie es nicht anders sein kann, an sich, lassen aber doch ahnen, welche Geheimnisse der Gewissen, welche Wunder der Gnade unter diesen äußeren Erfolgen verborgen sind."

4) Von Gemeinden, Corporationen und Vereinen.

(Es schien genügend, nur einige der bedeutsameren Erklärungen in extenso abzudrucken.)

1. Von Bürgern der Stadt Aachen.

„Offene Erklärung[1]): Gegenüber dem Hasse und den Anfeindungen, welche wiederum in jüngster Zeit namentlich der Protestantentag in Darmstadt sowie die Versammlung der Neuprotestanten in München gegen die Väter der Gesellschaft Jesu bekunden, halten wir uns verpflichtet, der erkannten Wahrheit, für welche wir persönlich einstehen, hiemit ein öffentliches Zeugniß zu geben.

---

1) Mainzer Journal. 1871. Nr. 247.

Zunächst halten wir daran fest, daß es ebenso unbefugt als unverantwortlich ist, wenn ein Verein vom Staate verlangt, daß derselbe unter Verletzung des Vereinsgesetzes gegen eine andere Vereinigung vorgehe, die zu ihrer Existenz wenigstens dasselbe Recht hat wie er selber; ferner daß eine Einmischung eines Nichtkatholiken in die inneren Angelegenheiten der katholischen Kirche als eine unbefugte Anmaßung von jedem Katholiken entschieden zurückzuweisen ist; aber frei von aller Feindschaft gegen Personen, wünschen wir Allen die Wahrheit und wollen es nicht unterlassen, für unseren Theil hierzu beitragend, Dasjenige, was wir aus eigener langjähriger Erfahrung wissen, ungescheut auszusprechen.

Seit dem Jahre 1851 haben wir die Väter der Gesellschaft Jesu in unserer Vaterstadt Aachen wirken sehen, und Alles, was wir von ihnen gesehen und gehört und sonst in Erfahrung gebracht haben, es war nicht die Bestätigung Dessen, was ihre Feinde uns von ihnen glauben machen wollen. Nein — das haben wir nicht bestätigt gefunden, wohl aber war uns das ganze Leben, Streben und Wirken dieser Männer, wie es offen liegt vor unser Aller Augen, während einer Reihe von zwanzig Jahren ein ununterbrochener, thatsächlicher und unverkennbarer Gegenbeweis, der es bei einigem redlichen Willen uns leicht machte, die Wahrheit von der Lüge zu unterscheiden und zu erkennen, was von dieser Fluth ebenso maßloser als unerwiesener Beschuldigung gegen die Jesuiten zu halten sei, welche schon so oft ihre gründliche Widerlegung gefunden und trotzdem immer noch als neues und willkommenes Gericht wieder aufgetischt werden, ob auch deren größte Zahl unverkennbar schon den Geruch der Fäulniß hat. Wir haben die Jesuitenväter aus unserer zwanzigjährigen eigenen Erfahrung nicht nur kennen, sondern auch hochschätzen gelernt, und was deren Ordensregel selbst anlangt, so leistet uns außerdem und vor Allem unsere heilige katholische Kirche die sicherste Gewähr, und vollste Bürgschaft für deren Güte.

Bei diesem unserem Zeugnisse wollen wir uns jetzt

nur auf ein Document der letzteren Zeit berufen, auf die Petition nämlich der Bürgermeister und Stadtverordneten zu Aachen an unser Haus der Abgeordneten gegen die von dessen Petitionscommission beantragte Beschränkung der geistlichen Genossenschaften, datirt vom 10. Januar 1870.

In diesem Documente heißt es unter Anderem auch von den Vätern der Gesellschaft Jesu insbesondere: „In dem ihnen durch den seligen Herrn Cardinal-Erzbischof von Geißel angewiesenen seelsorglichen Wirkungskreise entwickelten sie unter großem Beifall der katholischen Bevölkerung eine rastlose Thätigkeit, welche in Verbreitung religiöser Grundsätze und Hebung der Moralität reiche Früchte trägt, ohne je den mindesten Anlaß zu dem diesem und anderen Orden im Commissionsberichte gemachten Vorwurfe gegeben zu haben, daß sie Tendenzen verfolgen, welche „der evangelischen Kirche und dem evangelischen Landesherrn feindselig, sowie auf Umgestaltung des ganzen kirchlichen und nationalen Lebens" gerichtet sein sollen.

In einer langen Reihe von Jahren hat sich hier Derartiges nie gezeigt, wohl aber hat Aachen den geistlichen Orden die bei den zahllosen Fabrikarbeitern immer tiefer wurzelnde Nüchternheit und deren auf christlichen Principien beruhende, ruhige, gesetzmäßige Haltung zu verdanken, worin der sicherste Schutz gegen Störung der Ordnung und revolutionäre Bestrebungen liegt. Ein Vergleich der jetzigen Haltung der hiesigen Arbeiter mit den Erlebnissen der Jahre 1830 und 1848 nöthigt zur Annahme eines Einflusses, der nur in den religiösen Verbrüderungen dieser Arbeiter liegen kann, unmöglich jedoch in den hier allerdings auch gemachten, aber jämmerlich gescheiterten Versuchen zur Verbreitung materialistischer, religionsfeindlicher Ideen."

Diesem schließen sich als vollgiltiges, entscheidendes Zeugniß die Worte an, welche der in allen Kreisen hochverehrte, hochselige Cardinal und Erzbischof Johannes von Geißel in Köln in seinem Hirtenbriefe vom 6. Januar 1864 bezüglich der geistlichen Genossenschaften an seine Erzdiöcesanen gerichtet hat. Dieselben lauten:

„An der Seite Eurer Hirten und Seelsorger stehen

die Männer der religiösen Genossenschaften. Auch sie sind mit jenen thätig am Baue der Kirche durch die Verkündigung des Glaubens.

Von der Kirche betraut, kommen sie auf den Wunsch Eurer Pfarrer in Eure Mitte, in besonderen Missionen Euch die großen Wahrheiten des Heils in geist- und gemüthvollen Vorträgen eindringlich an's Herz zu legen. So wirken sie schon seit mehreren Jahren in unserer Erzdiöcese, und wer vermöchte alle Jene aufzuzählen, welche sie aus tiefer Unwissenheit zur Erkenntniß geführt und aus der sittlichen Verwirrung zu einem christlichen Leben erhoben haben? Auf ihrem Wirken ruht sichtbar Gottes Segen. Aber darum trifft sie auch der Haß der Bauleute von Babel. Zu Babel beschuldigt man sie der Hab- und Herrschsucht und des Ehrgeizes, und dort läuft es von Mund zu Mund: sie sind die Störer des Friedens in den Familien und zwischen den Confessionen, sie verfolgen hochfliegende Plane. Aber so seht sie doch in ihrem Thun. Sie sind habsüchtig! Aber so sucht sie doch auf in ihrem einfachen Hause, wo sie sich mit bescheidener Kleidung und nothdürftiger, fast ärmlicher Nahrung begnügen. Sie sind herrschsüchtig und ehrgeizig! Aber so seht doch, wie sie still und in Demuth, in enger Zelle zurückgezogen, nur der Seelsorge, der Wissenschaft und dem Gebete sich widmend, zusammenleben, bis der Ruf der Kirche zur Verkündigung des Wortes Gottes an sie ergeht, dem sie dann in Hingebung und Gehorsam folgen. Sie stören den Frieden und hegen hochfliegende Plane! Aber wo hätten sie unter uns den Frieden in den Familien, zwischen den Confessionen und im Staate gestört? Wo, wann und wie sind ihre hochfliegenden Plane bei uns zu Tage gekommen? Bei solchen Fragen müssen die Leute von Babel verstummen. Doch ja, sie stören in der That den Frieden, sie hegen in Wirklichkeit hochfliegende Plane. Sie stören den Frieden, den faulen Frieden, den Frieden des sittlichen Todes. Als echte Streiter Gottes ziehen sie gesendet hinaus in den Kampf gegen die Unwissenheit, den Unglauben, die Unsittlichkeit, die Lauheit gegen Gott und die Religion, und ihr Wort durchschneidet wie ein scharf schneidendes Schwert Mark und Bein. Sie wollen die Wahrheit lehren, die Lüge beschämen, das Laster bekämpfen, an die Ewigkeit mahnen. Und durch alles dieß wollen sie Seelen retten. Seelen retten — das ist in Wahrheit ein Plan, den nur ein hoher geistiger Flug zu erreichen vermag. Ich danke Gott, der unserer Erzdiöcese solche Verkündiger Seines Glaubens zu berufen gegönnt hat, und ich segne sie und ihre Wirksamkeit von Herzen."

Solcher Art sind die Früchte dieses Baumes der Gesellschaft Jesu; wir haben sie vor unseren Augen und schätzen sie als gute Früchte. Gute Früchte trägt aber nur der gute Baum, ob auch Manche ihre Steine hineinwerfen; auch das geschieht am Meisten dem guten Baum gerade seiner guten Früchte wegen.

Aachen, den 17. October 1871.

J. Contzen, Reg.-Rath a. D. und Oberbürgermeister. H. Böhlen, Kaufmann und Stadtverordneter; Dr. Bolle, Arzt; M. Contzen, Rentner; Cazin, Buchhändler und Stadtverordneter; Cläffens, Postcommissar a. D.; Dr. Cappelmann, Arzt; Dr. Debey, Arzt; St. Fey, Rentner; Professor Dr. Förster, Oberlehrer; J. Frantzen, Kaufmannn; A. Geugans, Rentner und Mitglied der Armenverwaltung; D. Gielen, Fabrikant und Stadtverordneter; Dr. Hahn, Arzt des Josephinstituts und Stadtverordneter; G. Heintze, Kaufmann; A. Hellmich, Kaufmann; J. von Hoselt, Gutsbesitzer; Jungbluth, Justizrath und Stadtverordneter; A. Jacobi, Buchhändler; Dr. Lauffs, Arzt des St. Vincenzspitals; Dr. Lieck, Lehrer der Realschule I. O.; Joseph Lingens, Advocat-Anwalt und Stadtverordneter; Franz Lingens, Fabrikant; V. Monheim, Apotheker und Stadtverordneter; H. Monheim, Kaufmann; L. Monheim, Kaufmann; Dr. Jos. Müller, Gymnasialoberlehrer a. D. und Stadtverordneter; F. Nacken, Färbereibesitzer und Stadtverordneter; L. Neumann, Kaufmann und Stadtverordneter; J. W. Nyssen, Rentner; J. H. Oster, Kaufmann; N. Scheins, Tuchfabrikant und Stadtverordneter; Dr. Sträter, Arzt und Stadtverordneter; J. M. Schefer,

Kaufmann; L. H. Schervier, Stadtverordneter; W. J. Strom, Tuchfabrikant, und Stadtverordneter: L. Timmermann, Fabrikant.

2. Von Bürgern der Stadt Bonn¹).

„Hoher Reichstag! Eine Anzahl Bürger aus Köln und Bonn, ingleichen aus einigen andern Städten, haben an einen hohen Reichstag die Petition gerichtet, daß die Mitglieder der Gesellschaft Jesu als für den Staat und für das Gemeinwesen verderblich und als culturfeindlich aus dem Deutschen Reiche sollten ausgewiesen werden. Wir gehen von der Ueberzeugung aus, daß der hohe Reichstag zu einer Verhandlung und zu einer Gesetzgebung über diese Angelegenheit, wodurch der Artikel 12. unserer Verfassung verletzt würde, nicht für competent zu erachten ist, und legen im voraus gegen eine solche Verhandlung und Gesetzgebung, wenn sie versucht werden sollte, Protest ein. Zur Sache selber aber halten wir uns für verpflichtet, hier auf das unumwundenste Zeugniß abzulegen, daß die Mitglieder der Gesellschaft Jesu, so lange sie unter uns wirkten, jederzeit und immer sich als pflichttreue Priester, als thätige Seelsorger und als gewissenhafte Staatsbürger bewährt, daß sie dem katholischen Volke jederzeit und immer den Gehorsam gegen die von Gott gesetzte Obrigkeit, die treue Beobachtung der Staatsverfassung und die gewissenhafteste Befolgung der Staatsgesetze eingeprägt, und darin ihm als ein Muster vorgeleuchtet haben. Die Verdienste um Staat und Kirche, welche die Mitglieder der Gesellschaft Jesu während des Krieges sich durch geistliche und leibliche Pflege der kranken und verwundeten Soldaten erworben haben, sind bei Allen in frischester Erinnerung. Indem wir die böswilligen Anschuldigungen gegen den Jesuiten-Orden als unbegründet zurückweisen, bemerken wir noch, daß die Satzungen dieses Ordens seit mehr als dreihundert Jahren der ganzen Welt bekannt sind, sein Wirken und dessen Früchte vor Aller Augen

---
1) Köln. Volksztg. Nr. 322. I.

liegen, und er ein von der katholischen Kirche und ihrem Oberhaupte genehmigtes und hochgefeiertes Institut ist, das Millionen Seelen die Segnungen der Kirche zugewendet hat und fortwährend zuwendet. Ein Angriff auf diesen Orden wäre nicht nur eine schwere Verletzung der Gewissensfreiheit, sondern mittelbar ein Angriff auf die katholische Kirche selber. Wir hegen daher die Zuversicht, daß die Mitglieder der Gesellschaft Jesu in dem Reiche unter dem Schutze der Verfassung unseres Staates auch fernerhin ihre segensreiche Wirksamkeit werden fortsetzen können, und keinen Anträgen Folge werde gegeben werden, die dahin zielen, durch Ausnahme=Maßregeln der gehäßigsten Art einer Klasse von Staatsbürgern diejenigen Rechte zu entziehen, welche Allen gleichmäßig durch die Staatsverfassung gewährleistet sind. Bonn, den 19. Nov. 1871." (Folgen 1619 Unterschriften hiesiger Bürger.)

3. **Von Bürgern der Stadt Münster in Westphalen**[1]).

„Gegenüber den unerhörten Angriffen und Verdächtigungen, welche namentlich in jüngster Zeit, unter dem jubelnden Beifalle aller kirchenfeindlichen Organe, von Seiten des „Protestanten=Vereins" und der sogenannten „Altkatholiken" gegen unsere heilige Kirche, deren Lehren, Vorsteher und Institute laut geworden sind; sowie in ehrerbietigem Anschlusse an die öffentlichen Kundgebungen unserer hochw. Bischöfe und in vollster Uebereinstimmung mit der von Mainz datirten „Erklärung" mehrerer hundert namhafter Katholiken aller deutschen Gauen; fühlen wir unterzeichneten Bürger von Münster zu folgender Erklärung uns gedrungen: 1. Wir protestiren gegen den **unbefugten**, durch nichts begründeten, durch nichts veranlaßten Versuch des Protestantentages, sich in die Angelegenheiten **unserer** Kirche einzumischen. Wir hegen die zuversichtliche Erwartung, daß keine Staatsregierung, die noch auf Recht und Gerechtigkeit hält, eine so **unerhörte An=**

---

[1] Köln. Volksztg. Nr. 320. II:

maßung der Beachtung würdigen wird. 2. Wir protestiren gegen die **empörende Verdächtigung**, als ob unsere Kirche neuerdings ein Dogma lehre, welches die rechtmäßige Souverainität des Staates, den confessionellen Frieden und die ganze Cultur der Gegenwart zu bedrohen geeignet sei. Auch nach der Definition der lehramtlichen Unfehlbarkeit des Papstes **bleibt** unsere Kirche, was sie seit 1800 Jahren war: die treueste Pflegerin aller wahren Cultur, die emsigste Förderin des christlichen Friedens, die unermüdlichste Mahnerin zur Treue gegen die von Gott gesetzte Obrigkeit. 3. Wir protestiren gegen das rechts- und verfassungswidrige Ansinnen, durch welches dem Staate zugemuthet wird, eine religiöse Genossenschaft zu verbieten, die dasselbe Existenzrecht hat, wie jeder andere Verein. Wir würden diesen Protest aufrechthalten, auch wenn wir **nicht** die Vorwürfe, welche der **Gesellschaft Jesu** in München und Darmstadt gemacht wurden, als eine **schmähliche Verleumdung** bezeichnen müßten. Seit mehr als 20 Jahren haben wir das Wirken dieser Ordenspriester aus allernächster Nähe beobachten können, und im Laufe aller dieser Jahre hat uns dieses wahrhaft priesterliche, opferfreudige und segensreiche Wirken mit der größten Hochachtung und Verehrung erfüllen müssen. Münster, 12. Nov. 1871." (Mit 1271 Unterschriften.)

4. **Von Bürgern der Stadt Wiesbaden** [1]).

„In den hiesigen öffentlichen Blättern ist eine von 44 hiesigen Einwohnern unterzeichnete Einladung zu einer Versammlung erschienen, in welcher eine Petition an den Reichstag berathen werden soll, in Betreff des Verhältnisses des Staates zur Kirche und den kirchlichen und geistlichen Vereinen, insbesondere zum Jesuiten-Orden. Die Unterzeichner dieser Einladung sind, mit verschwindend kleinen Ausnahmen, theils solche Katholiken, welche notorisch durch Nichtbetheiligung am kirchlichen Leben und Nichtbefolgung der wesentlichen Kirchengebote thatsächlich schon

---

1) Köln. Volksztg. Nr. 304. II.

längst sich außerhalb der Kirche gestellt haben, theils nicht ein Mal äußerlich und dem Namen nach Glieder der katholischen Kirche, sondern Angehörige anderer Religions-Gesellschaften.

„Es beabsichtigen also **Nichtangehörige** der katholischen Kirche, sich mit **inneren** Angelegenheiten der katholischen Kirche zu beschäftigen und in **ihrem** Sinne Beschlüsse des Reichstages über diese **inneren katholisch-kirchlichen Angelegenheiten** zu veranlassen.

„Artikel 15 der Verfassungsurkunde des Königreichs Preußen vom 31. Januar 1850 bestimmt aber wörtlich:

„„Die evangelische und römisch-katholische Kirche, so wie jede andere Religions-Gesellschaft ordnet und verwaltet ihre Angelegenheiten **selbstständig.**"

„Jene Einladung und die von der darauf folgenden Versammlung zweifelsohne gefaßt werdenden Beschlüsse stehen demnach in entschiedenem Widerspruch mit den Bestimmungen der Verfassung und erscheinen als ein directer und offener Angriff auf die der katholischen Kirche verfassungsmäßig gewährleistete Religionsfreiheit und Autonomie, und zugleich als eine schwere, durch nichts provocirte Beleidigung der Angehörigen der katholischen Kirche.

„Wir Unterzeichnete protestiren daher auf das allerentschiedenste gegen eine solche unerhörte und unerträgliche Anmaßung und hoffen mit unserm Hochwürdigsten Oberhirten, daß sich die Factoren der Gesetzgebung unseres Vaterlandes nicht zur Antastung der Grundprincipien der Verfassung hergeben oder die den öffentlichen Frieden gefährdenden Anreizungen von Staatsangehörigen zum Hasse und zur Verachtung gegen einander in Schutz nehmen werden. Wir glauben ein um so besseres Recht zu dieser unserer entschiedenen Verwahrung zu haben, als wir uns bewußt sind, **unsrerseits niemals** Veranlassung zu confessionellem Unfrieden gegeben, namentlich den Angehörigen anderer Religions-Gesellschaften stets die volle unverkümmerte Freiheit in Ordnung und Verwaltung ihrer Angelegenheiten von Herzen gewünscht und gegönnt zu haben. Wir durften daher wohl billig erwarten, daß diese

Angehörigen anderer Religions=Gesellschaften sich auch jeder unberechtigten Einmischung in unsere Angelegenheiten enthalten und sich lediglich mit Ordnung der ihrigen beschäftigen würden, besonders da es hierzu — nach dem täglichen Inhalt der öffentlichen Blätter — wahrlich weder an Stoff noch an Veranlassung fehlt, somit der Ausspruch des Heilands vom Splitter und vom Balken auch hier seine Anwendung zu finden scheint.

„Wenn wir hiernach in dem ganzen Vorgange nichts anderes als einen entschiedenen, unsrerseits in keiner Weise verschuldeten Akt der Feindseligkeit gegen die Angehörigen der katholischen Kirche zu erkennen vermögen, so mußte es namentlich die Katholiken der hiesigen Stadt in hohem Grade verletzen, daß auch der Herr Oberbürgermeister Lanz es für passend gehalten hat, jene Einladung mit zu unterzeichnen und damit eine feindselige Stellung ein=zunehmen gegen die katholische Kirche, welcher ungefähr ein Drittheil der Einwohner der Stadt angehören, an deren Verwaltungsspitze er zu stehen die Ehre hat, und dazu auch mit durch die Stimmen der Katholiken berufen worden ist.

„Wiesbaden, den 31. October 1871."

5. **Von Bürgern und Geistlichen der Stadt Crefeld** [1]).

„An den hohen Reichstag! Unter den verschiedenen, dem hohen Reichstage eingereichten Petitionen befindet sich auch eine von Köln, eine von Bonn u. s. w., in denen man nach Vorgang des Protestantenvereins die Gesellschaft Jesu als sitten= und staatsgefährlich darstellt und die Vertreibung ihrer Mitglieder verlangt.

Die Unterzeichneten kennen die Thätigkeit der geringen Anzahl Jesuiten, welche im deutschen Reiche wirken. Die Väter dieses Ordens haben unter uns noch vor einigen Jahren durch Missionsvorträge und Conferenzen überaus segensreich gewirkt. Jedem Andersgläubigen stand der Zutritt dazu offen, und sie wurden in der That vielfach

---

[1]) Germania. Nr. 278. Beilage.

von ihnen besucht. Worte wahrhaft christlicher Nächsten=
liebe, Worte echter Duldung und glühende Aufforderung
zu einem heiligmäßigen Leben wurden da vernommen.

„Gebet dem Kaiser, was des Kaisers, und Gott, was
Gottes," das war die ganze Politik, die die Jesuiten uns
gelehrt haben.

Wir halten uns überzeugt, daß das deutsche Reich
ein Rechtsstaat sein wird, welches jeden seiner Bürger, also
auch die Jesuiten, die ja nicht außer dem Bereiche des
Gesetzes stehen, schützt.

Nicht gewohnt, uns in Sachen zu mischen, die uns
nichts angehen, verlangen wir, daß das von gewisser Seite
so oft mit Emphase betonte Princip, der Nichtintervention
auch auf unsere Kirche und deren Institute ausgedehnt
werde.

Demgemäß bitten wir, daß jene Petitionen um Auf=
hebung der Gesellschaft Jesu vom hohen Reichstage zurück=
gewiesen werden.

Wir verharren eines hohen Reichstages gehorsamste
Crefeld, den 28. November 1871.
Die Pfarrgeistlichkeit:
L. Huthmacher. Lefranc. J. Pitz. W. Comans. König.
Schäfer. Greven. Pauler. Klein. Fegers Schall. Heil.
Kirchel. Bergen.
Der Vorstand der Gesellschaft „Constantia" im eigenen
Namen und aus Auftrag einer sehr zahlreichen Bürger=
versammlung.
Jean Angerhausen, Stadtverordneter. F. X. Dantzenberg.
Dr. Jumpertz. Dr. Stierowaz, prakt. Arzt und Stadtver=
ordneter. Theodor Schmidt. Joh. Ingens, Lehrer an der
katholischen höheren Bürgerschule.

6. Von Bürgern der Stadt Düren [1]).

„Einem hohen Reichstage erklären die unterzeichneten
Bürger der Stadt Düren im Anschlusse an die von vielen
Seiten ergangenen Adressen gegen die von Seiten der

---

1) Germania. Nr. 270. Beilage.

Wiesbadener und Kölner Protestkatholiken entsandten Petitionen um Aufhebung des Jesuitenordens, daß sie in diesen Bestrebungen nicht nur eine maßlose Verletzung der Verfassung, der Cultus- und Gewissensfreiheit erblicken, sondern auch ein unbefugtes Eingreifen in die innersten Angelegenheiten der Kirche selbst erkennen, und protestiren daher mit der größten Entschiedenheit gegen die schmählichen Angriffe. Zugleich erklären wir der Wahrheit gemäß, daß wir die Väter der Gesellschaft Jesu, die bei verschiedenen Gelegenheiten öffentlich lehrend und seelsorglich wirkend unter uns auftraten, als biedere, rechtliche und staatstreue Männer kennen gelernt und in ihren Vorträgen nicht ein Wort vernommen haben, welches für Andersgläubige verletzend gewesen wäre, und bitten ganz ergebenst gegenwärtige Eingabe gegen die der Wiesbadener und Kölner Protestkatholiken berücksichtigen zu wollen. Dr. J. H. Schüller, Rector der kathol. Realschule. Dr. Schreff, prakt. Arzt. Dr. Lützenkirchen. J. G. Schmitz, Kaufmann und Stadtverordneter. Hub. Jesenmeyer, Kaufmann und Stadtverordneter. Wilh. Virnich, Kaufmann. Damian Rumpel, Apotheker. Elvenich, Oberlehrer und Religionslehrer a. D. J. Jansenius, Notar. C. A. Hofsümmer, Fabrikant und Stadtverordneter. Karl Hofsümmer, Fabrikant. Gustav Hofsümmer, Fabrikant. Aug. Geronne. Dr. Boelen, Arzt. Karl Stettner, Kaufmann. Im eigenen und im Namen der katholischen Geistlichkeit und vieler anderer Bürger."

Der Oberpfarrer Dechant Vossen.

7. Von Bürgern der Stadt Stettin.

„Zustimmungs-Erklärung[1]). Dem Proteste Hochwürdigster Bischöfe und der öffentlichen Erklärung des Herrn Grafen Arco-Zinneberg sowie namhafter Katholiken Deutschlands in der „Germania" gegenüber der frechen Anmaßung des Protestantenvereins auf der Darmstädter Versammlung und der Wiesbadener und Kölner Protest-Katholiken — unliebsamen Andenkens — treten auch wir

---

1) Germania. Nr. 271. B. II.

Unterzeichnete einmüthig bei. Auch wir vermögen in den Resolutionen jenes Protestantenvereins nichts Anderes zu finden, als eine Kriegserklärung, „welche unerhört ist durch die Gehässigkeit ihrer Motive, wie durch die Rücksichtslosigkeit ihrer Zwecke." Die Intoleranz und der Mangel an Rechtsgefühl jener sich selbst entehrenden Protestanten will für Protestantenvereine, für Logenbrüder ꝛc. volle Freiheit; sie sollen agitiren, schalten und walten dürfen nach Belieben, ja nach Willkür, aber die Katholiken sollen nur bedingunsweise leben (nämlich als Abtrünnige des römischen Primats) und die hochherzigen Vorkämpfer, die Jesuiten, sollen gar nicht leben. Wir würden uns schämen, wenn irgend ein Verein katholischer Männer sich zu ähnlichen Verdächtigungen, Lügen und blindem Fanatismus verirrt hätte. Zugleich hoffen wir zur Ehre unseres Jahrhunderts, daß jene Darmstädter Resolution die verdiente Abweisung bei einsichtsvolleren Protestanten, wie bei den Landesregierungen finden werde.

Schließlich sprechen wir noch die bestimmte Erwartung aus, daß nunmehr jeder Einzelne der katholischen Männer auch keinen Augenblick mehr zögern wird, dem p. p. p. Protest und Erklärung durch Unterschrift beizutreten, solche zu verbreiten und in ihrem Sinne zu handeln.

Stettin, 24. November 1871.

(Folgen die Unterschriften.)

8. Aus der Stadt Meppen.

„Verwahrung'[1]). Veranlaßt durch unbegründete Angriffe, welche, ausgehend von kirchenfeindlichen Zeitschriften, in den Beschlüssen des Protestanten-Vereins zu Darmstadt und in den Petitionen sog. Altkatholiken wider unsere h. katholische Kirche, ihre Lehren, Vorsteher und Einrichtungen veröffentlicht worden sind,

und im Anschlusse an die Erklärungen unserer Hochwürdigsten Bischöfe, sowie in Uebereinstimmung mit der

---

1) Germania. Nr. 281. Beilage.

von Mainz erlassenen Kundgebung katholischer Männer aus allen Theilen des deutschen Vaterlandes, finden wir unterzeichnete katholische Bürger der Stadt Meppen zu nachstehender Verwahrung uns bewogen:

1. Wir protestiren gegen die so unbegründete als unbefugte Einmischung des sog. Protestantentags zu Darmstadt und der sog. Altkatholiken in die Angelegenheiten unserer h. katholischen Kirche und hegen die zuversichtliche Erwartung, daß ihr Beginnen von allen Staatsorganen zurückgewiesen und der confessionelle Friede allseitig gewahrt werde.
2. Wir protestiren gegen die verfassungswidrigen Versuche, auf die Gesetzgebung dahin zu wirken, daß religiöse Genossenschaften, insbesondere die Gesellschaft Jesu, in Deutschland verboten werden, die da verfassungsmäßig dasselbe Recht zu bestehen haben, wie jeder andere nicht verbotene Verein.
3. Wir bezeugen freudig, daß die hochwürdigen Väter der Gesellschaft Jesu in zwei dahier abgehaltenen Volksmissionen in hervorragender Weise auf das Segensreichste gewirkt und sich allseitige Anerkennung und Hochachtung erworben haben.

Meppen, den 22. November.

(Folgen die Unterschriften von 343 Männern.)

9. Von der Geistlichkeit im Kreise Mayen.

„Erklärung[1]). Die unterzeichnete Geistlichkeit des Kreises Mayen, in welchem das Kloster und Scholastikat der Jesuiten, Maria=Laach, sich befindet, protestirt im vollkommenen Einverständnisse mit der Erklärung des Central=Comités zu Mainz vom 16. October d. J. auf's Entschiedenste gegen die unerhörten Eingriffe des Protestantenvereins zu Darmstadt in das katholische Glaubensgebiet und bezeugt ferner den Mitgliedern der Gesellschaft Jesu, auf Grund jahrelanger persönlicher Wahrnehmung, für die seelsorgliche Wirksamkeit, die der Kirche nicht

---

1) Germania. Nr. 271. II. B.

nur, sondern auch dem Staate zum größten Segen ge=
reicht, alle Anerkennung, Hochachtung und Liebe.

(Folgen 53 Unterschriften.)

10. **Von der Geistlichkeit des Landkapitels
Offenburg (Baden)** [1]).

"Aus Anlaß der maßlosen Verdächtigungen und An=
griffe, welche unter dem zustimmenden Jubel aller Kirchen=
feinde durch den Protestantentag zu Darmstadt jüngst gegen
die Gesellschaft Jesu gewagt worden sind, schließen wir,
die Unterzeichneten, uns der Protesterklärung unseres Hochw.
Herrn Erzbisthumsverwesers Dr. Lothar von Kübel vom
4. d. M. gegen diese schmachvollen Verleumdungen aus
innigster Ueberzeugung an.

Wir verwahren uns feierlich gegen diese durch Nichts
veranlaßte, mit Nichts begründete und schon formell un=
berechtigte Einmischung fremder Religionsgenossen in die
Selbstständigkeit und Unabhängigkeit unserer Kirche.

Wir verwahren uns gegen die rechts= und verfassungs=
widrige Zumuthung an die deutschen Staatsregierungen,
eine religiöse Genossenschaft zu verbieten, welche eben so
berechtigt unter dem Schutze des Vereinsrechtes steht, als
jeder andere erlaubte Verein.

Wir verwahren uns aber um so mehr gegen eine
solche Zumuthung, als die Gesellschaft Jesu, als ein
durch den heiligen Stuhl wiederholt genehmigter religiöser
Orden zu den Institutionen der katholischen Kirche gehört.

Wir beklagen auf das Tiefste theils die arge Unwissen=
heit, theils die unverzeihliche Böswilligkeit, mit welcher
die Sitzungen und das durch die unparteiische Geschichte
nachgewiesene Wirken der Gesellschaft Jesu entstellt worden:
wir bedauern das um so mehr, als dadurch der wissen=
schaftliche Ruf und der Rechtssinn der deutschen Nation
vor den andern Völkern bloßgestellt wird.

Wir beklagen ein solches rechtswidriges Gebahren, das
nur zur Erschütterung des innern Friedens und zu Spal=

---

1) Germania. Nr. 278. Beil.

tungen in der Nation führen kann, zumal in einer Zeit, wo so viele und schwere Gefahren entschieden zur innern Einigung mahnen.

Wir erfüllen endlich durch diese unsere Verwahrung nur eine Pflicht der öffentlichen Dankbarkeit gegen die Väter der Gesellschaft Jesu, welche seit 1850 durch Abhaltung geistlicher Uebungen, zahlreicher Volksmissionen und Conferenzen, durch opfervolle Hingebung, durch Eifer und Umsicht, durch Treue gegen Kirche und Staat, und durch nachhaltigen Segen um unsere Erzdiöcese und unser engeres Vaterland die reichsten Verdienste erworben und durch ihre muthige Aufopferung in Seesorge und Krankenpflege auf den Schlachtfeldern des letzten Krieges den Dank des großen Vaterlandes verdient haben."

Offenburg (Baden), den 25. November 1871.
(Folgen 41 Unterschriften.)

11. Von der Geistlichkeit des Archipresbyterats Stettin.

"Erklärung[1]). Die unterzeichneten katholischen Pfarrer des Archipresbyterats Stettin erheben mit den ihnen anvertrauten Gemeinden lauten und entschiedenen Protest gegen die schmachvollen Verleumdungen, welche der Protestantenverein zu Darmstadt gegen den Jesuiten-Orden und das Wirken der Väter dieses Ordens in seinen Resolutionen in die Welt geschleudert hat.

Wir sprechen dem Protestantenverein und seinen Gesinnungs-Genossen jede Berechtigung einer Einmischung in die Angelegenheiten der katholischen Kirche ab und weisen seine darauf bezüglichen gehässigen Beschlüsse als einen frechen Eingriff in die staatlich garantirten Rechte dieser Kirche mit aller gebührenden Entrüstung hiermit zurück mit der offenen freimüthigen Erklärung, daß uns die Väter der Gesellschaft Jesu nach diesen unerwiesenen und somit ungerechten Anschuldigungen nur um so verehrungswürdiger sein müssen, daß wir aus den immer und immer wieder-

---
1) Germania. Nr. 267. Beilage II.

kehrenden Jesuiten=Verfolgungen in den verschiedenen Län=
dern nach den Worten Jesu: „Wäret ihr von der Welt,
so würde die Welt euch lieben, nun seid ihr aber nicht
von der Welt, darum hasset euch die Welt" — in ihnen
nicht nur die Träger einer echten katholischen Wissenschaft,
sondern auch Männer aufrichtiger Frömmigkeit und hin=
gebendster Aufopferung in ihrem heiligen Berufe für Kirche
und Staat, treue und gewissenhafte Wächter der
Autorität und die gefährlichsten Gegner aller
Revolutionäre gegen Gott und menschliche
Ordnung erkennen und sie deshalb um so höher achten,
um so höher lieben."

Pasewalk, den 12. November 1871.

(Folgen die Unterschriften.)

12. Von den Congregationen zu Cöln¹).

Protest gegen den Antrag auf Ausschließung der Gesell=
schaft Jesu aus dem Deutschen Reiche.

Hoher Reichstag! Von dem sich „Katholisches Cen=
tral=Comité in Köln" nennenden Vereine der Protest=Ka=
tholiken ist unter dem 6. d. ein Antrag auf Ausschließung
der Gesellschaft Jesu an einen hohen Deutschen Reichstag
gerichtet und durch die Zeitungen veröffentlicht worden.

Als Mitglieder jener „zahlreichen Vereine und Bruder=
schaften für jedes Alter, Stand und Geschlecht", die in
dem Antrage zu den Mitteln gezählt werden, durch welche
die Gesellschaft Jesu „ihre Träume von einer unter ihrer
Inspiration stehenden päpstlichen Weltherrschaft zu verwirk=
lichen strebt", fühlen wir uns nicht nur berechtigt, sondern
verpflichtet, mit unserm Zeugnisse hervorzutreten. Wir
fühlen uns ferner und um so mehr zu einem solchen Zeug=
nisse berechtigt, weil wir durch langjährigen Umgang die
Gesellschaft Jesu und ihre Mitglieder kennen lernten.

Die zur Begründung des gestellten Antrages aus einer
auswärtigen, und, um die Anklage darauf stützen zu können,
als maßgebendes Organ des ganzen Jesuiten=Ordens mit

---

1) Köln. Volksztg. Nr. 323. I.

Ausnahme Belgiens und Frankreichs, erklärten Zeitschrift gezogenen Sätze übergehen wir, eben so die aus den Schriften "Stimmen aus Maria=Laach" herausgerissenen Stellen.

Wir glauben hierzu berechtigt zu sein, nicht nur, weil durch Anführung außer dem Zusammenhang die Ansicht der Verfasser jener Artikel auf tendentiöse Weise entstellt wird, sondern auch, weil Niemand das Recht hat, und bis jetzt auch noch Niemanden eingefallen war, auf wissenschaftliche Ansichten hin, die in Büchern und Schriften entwickelt werden, einen Antrag wie den des sogenannten "Katholischen Central=Comité's" an einen gesetzgebenden Körper zu richten, der doch hierin sich keine Competenz zuerkennen kann.

Dahingegen stellen wir die Behauptung, daß durch die Jesuiten der confessionelle Friede gestört werde, durchaus in Abrede. Wo ist, so dürfen wir fragen, von Seiten der Katholiken ein so verletzender Eingriff in die Lehren und Einrichtungen einer andern Religions=Gesellschaft erfolgt, wie dies von Seiten des Protestanten=Vereins gegenüber den Katholiken geschehen ist? Niemand wird mit Angabe von Ort und Namen eine solche Behauptung aufstellen, noch den Beweis zu erbringen vermögen, daß durch den Einfluß der Jesuiten das friedliche Zusammenleben der verschiedenen Confessionen gestört wurde.

Wir protestiren sodann dagegen, daß durch die Wirksamkeit der Mitglieder der Gesellschaft Jesu "still und unvermerkt im Innern des Reiches jene feindliche Macht erstarken könne, die im verhängnißvollen Augenblicke, etwa im Bunde mit äußern Feinden, unsägliches Verderben über das Vaterland zu verbreiten im Stande wäre."

Seit dem langjährigen Wirken der Mitglieder aus der Gesellschaft Jesu unter uns ist bei den mit ihnen Verkehrenden oder ihrer seelsorglichen Leitung Anvertrauten die den Gesetzen und der Obrigkeit schuldige Achtung nicht vermindert worden. Die Mitglieder der Gesellschaft Jesu sind im Gegentheil bestrebt, das Ansehen der Autoritäten zu heben. Das haben die Eltern, Vorgesetzten und Obrigkeiten in jenen Orten, in welchen Jesuiten wirken, oft genug bezeugt. Wir Unterzeichnete geben die feierliche Versicherung ab, in den Aeußerungen und Vorträgen der Jesuiten nie ein Wort entdeckt zu haben, das als Aufreizung gegen Gesetz und Obrigkeit könnte gedeutet werden. Bei dem Kriege von 1866 wie bei dem letzten Kriege folgten alle Militärpflichtige unter uns willig und gern dem Rufe zu den Fahnen; ja Manche sind freiwillig und mit Begeisterung zur Vertheidigung des Vaterlandes in's Feld gezogen, mit ihnen nicht Wenige aus der Gesellschaft Jesu. Das sind Thatsachen, welche mit Namen belegt werden können, und wenn man will glauben machen, durch die Wirksamkeit der Jesuiten könne „still und unvermerkt im Innern des Reiches jene feindliche Macht erstarken, durch die im verhängniß= vollen Augenblicke, etwa im Bunde mit äußern Feinden, unsägliches Verderben über das Vaterland verbreitet werde", so ist das eine durch nichts gerechtfertigte Verleumdung, welche uns und Jeden, der die Jesuiten kennt, auf das tiefste empören muß. Die Jesuiten, weit entfernt, Ver= derben über das Vaterland zu bringen, sind im Gegentheil darauf bedacht, dadurch, daß sie die Religion, die Stütze und das Fundament aller bürgerlichen und staatlichen Ord= nung, fördern, die dem Reiche im Innern drohenden Ge= fahren zu beseitigen.

Hoher Reichstag! Wir hoffen zuversichtlich, daß durch Abweisung des Antrages auf Ausschließung der Mitglieder der Gesellschaft Jesu in uns und allen Bürgern die Ueber= zeugung befestigt wird, daß die Grundgesetze des Deutschen Reiches nicht durch die Forderung Einzelner zu erschüttern sind, daß die weltliche Macht sich nicht dazu mißbrauchen läßt, Jenen, welche sich in der Auflehnung gegen ihre Kirche befinden, einen Gegner zu beseitigen, dem sie auf dem geistigen Gebiete nicht gewachsen sind. Wir hoffen, daß nicht auf Grund einer Anklage, der nichts zu Grunde liegt als einige aus ihrem Zusammenhange gerissene Sätze, eine Anzahl unserer Mitbürger, die sich die Achtung und Liebe von Tausenden erworben haben, außerhalb der Gesetze gestellt werde.

Wir drücken schließlich die Ueberzeugung aus, daß unsere Stimme nicht dadurch an Werth verliere, daß wir, im Gegensatz zu den Antragstellern, welche außerhalb der katholischen Kirche stehen und kirchenfeindlichen Vereinen angehören, Mitglieder von Vereinen sind, die innerhalb der katholischen Kirche stehen. Wie wir an der Vertheidigung des Vaterlandes uns opferwillig betheiligten, alle Lasten desselben mittragen, an der Herstellung seiner Größe uns erfreuen, so vertrauen wir auch, daß in einer Angelegenheit, welche in so inniger Beziehung zu unsern religiösen Rechten steht, unsere Stimme nicht deshalb, weil wir Katholiken sind, unbeachtet verhallen wird. Wir erwarten vielmehr von der Einsicht eines hohen Reichstages, er werde den Antrag:

„Auf die sogenannte Gesellschaft Jesu findet das Recht der freien Vereinigung keine Anwendung, und sind darum alle bestehenden Profeßhäuser, Collegien und sonstige gemeinsame Niederlassungen derselben sofort aufzulösen und neue Anstalten dieser Art nicht zuzulassen; Derjenige, welcher dieser Bestimmung entgegenhandelt, verfällt in eine Gefängnißstrafe bis zu einem Jahre"

verwerfen.

Köln, den 19. November 1871.

Im Namen und Auftrag von 2431 Mitgliedern der Congregationen in Köln:
Die Vorstände derselben
(Folgen die Unterschriften.)

13. **Von der Marianischen Congregation junger Kaufleute zu Münster in Westphalen**[1]).

„Hochwürdige Väter der Gesellschaft Jesu! Die maßlosen Angriffe, mit welchen in unserer Zeit der größte Theil der Presse unsere katholische Kirche bestürmt, die schamlosen Lügen und Verleumdungen, die sie sich nicht entblödet, mit frecher Stirn in die Welt zu schleudern, die Bosheit, mit welcher sie die Einrichtungen unserer heiligen Kirche angreift, zwingen uns, diesem Treiben

---

1) Germania. 280. Beilage.

entgegen zu treten und offen und ehrlich unsern Glauben
zu bekennen; laut das nennend, was wir im Herzen achten
und lieben.

Durch die muthvolle und entschiedene Vertheidigung
des katholischen Glaubens, durch das offene Entgegen=
treten gegen die herrschende Glaubensgleichgiltigkeit hat
sich Ihre ehrwürdige Gesellschaft den besonderen Haß aller
Feinde der Kirche zugezogen. Darum auch dichten diese
Ihnen alles erdenkliche Böse an und lassen kein Mittel
unbenutzt, Ihr segenbringendes Wirken zu hemmen.

Zur Widerlegung nun dieser frechen Lügen und Ver=
leumbungen bekennen wir jungen Kaufleute Münsters hier
offen die Lehren und Unterweisungen, die wir seit Jahren
von Ihnen erhalten haben.

Wir, die wir in der Welt leben, die wir hören
aus Nah und Fern, welcher Geist die Welt durchzieht,
die wir wissen, auf wen jene Verdächtigungen mehr und
passendere Anwendung finden, wir erklären öffentlich, daß
wir von Ihnen nicht gelernt haben, die Gehässigkeiten
gegen Andersgläubige, die Sittenlosigkeit unter schein=
heiligem Mantel, den Verrath des Vaterlandes und an=
dere Ungeheuerlichkeiten. Nein, nein! das gerade Gegen=
theil, echte Religiosität verbunden mit Liebe gegen unsere
Mitmenschen, strenge Redlichkeit, Reinheit der Sitten und
wahre Vaterlandsliebe, diese Tugenden wurden uns von
Ihnen mit allem Eifer, mit aller Strenge an's Herz
gelegt.

Ihren Unterweisungen verdanken wir es, daß alle
guten Katholiken uns ihre Achtung und Liebe nicht ver=
sagen; der Befolgung Ihrer Lehren, daß kein redlich
denkender Principal je über einen guten Congreganisten zu
klagen hatte.

Das sind Thatsachen, die für sich sprechen; das sind
Beweise, die für sich reden. Und dieses verdanken wir
Ihren edlen Bemühungen, Ihren lauteren Bestrebungen.
Die Liebe und Achtung unserer Mitbürger und Principale,
wir legen sie Ihnen, ehrwürdige Väter, als Ihr Ver=
dienst zu Füßen.

Können Ihnen diese Zusicherungen Trost und Freude gewähren gegenüber den boshaften Angriffen der Welt, so soll es an uns nicht fehlen, Ihren Unterweisungen fernerhin die größtmöglichste Folge zu leisten und dadurch die Achtung und Liebe für Ihre ehrwürdige Gesellschaft stets weiter und weiter zu verbreiten.

Mit aller Hochachtung und Ergebenheit!
Münster, den 30. November 1871.
Die Marianische Congregation junger Kaufleute."

14. **Von Studirenden zu Bonn**¹).

An P. Faller, Provincial der Jesuiten.

„Hochwürdiger Herr! Voll Entrüstung haben die unterzeichneten Studirenden der Rheinischen Friedrich-Wilhelms-Universität von den eben so gehässigen als verleumderischen Anschuldigungen Kenntniß genommen, welche einige hiesige Bürger in einer Petition an den hohen Reichstag gegen die Mitglieder der Gesellschaft Jesu vorgebracht haben zu dem Zwecke, diese als staatsverderblich, culturfeindlich und für das Reich gefährlich zu brandmarken und ihre Auflösung zu bewirken.

Allenthalben erheben katholische Männer gegen solche Anschuldigungen ihre Stimme. Auch wir dürfen nicht zurückbleiben, wo es gilt, Zeugniß abzulegen für die großen Verdienste eines Ordens, dessen Mitglieder sich die katholische Kirche jeder Zeit zu einer besonderen Zierde angerechnet hat und noch anrechnet.

Wir haben durch unseren persönlichen Verkehr mit jenen Ordensmännern den nachhaltigen segensvollen Einfluß erfahren, welchen sie auf die studirende Jugend ausüben.

Ueberall und insbesondere in der Leitung der Marianischen Congregation haben sie uns zur Ehrfurcht und zum Gehorsam gegen die Obrigkeit, gegen unsere Vorgesetzten und gegen unsere Lehrer, zum Fleiße in den Studien, zum eifrigen Streben nach christlicher Frömmigkeit und

---

¹) Köln. Volksztg Nr. 322. I.

Tugend angeleitet, ermahnt und angespornt. Nicht wenige von uns haben mit ihnen in Lazarethen und auf dem Schlachtfelde die kranken und verwundeten Krieger gepflegt und ihre heldenmüthige Selbstverleugnung bewundert.

Die Liebe zur Wahrheit und Gerechtigkeit, das Interesse unserer hochheiligen katholischen Kirche, die Freiheit ihrer religiösen Institute, und insbesondere auch die Pflicht der Dankbarkeit nöthigen uns, es feierlich auszusprechen, daß wir die Mitglieder der Gesellschaft Jesu achten, hochschätzen und lieben.

Wir müßten es als ein Verderben für den Staat, als ein Attentat auf die christliche Civilisation, als eine Gefahr für die gedeihliche Entwickelung des Deutschen Reiches und als eine schwere Kränkung des öffentlichen Rechtes betrachten, sollten auf den Antrag der Feinde unserer katholischen Kirche friedliebende, um Kirche und Staat hoch verdiente Bürger in der freien Ausübung ihrer staatsbürgerlichen Rechte gekränkt und ihrer gesegneten Wirksamkeit unter der katholischen Bevölkerung entrissen werden.

Hochwürdiger Herr! Im Namen der Wissenschaft, für welche kein Orden in den letzten Jahrhunderten so viel geleistet hat, wie der Ihrige; im Namen der christlichen Civilisation, die im hohen Grade gefährdet ist, wenn die Principien Ihres Ordens nicht in Geltung bleiben; im Namen des öffentlichen Rechtsbewußtseins, das durch ein solches Vorgehen gegen die Mitglieder der Gesellschaft Jesu auf das tiefste verletzt werden würde; und im Namen des öffentlichen Wohles, für das diese Mitglieder so glänzend gewirkt haben im jüngsten Kriege, protestiren wir daher gegen die Vergewaltigung, welche denselben droht, und hoffen zu Gott, daß dem Deutschen Reiche die Schmach erspart bleiben wird, Vorgänge zu erneuern, welche die Geschichte gerichtet hat.

Wir verharren in Hochachtung E. H. ꝛc.

Bonn, den 19. November 1871."

(Folgen 183 Unterschriften.)

15. Von den Studirenden zu Münster[1]).

An den P. Superior in Münster.

„Hochwürdiger Herr! Die ehrwürdige Gesellschaft Jesu hat es seit Ihrem Bestehen erdulden müssen, mit verleumderischen, nur vom Hasse gegen unsere h. katholische Kirche eingegebenen Beschuldigungen überschüttet zu werden. Auch in unseren Tagen haben sich alle kirchenfeindlichen Elemente zusammengefunden, um mit vereinten Kräften gegen die ehrwürdige Gesellschaft, in welcher sie mit Recht ein Bollwerk des katholischen Glaubens erblicken, Sturm zu laufen.

Der Congreß der Altkatholiken zu München und des Protestantenvereins zu Darmstadt hat es ausgesprochen und die antikatholische Presse wiederholt es fast täglich in den verschiedensten Wendungen:

„daß der Jesuitenorden seine Machtstellung dazu mißbrauche, um in Hierarchie, Clerus und Volk culturfeindliche, staatsgefährliche und antinationale Tendenzen zu verbreiten und zu nähren, daß er eine falsche und corrumpirende Moral lehre und geltend mache, und daß daher Friede und Gedeihen, Eintracht in der Kirche und richtiges Verhältniß zwischen ihr und der bürgerlichen Gesellschaft erst dann möglich sei, wenn der gemeinschädlichen Wirksamkeit dieses Ordens ein Ende gemacht sein werde."

Dem Worte ist die That gefolgt. Auf Vertreiben der Gesellschaft zielende Petitionen sind an den deutschen Reichstag eingegangen und werden von demselben in kürzester Frist zur Berathung gezogen werden.

Hochwürdiger Herr! Unsere hochwürdigsten Oberhirten und hunderte von Männern aus allen deutschen Gauen haben gegen jene grundlosen Schmähungen laut und offen ihre Stimme erhoben; aber trotzdem konnten wir unterzeichnete Studirende beider Facultäten der hiesigen königlichen Akademie es uns nicht versagen, in Ihnen, hochwürdiger Herr! es Ihrer ganzen Gesellschaft auszusprechen,

---

1) Germania. Nr. 267.

daß wir mit vollster Ueberzeugung jenen Protesten katholischer Männer beitreten, daß die ehrwürdigen Väter der Gesellschaft, wo sie mit uns, namentlich in den Versammlungen der Marianischen Congregation, in Berührung gekommen sind, nie „ihre Stellung dazu mißbraucht haben, culturfeindliche, staatsgefährliche und antinationale Tendenzen in uns zu wecken und zu nähren, eine falsche und corrumpirende Moral uns zu lehren", daß sie vielmehr fort und fort uns angespornt haben zu wahrhaft gottesfürchtigem Leben, zu regem wissenschaftlichem Eifer und zu treuem Gehorsam gegen geistliche und weltliche Vorgesetzte.

In tiefster Entrüstung über das der ehrwürdigen Gesellschaft Jesu fortwährend angethane Unrecht und in der Hoffnung, daß Gott die derselben drohende Gefahr zum Heile der katholischen Kirche Deutschlands gnädig abwende, unterzeichnen hochachtungsvoll

Münster, den 20. November 1871."
(Ueber 150 Unterschriften).

16. **Von den Studirenden zu Paderborn**[1]).

An den P. Provinzial der Gesellschaft Jesu.

„Hochwürdiger Herr! Bei den maßlosen Angriffen, welche in unserer Zeit gegen die katholische Kirche und ihre Institutionen gerichtet werden, ließ es sich wohl erwarten, daß auch Ihr von der Kirche hochgeschätzter Orden nicht verschont bleiben würde. Der in der That ausgebrochene und mit allen Mitteln einer fanatischen Wuth gegen denselben ins Werk gesetzte Kampf muß um so mehr befremden, als die großen Verdienste, die sich Ihr Orden im jüngsten Kriege auf dem Schlachtfelde und in den Lazarethen durch opferwillige Seelsorge und Krankenpflege erworben hat, noch in Aller frischem Angedenken stehen oder doch stehen sollten. — Obschon die neuerdings dem Orden gemachten Vorwürfe und Beschuldigungen, die auf staatsgefährliche, culturfeindliche und antinationale

---

1) Germania. Nr. 273. B. II.

Tendenzen lauten, ja sogar auf corrumpirende Moral, schon hundertmal in ihrer Grundlosigkeit dargethan sind, hat man sich doch nicht entblödet, durch Petitionen bei dem hohen Reichstage die Vertreibung der Jesuiten auf Grund jener Anschuldigungen zu beantragen. Hiergegen können wir nicht umhin, laut und offen Protest einzulegen.

Wir protestiren im Namen des Rechtes, weil wir in der Ausweisung der Gesellschaft Jesu nur eine arge Verletzung der Corporationsrechte zu erkennen vermögen; wir protestiren im Namen der unserer h. Kirche verfassungsmäßig garantirten Freiheit, da die Vertreibung der Jesuiten offenbar eine Vergewaltigung der Kirche selbst in sich schließt; wir protestiren im Namen der Wissenschaft, in der Ihr Orden ausgezeichnete Leistungen wie kein anderer aufzuweisen hat; wir protestiren endlich im Namen der Gottesfurcht und Frömmigkeit, worin die Mitglieder des Ordens selbst leuchtende Muster sind und diese auch in Anderen durch ihre unermüdliche, seelsorgliche Wirksamkeit Grund zu legen und zu befestigen suchen.

Zugleich anerkennen wir aus voller, auf eigene Erfahrung sich gründender Ueberzeugung, daß der Orden stets bestrebt war, die Studirenden zu Männern im wahren und vollen Sinne des Wortes, zu treuen Dienern der Kirche und des Staates heranzubilden, und daß sohin die angebahnte Beseitigung der Gesellschaft Jesu von der Kirche höchst schmerzlich empfunden und für den Staat verderbliche Folgen haben würde.

Wir leben der sicheren Hoffnung, daß der Schutz Gottes Ihren Orden, dem eine so hohe providentielle Mission zugewiesen ward, aus dem gegen ihn entbrannten Kampfe siegreich hervorgehen lassen werde.

Wir stellen es ihrem Ermessen anheim, diese Adresse zu veröffentlichen und verharren in Hochachtung

Paderborn, 22. November 1871.

Ew. Hochwürden ergebenste

(Folgen die Unterschriften: 122 Studirende der Theologie)[1]."

---

[1] Auch von Innsbruck schickten die Studirenden aus den Län=

5) Von Volksversammlungen.
(Das Verzeichniß macht nicht auf Vollständigkeit Anspruch.)

1. Zu Aachen¹), am 5. November.

Resolution¹): „Der Angriff des Protestantentages zu Darmstadt auf die Gesellschaft Jesu tritt das öffentliche Recht, worauf jeder Unterthan und also auch die Katholiken einen gerechten Anspruch haben, mit Füßen.

Dieser Angriff wirkt um so verderblicher, als er den **confessionellen Frieden**, welchen wir Katholiken aus allen Kräften anzustreben bemüht waren, offenkundig stört. Er bewirkt, daß alle **Patrioten** mit tiefem Schmerz, alle **Feinde des Vaterlandes** aber mit Hohn und Schadenfreude auf den Zwiespalt der christlichen Confessionen hinblicken.

Die katholische Volksversammlung spricht daher im Angesichte von ganz Deutschland ihren Abscheu vor diesem Attentate aus und erklärt offen und ohne Hehl, daß sie diesen und allen anderen Friedensstörern mit allen rechtlichen Mitteln entgegenzutreten gewillt ist."

2. Zu Aulendorf¹) (Würtemberg), am 6. Dezember, ca. 900 Männer.

Resolution I.²): „Wir bezeugen, daß die Jesuiten auf den zahlreichen Missionen in Oberschwaben sowie bei den Priesterexercitien nie etwas vorgetragen haben, was der kath. Lehre widerspräche, die Autorität der Regierungen beeinträchtigte, den confessionellen Frieden zu stören geeignet und den guten christlichen Sitten zuwider wäre, daß sie sich vielmehr in allen angeführten Beziehungen wahre und große Verdienste erworben haben. Wir sind auch überzeugt, die widerliche Jesuitenhetze, wie sie seit längerer Zeit in Scene gesetzt ist, sei keineswegs eigentlich gegen die Väter der Gesellschaft Jesu, sondern gegen die kath. Kirche und zuletzt gegen Christus gerichtet."

---

dern des deutschen Reiches eine ähnliche Adresse an den P. Provinzial d. d. 6. Dezember 1874. (Der Wortlaut in Germania Nr. 285.)
1) Germania 256.
2) Deutsch. Volksblatt 282.

3. Zu Breitenau¹) (Nassau) am 10. Dezember, ca. 700 Männer.
Anschluß an den Protest des Bischofs von Limburg und die übrigen Manifestationen.

4. Zu Camberg²) (Nassau) am 29. October.
Zustimmungsadresse an den Herrn Bischof von Limburg mit 792 Unterschriften.

5. Zu Eltville³) (Nassau) am 26. November, ca. 2000 Männer.
Adresse an den Reichstag.

6. Zu Eschweiler⁴) am 22. October über 1500 Männer.
Die gleiche Resolution wie zu Aachen.

7. Zu Gauting⁵) (Bayern) am 29. October.
Dieselbe Resolution wie unten zu Merching.

8. Zu Gerstenhofen⁶) (Bayern) ca. 500 Männer.
Anschluß an die Mainzer Erklärung vom 16. October.

9. Zu Godesberg⁷) (bei Bonn) am 26. November.
Anschluß an die Bonner Petition für die Jesuiten.

10. Zu Grafing⁸) (Bayern), am 26. November.
Resolution; „Der Congreß der sogenannten Altkatholiken zu München und die Versammlung des Protestantenvereins zu Darmstadt haben in Betreff des Jesuitenordens Resolutionen gefaßt, welche die Vernichtung der Wirksamkeit dieses kirchlichen Ordens in Deutschland bezielen.

Wir erblicken in den Motiven dieser Resolutionen die gewohnten Verdächtigungen und Verleumbungen des Ordens und unmittelbar der Kirche, in den Resolutionen selbst aber feindselige und friedestörende Herausforderungen und Aufhetzungen zu widerrechtlicher Unterdrückung der Kirche, ihrer Lehrthätigkeit und ihrer Institute."

---

1) Mainz. Abendbl. 290. Köln. Volksztg. 344. II.
2) Nassauer Bote 95.
3) Mainz. Abendbl. 278.
4) K. Volksztg 305. I.
5) Münch. Volksb. 249.
6) Germania 268.
7) K. Volksztg. 330. I.
8) Münch. Volksb. 271.

11. Zu Hadamar¹) (Nassau), am 12. November, über 3000 Männer.

Resolution: „Die in Hadamar versammelten katholischen Männer des ehemaligen Fürstenthums Nassau=Hadamar legen öffentlich und laut Verwahrung ein gegen die auf der Wiesbadener Versammlung aufgestellte Behauptung, daß die Jesuiten und ihr Wirken bei uns die Spuren des Verderbens hinterlassen hätten. Als ehrliche und wahrhafte Männer erklären wir, daß das Wirken dieses Ordens bei uns ein gesegnetes war und als solches bei uns in dankbarem Andenken fortlebt"

12. Zu Höchst a. M.²) am 3. Dezember, ca. 1200 Männer.

Resolutionen und Anschluß an die Mainzer Erklärung vom 16. October.

13. Zu Jüchen³), am 12. November, 500—600 Männer.

Petition an den Reichstag: „Hohe Versammlung! Von verschiedenen Seiten sind in jüngster Zeit dem hohen Reichstage Petitionen übersandt worden, welche die Aufhebung des Jesuiten=Ordens beantragten. Hauptsächlich waren es zwei Gründe, welche man zur Begründung anführte: Der erste ist, die Jesuiten seien im Geheimen Gegner des deutschen Reiches, und mißbrauchten ihre Thätigkeit, um im Schoße desselben eine feindliche Macht heranzuziehen; der zweite ist, sie störten den Frieden der Confessionen.

Hohe Versammlung! Seit längerer Zeit haben wir fast alljährlich Gelegenheit gehabt, am hiesigen confessionell sehr gemischten Orte für kürzere oder längere Zeit die Thätigkeit der Jesuiten aus eigener Anschauung kennen zu lernen, aber keine einzige der gegnerischerseits angegebenen bösen Früchte ihres Wirkens erfahren. Umgekehrt: Förderung echt christlichen Glaubens, sittliche Hebung, Schlichtung langjähriger Feindschaften, Rückerstattung ungerechten Besitzthums, Befestigung der Familienverbände, kurz: nur

---

1) Germania 262.
2) Mainz. Abendbl. 284. K. Volksztg. 337.
8) Germania 266. K. Volksztg. 318.

Gutes haben wir ihnen zu verdanken. Selbst Andersgläubige, welche manchmal den Vorträgen derselben beiwohnten, hatten für ihr Wirken hier Worte des Lobes und der Anerkennung. Niemals haben wir aus ihrem Munde auch nur eine Silbe gehört gegen die staatliche Ordnung oder gegen den Frieden der Confessionen. Dagegen lehrten sie uns, wie es ja die Pflicht jedes katholischen Priesters ist, den Gehorsam gegen die weltliche Obrigkeit, weil sie von Gott sei, und gegenüber Andersgläubigen nicht blos Duldung, sondern christliche Liebe."

14. Zu Merching¹) (Bayern), am 29. Oktober.

Resolution IV.: „Wohl wissend, welch großen Segen die Väter der Gesellschaft Jesu durch ihre Missionen auch dem bayerischen Volke gebracht haben, beklagen wir es, daß die Thätigkeit derselben von Seite der kgl. Staatsregierung gehemmt wird. Wir protestiren aufs Entschiedenste gegen die planmäßig in's Werk gesetzten Verleumdungen und Verfolgungen dieses Ordens."

15. Zu München²) am 21. November, über 2000 Männer. Wie oben in n. 10 zu Grafing.

16. Zu Niederlahnstein³), (Nassau), am 19. November, ca. 1200 Männer.

Resolution: „Die heute am 19. November 1871 in Niederlahnstein versammelten Männer der Rhein-, Mosel- und Lahngegend erklären laut und feierlich, daß sie die Urheber der unter dem 31. Oktober d. J. in Wiesbaden beschlossenen Petition an den Deutschen Reichstag nicht für befugt erachten, über katholische Angelegenheiten und namentlich über die Wirksamkeit der Gesellschaft Jesu zu urtheilen, und daß sie im Gegensatze zu denselben in der beabsichtigten Unterdrückung des Jesuiten-Ordens eine Verleugnung der Religions- und Gewissensfreiheit, sowie des durch alle deutschen Verfassungen garantirten Associationsrechtes und eine dem deutschen Gerechtigkeitssinne

---

1) Münch. Volksb. 248.
2) Münch. Volksb. 267. Germania 272.
3) Germania 268.

unerträgliche Tyrannei erblicken. Diese Erklärung soll dem Reichstage zur Berücksichtigung bei den Verhandlungen über die genannte Petition zugestellt werden."

17. Zu Oberaudorf¹) (Bayern) am 5. November. Resolution wie bei Merching.

18. Zu Prüm²) in der Eifel am 3. Dezember, über 500 Männer.

„Wir protestiren hiermit laut und feierlich gegen die von längst bekannter schlechter Partei beabsichtigte Vertreibung der Jesuiten aus Deutschland als gegen einen frechen Eingriff in unsere heiligsten, noch dazu von der Verfassung ausdrücklich garantirten Rechte der Religions- und Gewissensfreiheit. Wenn man mit Gewalt einen Orden hinaustreiben will, warum treibt man nicht den Freimaurer-Orden aus, der so viel Unfug stiftet und ohnehin durch seine geheimen Statuten gesetzwidrig ist."

19. Zu Steinfeld³) (bayer. Rheinpf.) am 8. October, über 7000 Männer.

Resolution 3 und 4: „Gegen die Einmischung des Protestantentags in Darmstadt in rein innere Angelegenheiten der katholischen Kirche als gegen eine völlig unbegreifliche Anmaßung um so mehr zu protestiren, als wir Katholiken von jeher nicht mit dem Munde nur, sondern mit der That den religiösen Frieden hochgehalten und uns nie, wie dies auch die jüngste Generalversammlung der Katholiken von Neuem bewiesen, in die Angelegenheiten anderer Confessionen eingemischt haben; insbesondere gegen den das Jahrhundert der Losgebundenheit und Freiheit des Geistes und Wortes völlig schändenden Antrag der Altprotestanten in Darmstadt und der Neuprotestanten in München auf Vertreibung und Unterdrückung des Jesuitenordens in Deutschland unsere Entrüstung auszusprechen, weil dieser Antrag nur aus bleicher Furcht vor der geistigen und sittlichen Kraft und Ueberlegenheit der Mitglieder dieses Ordens hervorgegangen sein kann."

---

1) Münch. Volksb. 253.
2) Germania 282.
3) Mainz. Journal 240. Germania 237.

20. Zu Tiefenbach¹) (Bayern) am 22. November, über 300 Männer.

Anschluß an die Mainzer Erklärung vom 16. October 1871.

21. Zu Triftern²) (Bayern) am 23. November, über 1000 Männer.

Anschluß an die Mainzer Erklärung vom 16. October 1871.

22. Zu Tuntenhausen³) (Bayern) am 19. November, über 1200 Männer.

Resolution IV.: „Der patriotische Bauernverein spricht seine tiefste Entrüstung und seinen größten Abscheu über den schmachvollen Fanatismus und die rohe Anmaßung aus, mit der sich Protestanten und Juden in katholische Angelegenheiten einmischen; er brandmarkt aus voller Seele jene unwürdige und unmännliche Heuchelei der sogenannten Altkatholiken, der liberalen Protestanten und Juden, die da von Intelligenz, Freiheit und den modernen Grundsätzen des Rechtsstaates reden, aber zu gleicher Zeit den weltlichen Arm zur Hilfe rufen, um mit roher physischer Gewalt die Katholiken ihrer Rechte zu berauben und namentlich die Jesuiten, die eine von der Kirche gebildete und um dieselbe hochverdiente Gesellschaft bilden, zu berauben und wie Verbrecher vom deutschen Boden zu vertreiben."

6) Von angesehenen Männern.

1. Die Erklärung von Mainz am 16. October 1871.

Erklärung⁴): Die Unterzeichneten halten es für ihre Pflicht, die Aufmerksamkeit der Katholiken, wie aller rechtlichen und billigen Männer Deutschlands auf die Resolutionen hinzulenken, welche der am 4. und 5. October d. J. in Darmstadt tagende Protestantenverein beschlossen hat.

---

1) Germania 255.
2) Germania 255.
3) Münch. Volksb. 267.
4) Mainz. Journal 254.

Indem wir denselben die gegenwärtige Erklärung gegenüberstellen, glauben wir vor Allem darauf hinweisen zu sollen, daß die Versammlungen der katholischen Vereine und insbesondere die seit dem Jahre 1848 alljährlich in einer der größeren Städte Deutschlands tagenden katholischen Generalversammlungen der Polemik gegen die Anschauungen und Bestrebungen anderer Confessionen sich immer und überall gewissenhaft enthalten haben. Man lese die stenographischen Berichte dieser 21 Versammlungen und man wird kaum ein Wort oder einen Satz in denselben finden, welcher unsere nichtkatholischen Mitbürger verletzen könnte. Man wird uns zugestehen müssen, daß wir nichts erstrebt und begehrt haben, was der Gerechtigkeit und Liebe gegen die Mitglieder anderer Bekenntnisse zuwider läuft. Mit gutem Recht dürften wir daher erwarten, daß auch uns gegenüber diese Grundsätze der Gerechtigkeit und Liebe beobachtet würden. Zu dieser Erwartung sind wir ganz besonders in diesem Augenblick berechtigt, in welchem ein großer Krieg von den Katholiken und Protestanten Deutschlands mit gemeinsamer Hingebung durchgeführt wurde und die Neugestaltung der politischen Verhältnisse unseres Vaterlandes mehr als je den Geist der Versöhnung und Freundschaft fordern muß.

Eben dieser Augenblick aber wird von dem Protestantenverein gewählt, um das katholische Deutschland mit einer Kriegserklärung zu bedrohen, welche unerhört ist durch die Gehäßigkeit ihrer Motive, wie durch die Rücksichtslosigkeit ihrer Zwecke.

Der Protestantenverein hat sich für befugt erachtet, eine Resolution betreffend das Dogma der päpstlichen Unfehlbarkeit zu verkünden.

Wohl erklärt er, sich einer Meinungsäußerung über dasselbe zu enthalten, sofern es lediglich den Sinn habe, innerhalb der katholischen Kirche die absolute Autorität des Papstes zu begründen. Aber er fügt dieser Erklärung, welche an sich schon ein vollständiges Mißverständniß der vom vaticanischen Concil ausgesprochenen Glaubenslehre in sich schließt, sofort eine zweite Erklärung bei, welche die in der ersteren ausgesprochene Zurückhaltung vollständig werthlos erscheinen läßt. Der Protestantenverein „äußert die Meinung," daß dieses neue römische Dogma im Sinne der Jesuiten dazu dienen solle:

    a. die Souveränität des modernen Staates überhaupt und des deutschen Reiches, sowie der deutschen Staaten insbesondere anzugreifen;
    b. den confessionellen Frieden in Deutschland zu gefährden;
    c. die Geistes- und Gewissensfreiheit und unsere ganze Cultur zu bedrohen;

und fordert die deutschen Protestanten und das ganze deutsche Volk auf, dieser Bedrohung des Staates, des Friedens und des modernen Geisteslebens entschieden entgegen zu treten und auf Beseitigung dieser ernsten Gefahren entschlossen und sorgsam hinzuwirken.

Der Protestantenverein soll wissen, daß die Dogmen der katholischen Kirche in keinem anderen Sinne von den deutschen Bischöfen, Priestern und Laien verstanden und durchgeführt werden und werden können, als in dem Sinne, in welchem die katholische Kirche sie versteht. Wenn er daher von der Verkündigung dieses Dogma's eine Gefahr fürchtet, so ist es die katholische Kirche, die er als gefahrdrohend bezeichnet, und wenn er das deutsche Volk auffordert, dieser Gefahr entgegen zu treten, so ist es eben diese katholische Kirche, der er entgegen zu treten den Entschluß kundgibt.

Diese Bedrohung der katholischen Kirche durch die Darmstädter Versammlung wird sicherlich den Bestand und das Leben derselben ebensowenig in Frage zu stellen vermögen, als die verwandten Agitationen der s. g. Altkatholiken. Die katholische Kirche wird die Freiheit der Verkündigung ihrer Glaubenswahrheiten sich nicht rauben lassen, und sie wird ruhig die Zeit abwarten in welcher die gesunde Vernunft über die grundlosen Vorstellungen siegt, welche zu der augenblicklichen Aufregung Anlaß gegeben haben.

Indessen halten wir es immerhin für unsere Pflicht, gegen die empörende Verdächtigung zu protestiren, als ob unsere heilige katholische Kirche durch eine Parteirichtung dazu fortgerissen werden könnte, Glaubenswahrheiten zu verkündigen oder in ihrem Schooße verkündigen zu lassen, welche die rechtmäßige

Souveränität des Staates überhaupt und des deutschen Reiches, sowie der deutschen Staaten insbesondere anzugreifen, den confessionellen Frieden in Deutschland zu gefährden, und die Geistes- und Gewissensfreiheit und unsere ganze Cultur zu bedrohen geeignet wären.

Mit gleicher Entschiedenheit aber müssen wir auch gegen die Resolution des Protestantenvereins „bezüglich des Jesuitenordens" Verwahrung einlegen.

Unmöglich kann es unsere Aufgabe sein, die acht Erwägungen, welche dieser Resolution vorausgestellt werden, einer Widerlegung zu würdigen. Wer immer den Sinn für Wahrheit und Thatsachen sich bewahrt und Redlichkeit genug hat, sich bewußter Lügen zu enthalten, der weiß oder kann sich darüber vergewissern, daß die Gesellschaft Jesu nach denselben Grundsätzen des von dem Evangelium Jesu Christi empfohlenen Lebens christlicher Vollkommenheit organisirt ist, nach welcher alle anderen religiösen Genossenschaften und Orden unserer Kirche organisirt sind; daß sie gleich allen anderen religiösen Genossenschaften der Autorität des Papstes und der katholischen Bischöfe unterstellt ist und in dieser Unterordnung keine anderen Zwecke verfolgt und keinen anderen Aufgaben sich widmet oder widmen kann, als alle anderen Ordensmänner, Priester und Mitglieder der katholischen Kirche; daß insbesondere ihre Thätigkeit in dem Lehramt, dem Unterricht und der Erziehung in aller und jeder Beziehung nach den ewigen und unveränderlichen Geboten sich richtet und richten muß, welche die katholische Kirche als von Gott gegebene und Gott gefällige Gebote festhält.

Wenn es den Mitgliedern des Protestantenvereins nicht gegeben ist, in so ernster Stunde von den Vorurtheilen sich zu befreien, welche der antireligiöse Fanatismus und die Frivolität einer beklagenswerthen Vergangenheit auf unser Jahrhundert vererbt hat, so werden doch, hoffen wir, in dem protestantischen Deutschland sich noch unabhängige und ehrliche Männer finden, welche die Kraft und den Willen haben, der Wahrheit Zeugniß zu geben und die notorischen Thatsachen als solche zu bekennen.

An diese wenden wir uns mit der Bitte, sie möchten die

Mitglieder der Gesellschaft Jesu, welche seit etwa zwei Jahrzehnten in einigen Orten Deutschlands sich befinden, in ihrem Privatleben und in ihrer öffentlichen Wirksamkeit beobachten. Es sind mit wenigen Ausnahmen deutsche Männer, hervorgegangen aus deutschen Familien aller Stände, in ihrer Jugend großentheils gebildet an deutschen Gymnasien und deutschen Hochschulen. Was sie predigen, ist zu hören und was sie schreiben ist zu lesen von Jedermann. Die Erziehungsanstalten — deren übrigens in dem nichtösterreichischen Deutschland bis jetzt keine besteht, sind zugänglich für Jedermann, und die Familien, welche ihre Kinder denselben übergeben, werden Jedermann Aufschluß über sie geben. Die Jesuiten arbeiten allezeit öffentlich gleich allen anderen Priestern und Ordensmännern der katholischen Kirche. Sie haben insbesondere während des letzten Krieges öffentlich in Spitälern und bei der Armee ihre Dienste geleistet. Man frage die Behörden, unter deren Aufsicht sie gestanden, und die Kranken oder Verwundeten, welche sich in ihrer Pflege befunden. Es wird Jedermann ein Leichtes sein, sich über dieselben ein Urtheil zu bilden.

Wollen unsere protestantischen Mitbürger statt blinder Vorurtheile die Beobachtung der Thatsachen sich zur Richtschnur nehmen, so werden sie die Achtung, welche die Katholiken dem Wirken der Gesellschaft Jesu zollen, verstehen. Sie werden das Vertrauen begründet finden, mit welchem die katholische Bevölkerung den in der Seelsorge thätigen Priestern dieser Gesellschaft entgegen kömmt; sie werden erkennen, daß die Bischöfe der katholischen Kirche allen Grund haben, diese Priester als Mitarbeiter in der katholischen Seelsorge zuzulassen und zu verwenden.

Unseres Wissens haben viele unserer protestantischen Mitbürger diese Ueberzeugung in der That nicht blos für sich gewonnen, sondern auch öffentlich ausgesprochen. Auch protestantische Regierungen haben sich zu dieser Ueberzeugung bekannt; und gerade die Angriffe der letzten Jahre haben denselben wiederholt das Geständniß abgenöthigt, daß kein Mitglied der Gesellschaft Jesu irgend welcher Rede oder Handlung überwiesen worden sei, welche den Gesetzen zuwiderlaufen oder zu irgend einem Tadel Anlaß geben könnte.

Es muß eben darum als eine wahrhaft unerhörte Anmaßung erscheinen, wenn der Protestantenverein in seinen Resolutionen vom 5. October das staatliche Verbot des Jesuitenordens fordert.

Diese Forderung kann selbstverständlich nicht den Sinn haben, die deutschen Staaten sollten den Jesuiten die Vortheile einer politischen Anerkennung oder besonderen Unterstützung entziehen. Jedermann weiß, daß die Jesuiten weder als Corporation noch überhaupt als gesetzlich privilegirte Gesellschaft in Deutschland bestehen. Sie nehmen keine anderen gesetzlichen Vortheile in Anspruch, als die Gewährung des allgemeinen Rechtsschutzes, den jeder Mann zu fordern hat, und der gewöhnlichen Freiheit, welche das Gesetz den bürgerlichen Genossenschaften und religiösen Vereinen überhaupt zuerkennt.

Ein staatliches Verbot der Jesuiten könnte also nur dadurch vollzogen werden, daß die Polizeigewalt im Widerspruch mit den allgemeinen Gesetzen und mit Verletzung der allen Vereinen und den religiösen Vereinen insbesondere garantirten Rechte diejenigen zum Gegenstand einer Verfolgung machte, welche im Verdachte stehen, der Gesellschaft Jesu anzugehören.

Welche Art von Strafen an Gut oder Leib und Leben der Protestantenverein bei solcher polizeilicher Verfolgung in Aussicht nimmt, hat derselbe vorerst noch nicht zu verkündigen beliebt. Wenn es demselben jedoch mit den in den Motiven der Resolutionen vom 5. October aufgeführten Anklagen Ernst ist, so bedürfte es nur der Consequenz der Pariser Commune, um die Verfügung der Todesstrafe gegen die Jesuiten zum Gesetz zu erheben.

Diese Consequenz Platz greifen zu lassen wird der Protestantenverein augenblicklich nicht in der Lage sein. Die deutschen Regierungen sind noch stark genug, um katholische Priester gegen Gewaltthätigkeiten zu schützen. Die Regierungen wissen, daß ein staatliches Verbot der Jesuiten Angesichts der bestehenden Gesetze unmöglich ist, und sie werden sich nicht zu Ausnahmsgesetzen drängen lassen, zu welchen selbst der Schein eines Vorwandes fehlt.

Wie sehr aber auch dieses Vertrauen feststehen mag, so kann es uns dennoch nicht gleichgültig sein, wenn eine öffentliche Versammlung in Mitten Deutschlands mit einer solchen Forderung sich an die Regierungen zu wenden erdreistet. Wir müssen hierin einen Bruch des öffentlichen Friedens und eine Bedrohung unserer Sicherheit erkennen, deren ernste Zurückweisung die Regierungen uns schulden.

Wir verlangen keineswegs ein staatliches Verbot des Protestantenvereins. Was wir verlangen ist nur die Beruhigung darüber, daß die deutschen Regierungen, den Rechtsschutz, den sie uns feierlich zugesagt und den wir für alle unsere katholischen Priester wie Laien, also auch für die Mitglieder der Gesellschaft Jesu, in Anspruch nehmen müssen, auch in Zukunft zu gewähren entschlossen sind.

Diese Beruhigung muß uns gegeben werden und sie zu erwirken ist die ernste Aufgabe der deutschen Katholiken in dem gegenwärtigen Augenblick. Die Gesinnung unserer Hochwürdigsten Bischöfe gibt uns Bürgschaft, daß die heilige Sache der Kirche Gottes in unserm Jahrhundert mit derselben Kraft und Freimüthigkeit vertheidigt werden wird, mit der sie seit 18 Jahrhunderten von den großen Bekennern unseres Glaubens vertheidigt wurde. Aber auch das katholische Volk muß sich zu dieser Vertheidigung mit gleicher Entschiedenheit erheben.

Vergeblich haben unsere Abgeordneten in der letzten Session des Reichstags die Garantieen gefordert, welche die Katholiken für ihr Recht und ihre Freiheit zu erwirken haben. Vergeblich kämpften die katholischen Vertreter in den einzelnen Kammern für die Lösung der unerträglichen Fesseln, welche theilweise noch das katholische Leben drücken.

Aber dem vereinten und beharrlichen Streben des katholischen Volkes kann der Erfolg nicht fehlen.

Wir bitten daher alle Katholiken Deutschlands gerade in diesem Augenblicke einmüthig zusammen zu stehen, um durch alle ihnen geeignet scheinenden gesetzlichen Kundgebungen darauf hinzuwirken, daß die Garantie der religiösen Freiheit und die Anerkennung der Rechte der Kirche uns endlich zu Theil wird.

Mit dieser Forderung verlangen wir wahrlich nichts als unser Recht, das Recht, welches wir seit einem Jahrtausend besitzen und welches die deutschen Regierungen uns wiederholt in feierlichster Weise garantirt haben.

Wird dieses Recht uns unverletzt erhalten und gewährt, so wird Deutschland den Frieden erlangen, den es zu seiner inneren und äußeren Entwickelung bedarf.

Wird dieses Recht den Angriffen der gehässigen Parteien preisgegeben, so wird unser Vaterland einer Zerissenheit überantwortet, welche in nicht allzu ferner Zeit sein politisches wie sociales Verderben hervorrufen muß.

Indem wir der Stimme des christlichen Gewissens und der Liebe zum Vaterland folgend, diese unsere Ueberzeugung öffentlich aussprechen, bitten wir alle katholischen und alle dem deutschen Vaterland treu ergebenen Männer, dieser Erklärung beizutreten, sie zu verbreiten und in ihrem Sinne zu handeln.

Mainz, den 16. October 1871.

Ludwig Graf von Arco-Zinneberg in München. — Arendes, Kaufmann in Hildesheim. — Ludwig Auer, Lehrer und Vorstand des katholisch pädagogischen Vereins in Regensburg. — Achterfeld, Landdechant von Anholt. — Albrecht, Pastor in Hannover. — Bacé, Oberrechnungsrath in Darmstadt. — Dr. Backhaus, Professor in Paderborn. — H. Backhaus, Bierbrauer in Paderborn. — Dr. Karl Barth in Augsburg. — Ferdinand Bartscher, Domcapitular und Regens in Paderborn. — Friedrich Baudri, Stadtrath in Cöln. — Reinhold Baumstark, Kreisgerichtsrath in Constanz. — Becker, Obercontroleur in Hannover. — Joh. Nepomuk Bieringer, Pfarrer in Grainet (Passau.) — Graf Cajetan von Bissingen-Nippenburg auf Schramberg. — Graf Ferdinand von Bissingen auf Schramberg. — Freiherr Franz von Bodmann in Bodmann. — Baron von Bongart auf

Peffendorf. **Brandenberg**, Notar in Neuß. — Dr. **Braubach**, prakt. Arzt in Köln. — J. G. **Breuer**, Hauptlehrer in Elberfeld. — Adam **Burger**, Magistratsrath in Bamberg. — Franz **Burger**, Oekonom in Zeil. **Burkard**, Regierungs-Assessor a. D. in Coblenz. — Jul. **Busch**, Baumeister in Neuß (zugleich Namens 200 Neußer Bürger.) — **Buschmann**, Rentner in Coblenz. — Peter Paul **Cahensly** in Limburg a. d. Lahn. — C. **Cramer**, Kaufmann in Paderborn. — **Dehaan**, Caplan in Emmerich. — A. **Dietz**, Fabrikbesitzer in Coblenz. — C. **Dilg**, Rechtsanwalt in Aschaffenburg. — Hans Freiherr von **Dorth** auf Neckarsteinach. — Graf **Droste** zu Vischering, Erbdroste. — Dr. **Duhr**, Arzt in Coblenz. — B. **Eickel**, Post-Commissär in Paderborn. — **Eickenköther**, Seminarlehrer in Hildesheim. — Mathias **Endepols**, Stadtverordneter in Süchteln. — A. **Engels'**, Kaufmann in Paderborn. — Jos. **Engels**, Kaufmann, in Paderborn. — **Evers**, Kreisgerichtsrath in Paderborn. — Frz. **Ewald**, Kirchenvorsteher in Hannover. — Johann **Falk** III. in Mainz. — Ph. J. **Fehr**, Probst zu St. Peter in Worms. — André **Fey** in Aachen. — **Fidel**, Baumeister in Constanz. — **Fischer**, Rechts-Anwalt in Paderborn. — **Fischer**, Rentmeister in Nordkirchen. — **Fischer**, Stadtschreiber in Ellingen. — Dr. **Frank**, Arzt in Coblenz. — **Frankenberg**, Hofmaurermstr. u. Bürgervorsteher in Hildesheim. — H. **Freericks**, Bürgermeister in Duderstadt. — A. **Fröhlich**, Decan und Pfarrer in Schmerlenbach. — Wilhelm **Froning**, Gutsbesitzer in Dülmen. — J. **Fuchs**, Kaufmann in Danzig. — Ferdinand Graf von **Galen-Dinklage** auf Burg Dinklage. — Thomas **Geiselhart**, Erzb. Geistl. Rath in Sigmaringen. — Stephan **Gerber**, quiesc. kgl. Landrichter in Haßfurt. — **Gerstner**, k. Appellationsgerichtsrath in Bamberg. — A. **Geuljans**, Rentner und Mitglied der Armenverwaltung in Aachen. — Ph. **Geßner**, K. Bayr. Landgerichts-Assessor in Obernburg a. M. — F. **Goergen**, Kaufmann in Coblenz. — Andr. von **Grand-Ry**, Reichstagsabgeordneter. — Dr. Fr. X. **Greil**, Kgl. Lycealprofessor in Passau,

Reichstagsabgeordneter. — J. C. Gröger, in Bamberg. — F. W. Grosman, Reichstagsabgeordneter für den Landkreis Cöln. — Gruber, Pfarrverweser in Constanz. — Heinrich Grütering, Kreisrichter in Dinslaken. — A. Habereder, Pfarrer in Regen. — Gustav Freiherr von Habermann auf Unsleben. — L. Haerten in Geldern. — Dr. Haffner, Domcapitular in Mainz. — Dr. Heinrich Hahn, Arzt und Stadtrath in Aachen. — Dr. Philipp Hammer, Pfarrer in Wolfstein (Rheinpfalz.) — Aug. Harbort, Pfarrer in Oschersleben. — Dr. Haupt, Geistl. Rath in Bamberg. — Hauser, Hofmaler in Bamberg. — Guido Freiherr von Haxthausen in Börden. — Chr. Heinz, Fabrikant in Kaiserslautern. — A. Heising, Kaufmann, in Paderborn. — W. Heising, Kaufmann, in Paderborn. — Mich. Helmberger, Decan und Stadtpfarrer von Amberg. — P. H. Hendrikx, Rentner in Goch. — Henning, Domcapitular u. Landtags-Abgeordneter in Bamberg. — Herlth, Pfarrer in Matern. — Herrbach, k. Bezirksgerichtsrath in Bamberg. — H. Hesse, Kaufmann, in Paderborn. — Dr. Hildebrandt, Sanitätsrath in Danzig. — C. Hillemeyer in Paderborn. — K. J. Hirt in Hofheim. — Hoffschmidt, Notar in Coblenz. — Honcamp, Redacteur in Paderborn. — Horn, Kgl. Bayr. Landrichter in Homburg (Rheinpfalz.) — Herman Freiherr von Hornstein in Binningen. — N. Hubert, Privatier in Würzburg. — Hug, Verwalter in Constanz. — Hüffer, Kreisgerichtsrath in Paderborn. — Dr. Franz Hülskamp, Präses in Münster. — Joseph Hünsten in Gescher. — Freiherr Fritz von Hutten auf Mainsondheim. — Dr. Max Huttler, Landtagsabgeordneter in Augsburg. — J. Jacobs, Oeconom in Paderborn. — Dr. Jansen in Goch. — J. Ibach, Pfarrer in Villmar. — Fürst Karl zu Isenburg-Birstein. — Dr. Jung, Hof- und Leibarzt in Kleinheubach. — Philipp Kaiser, Weinwirth in Gemünden. — J. Kannengießer in Coblenz. — August Kersten, Fabrikant und II. Beigeordneter in Rees. — H. von Kesseler, Reichstagsabgeordneter. — Wilderich Freiherr von Ketteler auf Thüle. — J. Kirschenbauer, Kaufmann in Hannover. — Klein, Geistl. Rath in Paderborn. Dr. Kleinheidt, Domcapitular und Präses des erzbischöflichen Priester-Seminars in Cöln. — J. Kligge, Justizrath in Paderborn. — Knüß, Pfarrer in Altenbuch. — B. Koch, Pfarrer in Hammelburg. — Arnold Kock in Borghorst. — Jos. Kohlendorfer, Kgl. Notar in Ingolstadt. — Dr. Komp, Regens in Fulda. — Baron August von König, geh. Legationsrath in Stuttgart. — Adolph Freiherr von Korff-Sutthausen in Sutthausen. — Koser, Pfarrer in Gau-Algesheim. — Christian Kramer, Großist in Hildesheim. — Dr. Kratz in Hildesheim. — Kuhn, Stadtpfarrer in 'Kitzingen. — Landmesser, Prälat in Danzig, Bisch. Commissarius. — Michael Lauerer, Kaufmann in Amberg. — Laufköther, Kaufmann in Hildesheim. — Ignaz Lenz, Pfarrer in Breitenberg. — Lerzet, in Thannhausen. — L. Freiherr Ostmann von der Leye in Homburg. — Lingens, Advocat-Anwalt und Reichstagsabgeordneter in Aachen. — Freiherr Felix von Loë in Terporten bei Goch. — H. Longard, Kaufmann in Coblenz. — Lorenz, Beichtvater in Waldsassen. — Fürst Karl zu Löwenstein. — Majunke, Redacteur der „Germania" in Berlin. — Franz Mallart, Senator in Duderstadt. — v. Mallinckrodt in Böddeke bei Paderborn. — Hermann von ¡Mallinckrodt, Regierungsrath in Merseburg und Abgeordneter. — Johann Mann, Caplan in Friedrichsroda. — Ludwig Marbe, Anwalt in Freiburg i. Br. — G. Mark, Bürgermeister in Gaukönigshofen. — Dr. med. Metz, Sanitätsrath in Hildesheim. — Dr. med. Metz in Hildesheim. — Meyer, Dechant in Leer. — G. Meyer, Schulvorsteher in Hannover. — A. Meyer-Riemsloh, Hofbesitzer in Riemsloh. — Michalsri, Dechant in Langenau. — H. Middendorf, Kaufmann in Osnabrück. — Dr. Möhl, Bezirksgerichtsdirector in Frankenthal. — Friedrich Moritz, Pfarrer und Landrath in Schwanfeld. — M. Freiherr von Morsey. — Hermann Mosler, Stadtverordneter in Coblenz. — Dr. Christoph Moufang, Domcapitular und Regens in Mainz. —

E. Müller, Advocat-Anwalt in Coblenz. — Th. Müller, Magistratsrath in Bamberg. — Nacke, Propst u. Geistl. Rath in Paderborn. — Nellinger, Notar in Dulken. — Max Neu in Obermoschel. — A. Niedermayer, Inspector in Sachsenhausen. — Niedhammer, Pfarrer in Bergzabern. — B. Rüesen, Rentier in Hannover. — G. Oberle, Pfarrer in Bruchsal. — Fr. X. Obermayer, Geistl. Rath, Reichstagsabgeordneter. — Fr. Freiherr von Oër in Birstein. — Ohl, Vicar in Danzig. — Oberbeck, Kaufmann in Hildesheim. — J. A. Oster, Kaufmann in Aachen. — Max Freiherr von Palaus, Kgl. Bayr. Kämmerer in Bamberg. — L. Pleß, Buchdruckereibesitzer in Elberfeld. — Dr. Joh. Ev. Pruner, Domcapitular u. Regens in Eichstädt. — Karl Rabeke, Geometer und Stadtrath in Stolberg. — Dr. Ratzinger in München. — Dr. Rebbert, Professor in Paderborn. — Dr. Redner, Pfarrer in Danzig. — Hermann Freiherr von Reichlin-Meldegg in Regensburg, Reichstagsabgeordneter. — Dr. F. H. Reinerding, Domcapitular und Professor zu Fulda, Ritter des Großh. Oldenburgischen Haus- u. Verdienstordens. — Reinermann, Pfarrer in Sendenhorst, Diöcesanpräses des Gesellenvereins. — Dr. theol. Ferdinand Rheinstädter, Gymnasial-Religionslehrer in Neuß. — J. C Richter, Kaufmann in Coblenz. — Rieforth, Caplan in Calcar. — F. Ringenberg, Auctions-Commissar in Dorsten. — Heinrich Freiherr von Rink in Freiburg i. Br. — Dr. Rintelen, Subregens in Paderborn. — F. Rintelen, Kaufmann in Paderborn. — E. Risse, Assessor a. D. in Paderborn. — Rochus von Rochow, Major a. D. in Dresden. — Peter Roghmann, Rentner in Cranenburg. — Rosinus, Stadtverordneter in Coblenz. — Ferdinand van Rossum in Emmerich. — Rubarth, Baumeister in Paderborn. — Fr. X. Rubenbauer, Kgl. Cassier in Weiherhammer. — J. Rübsam, Amtsrichter und Mitglied des preuß. Abgeordnetenhauses in Fulda. — Ruland, Professor in Paderborn. — E. W. Schaberick, Senator in Duderstadt. — K. Graf Schaesberg-Krickenbeck in Krickenbeck.

— H. Schäfer, Particulier in Bamberg. — Georg Scheibel, in Bamberg. — A. Schiche, Privatier in Bamberg. — Joachim Schlichtinger, Privatier in Passau. — Dr. Schmidt in Coesfeld. — Schmidt, Kaufmann in Danzig. — Clemens August Graf von Schmising-Kerssenbrock. — Fr. X. Graf von Schmising-Kerssenbrock. — Friedrich Graf von Schmising-Kerssenbrock. — Jos. Schmitt, Dompräbendar in Freiburg i. Br. — Dr. Herm. Joseph Schmitz, Caplan in Düsseldorf. — M. Schmitt, Fabrikant in Fulda. — H. Scholten, in Wardt bei Xanten. — Schoofs, Pfarrer in Büderich bei Wesel. — Burkard Freiherr von Schorlemer-Alst auf Alst. — Schröder, Domvicar in Paderborn. — Dr. Schröter, prakt. Arzt u. Stadtverordneter in Crefeld. — August Schuler, Kaufmann in Zweibrücken. — Schürholz in Dorsten. — Schütte, Ober-Postsecretär in Hildesheim. — Dr. Schüttinger, Kgl. Advocat in Bamberg. — Dr. Schwarz, Stadtpfarrer in Ellwangen. — Karl Schwarz, Fabrikant in Hannover. — Sickinger, Decan in Bensheim. — Dr. Chr. Stamm, Bischöflicher Secretär in Paderborn. — M. Stapf, Baumeister in Würzburg. — Stehm, Pfarrer in Ahaus. — Cajus Graf zu Stolberg-Stolberg in Brauna. — Freiherr von Stotzingen auf Steißlingen. — G. Strecker, Rechtsanwalt und Notar in Heiligenstadt. — Subtil, Kaufmann in Coblenz. — Tilly, Stadtrath in Paderborn. — L. Timmermann, Kaufmann in Aachen. — Alb. von Thimus, Appellationsgerichtsrath in Köln, Reichstagsabgeordneter. — Baron Terott zu Solz in Rotenburg. — Dr. Thumann, Domcapit. u. Erzb. Generalvicar in Bamberg. — Uppenkamp, Pfarrer zu Burgsteinfurt. — Bahrenhorst, Pfarrer und Schulinspector in Bocholt. — Bennemann, Rechts-Anwalt in Paderborn. — Al. Vogel, Gerichtsnotar a. D. in Freiburg i. Br. — Ferdinand Vogel, Rechtsanwalt in Mergentheim. — Adolph Graf von Walderdorff in Regensburg. — Wilderich Graf von Walderdorff auf Molsberg. — Walter, Bezirksgerichts-Assessor in Amberg. — Carl Walther, Kaufmann in Erfurt. — Franz Freiherr von Wambolt auf Groß-Umstadt. — Ph. Freiherr Wambolt von Umstadt auf Birkenau. — R. Wankel, Appellationsgerichts-Referendar in Hünfeld. — G. A. Weimer, Dechant-Pfarrer in Aidhausen. — G. Weinmann, Stadtpfarrer in Germersheim. — Dr. Wieland, Pfarrer in Hofheim. —G. Wieser, Stadtpfarrer in Markdorf. — L. Windhausen, Stadtbaumeister in Duderstadt. — F. Wippern, Regierungsrath a. D. in Hannover. — Wißmann, Caplan in Bockum. — F. A. Wolff, Oberlehrer der Realschule in Cöln. — Theodor Wolff, Stadtverordneter in Cöln. — Wothe, Pfarrer in Edenkoben. — Wunsch, Kaufmann in Constanz. — Zimmerle, Caplan in Stuttgart. — Zweiffel, Rentner in Coblenz.

2. „Ich ersuche Sie, meinen Namen der Erklärung deutscher Katholiken d. d. Mainz vom 16. October laufenden Jahres gütigst beifügen zu wollen. Mit aller Hochachtung
Dillingen, den 14. November 1871.
Fidel Ferdinand Graf von Fugger-Gloett,
Standesherr und erblicher Reichsrath im Kgr. Bayern[1]).

3. Erklärung[2]): „Die Unterzeichneten, im Bewußtsein ihrer Rechte als katholische Landeskinder und als Glieder der vom Staate rechtlich anerkannten Kirche stimmen aus voller Ueberzeugung überein mit der Erklärung deutscher Katholiken d. d. Mainz, 16. October d. J.
86 Notable und sonstige Bürger der Stadt Geldern. Die Gemeinderäthe der Gemeinden Kevelaer, Wetten, Twisteden und Mitglieder der Gemeinderäthe der Gemeinden Wanze, Wissen, Calbeck, Capellen. Dechant Brüel zu Geldern. Graf Loe zu Schloß Wissen. Franz Egon Graf Hoensbroich zu Schloß Haag. Ludwig Haerten zu Geldern.

---

1) Germania 272.
2) Germania 270 Beil.

4. „Der Erklärung deutscher katholischer Männer d. d. Mainz, den 16. October 1871 treten bei[1]):
Clemens, Freiher von Eltz, Cuno, Freiherr von Eltz, Friedrich, Freiherr von Eltz.

5. Erklärung[2]): „Auch ich liebe und verehre als rechtschaffener Katholik (vulgo Ultramontane) den Jesuitenorden; ich bewundere ihn als ein herrliches Kriegsheer des h. Geistes; aber noch höher steht mir das allgemeine welterhaltende Gesetz der Wahrhaftigkeit, der Gerechtigkeit und der echten Freiheit für Alle. Mithin schon als Ehrenmann muß ich von Grund der Seele die gegenwärtige, den deutschen Namen schändende Jesuitenhetze verabscheuen. Ich habe jüngst ein Jahr lang im freien England gelebt, wo die Jesuiten nicht behelligt werden, wo solch ein wüster, ekelhafter Wahnsinn rein unmöglich ist. Wenn dieser bei uns aus geistiger Impotenz entspringende Fanatismus wirklich eine Reichserrungenschaft wäre oder würde, dann möchten Jungdeutschlands Feinde die Hände ruhig in den Schooß legen, zusehend, wie unsere „persona" Germanica den Stoß ins eigene Herz vollführe.

Wertheim, 20. November 1817.
Dr. Hermann Müller. weil. Universitäts-Professor.

6. Erklärung[3]): „Die unterzeichneten Katholiken aus dem Königreiche Sachsen schließen sich der in Mainz unter dem 16. October d. J. erfolgten Kundgebung gegen die vom Darmstädter Protestantentage erlassenen Resolutionen mit voller Ueberzeugung an. — Freilich sind die Katholiken Sachsens gegenwärtig nicht in der Lage, ihrer Erklärung zum Schutze der Gesellschaft Jesu etwa einen Dank für geleistete Dienste beizufügen, wie dies in den öffentlichen Kundgebungen aus fast allen Theilen Deutschlands der Fall ist. Ist doch in Sachsen es der Gesellschaft Jesu eine Unmöglichkeit, sich solchen Dank zu verdienen,

---
1) Köln. Volksztg. 311.
2) Germania 268. Beil.
3) Germania 279. Beil.

da sie im hiesigen Lande durch besonderes Ausnahmegesetz „des allgemeinen Rechtsschutzes, den jeder Mann zu fordern hat und der gewöhnlichen Freiheit, welche das Gesetz den bürgerlichen Genossenschaften und religiösen Vereinen überhaupt zuerkennt", verlustig erklärt ist. Dadurch entbehrten Freunde und Feinde der Jesuiten bis heute der Möglichkeit, sie in ihrem apostolischen Wirken in der Nähe zu sehen. Während nun die Gegner der Gesellschaft Jesu ihre Abneigung und ihren Haß durch alte Vorurtheile und Lügen nähren und ihn bei jeder Gelegenheit auch in hiesigen Landen öffentlich an den Tag legen, greift das katholische Volk in Sachsen aus der Gegenwart in die Vergangenheit zurück und erinnert sich mit Dank jener Zeit des vorigen Jahrhunderts, in der so manche ehrwürdige Priester aus der Gesellschaft Jesu im Lande thätig waren, deren seeleneifriges Wirken unvergessen bleibt; und wenn heute sich das Volk in Sachsen seines katholischen Glaubens freut und froh bewußt wird, so weiß es, wem vorzüglich es dieses geistige Erbe zu danken hat. Auch aus diesem Grunde protestiren die Unterzeichneten gegen die ungerechte Verleumdung und undankbare Verdächtigung der Gesellschaft Jesu.

Dresden, am Fest des hl. Franz Xaver, den 3. December 1871. Cajus Graf zu Stolberg-Stolberg. Karl Graf Schönburg-Vorderglauchen. Karl Graf v. Ballestrem sen. Seul, Prälat und Hofkaplan. Egon v. Schönberg-Roth-Schönberg. Dr. J. Mast. J. Rost, grfl. Schönburg'scher Hofrath. F. J. Jllgner. N. Elscheid. C. Röhrig. H. Schmittmann, Kpl. C. Graf Raczynski. R. v. Rochow, Major a. D. H. L. Potthoff, Hofprediger. E. v. Gothmann. F. Poland, Bezirksgerichtsassessor und Vicariats-Secretär. E. Machaczed, Pfarrer. F. J. Graf zu Stolberg-Stolberg. F. Stolle, Pfarrer. J. Buk, Kpl. J. Weis, Kpl. C. Maaz, Kpl. A. Buck, Kpl. J. Plewka, Kpl. J. Müller, Kpl. M. v. Braunschweig, Rittmeister a. D. C. Brieden, kgl. Stiftskaplan. L. Wahl, Hofprediger. A. Metke.

J. Schlefke. J. Buck. J. Busch. B. Mohr. Dombrowsky. A. Dreßner, Schuldirector. G. H. Sperling, Lehrer. E. Schecks. Tittelbach, Pfarrer. C. Mathes. F. Mosler. E. Koch, G. Eimann. J. Kunze, Lehrer. K. H. Claus. J. Schmitt. A. Payern. F. Sommer. A. Ostrowsky. C. Hanisch. A. Naumann. Kubasch, Postbureau-Diener. J. Rentsch. M. A. Rießler. G. Krehl. A. Liersch. N. Kakel. H. T. Schlatter. J. J. Lippitsch. E. Horn. P. Scholze. J. Hahn. J. Waurik. J. Roßny. K. Kakel. J. Ruck. A. Frhr. v. Schlieben. L. Pfalz. M. Henke. St. Pfalz. F. Rimpler. J. Reimann. A. Reimann. J. Lurasch. J. Metke. J. H. Hofmann, Schneidermeister. B. Metke. A. Thomann. J. Schmidt. E. Meusel, Lehrer. J. Zschorlich, Postassistent. F. Gaudernack. R. Pietsch. A. L. Kremmler. E. Zosel. P. S. Desbarats. F. W. Lohse. C. F. Castelli, Ministerial-Canzlist a. D. F. F. Pleyl. F. Suchanek, kgl. Kammermusikus a. D. F. X. Suchaneck, Gerichts-Assessor. St. Kunze. J. A. Meißner, Cafetier. F. Meißner, Tischlermeister. G. Meißner, Koch. B. Meißner, Restaurateur. G. Meißner, Restaurateur. J. Kanne, Schuhmacher. J. Wand, Schneider. J. E. E. Effenberger, Schuhmacher. Th. Effenberger, Buchhalter. J. Gebel, Schuhmachermstr. N. Strauß, Lehrer. J. Dolt, Lehrer. A. Alscher, Cantor. F. Müller. Im Namen des 133 Mitglieder zählenden kath. Gesellenvereins: der Präses L. Wahl, der Vice-Präses J. Müller, der Senior H. Mazzolle, die Ordner B. Büter, Th. Meißner, E. Dobiat, A. Albers, J. Mohr, A. Müller.

Obiger Erklärung schließen sich an aus Leipzig: J. J. Becker, Kaufmann. J. B. Rietsche, Kaufmann. E. A. Meyer, Papierhändler. J. Jackowitz, Buchhändler. F. Juhr, Kpl. und Präses des kath. Gesellenvereins, zugleich im Namen von 60 Vereinsmitgliedern. R. Helm, Kpl. und Katechet. F. Schmalstieg, Schneidermeister. W. Brück, Krempelmeister. P. Sackstrauß, Schneidermeister. F. Granzner, Lehrer und Organist. F. Michaud, Tapezierer. F. Schmidt, Lehrer. B. Mießler, Lehrer. H. Auveden, Schneider. J. C. Grohmann, Zwirn- und Siebfabrikant. L. Weigel, Lehrer. P. Brendler, Lehrer. J. Ullrich, Schuhmachermeister. J. Halmel, Hutmacher. H. Schwermann, Schneidermeister. R. Plewka, Lehrer. T. Krampholz, Kaufmann. J. L. Grohmann, Siebfabrikant. F. Halmel, Schlossermeister. G. Ehrlenspiel, stud. jur. G. Krampholz, Instrumentenmacher. A. Wirth, Tischler. M. Müller, Instrumentenmacher. F. Krampholz, Instrumentenmacher. J. B. Halmel, Hutmacher. Aus Meißen: P. Hillebrand, Pfarradministrator. Pohl, Lehrer. E. Meyer, Fabrikarbeiter. A. Groß. V. Richter, Fleischer. E. Richter, Conditor, H. Richter, Conditor. F. H. Hehle.

7. „Erklärung der katholischen Vereine in Freiburg[1].“

„Die bei der Versammlung des Protestantenvereins zu Darmstadt den 4. und 5. v. Mts. vorgekommenen, eben so unbefugten als unbegründeten Angriffe gegen das Dogma von dem unfehlbaren Lehramte des Papstes, sowie gegen den Verein der Gesellschaft Jesu, haben, wie überall, so auch insbesondere bei den badischen Katholiken Staunen und Entrüstung im höchsten Maße erregt.

War es ja doch hauptsächlich ein badischer Staatsdiener, ein Professor an einer Universität unseres Landes, dessen Mitbürger zu zwei Drittheilen aus Katholiken bestehen, der sich nicht scheute, solche Schmähungen und Verleumdungen gegen einen katholischen religiösen Verein öffentlich auszusprechen, welcher verdienstvolle deutsche Mitglieder unserer Kirche als rechtlos zu behandeln und zu beantragen wagt, sie aus unserm und ihrem Vaterlande zu verbannen. Die Mitglieder der Gesellschaft Jesu leben frei und ungehindert in den Großstaaten fast aller Culturvölker Europa's und America's. Und nun wagt man es, eine so illiberale, intolerante Maßregel für Deutschland in Antrag zu bringen. Zu allem dem kommt, daß gerade wir badischen Katholiken noch einen besondern Grund der Werthschätzung der Jesuiten haben in der dankbaren Erinnerung an jene traurige Periode

---

[1] Köln. Volksztg. 332. I.

des badischen Aufstandes im Jahre 1849 und an die über alle Erwartung gesegneten Volksmissionen der Jesuiten.

Wir sprechen daher unserm hochwürdigsten Herrn Erzbisthumsverweser um so lebhafter unsern ehrfurchtsvollen Dank aus für die durch die Erklärung vom 4. d. M. der Gesellschaft Jesu und ihrer gesegneten Wirksamkeit bezeugte Anerkennung und schließen uns derselben aus vollem Herzen an.

Wenn die Grundsäulen der öffentlichen Ordnung in Deutschland, die christliche Religion, der auf der Anerkennung der confessionellen Rechte beruhende Friede unter den christlichen Confessionen, wenn die verfassungsmäßige politische Freiheit, das Vereinsrecht und die freie Religionsübung aufrecht erhalten werden sollen: so müssen solche unbefugte, maßlose Angriffe mit aller Energie zurückgewiesen werden. Wir Katholiken werden diese unsere und des deutschen Volkes heiligsten Güter stets mannhaft mit allen gesetzlich erlaubten Mitteln vertheidigen.

Wir schließen uns in dieser Gesinnung mit dieser unserer Erklärung vollkommen der Erklärung an, welche d. d. Mainz den 16. v. M. in derselben Angelegenheit von Katholiken aus ganz Deutschland gegen den Protestantenverein veröffentlicht worden ist.

Freiburg, den 20. November 1871.

Für den St. Michael=Verein: Dr. Karl Zell, Geheimer Hofrath. Dr. St. Braun. B. Herder. Ed. Wahr.
Für den Mittwochs=Verein: Joseph Schmitt, Dompräbendar.
Für die Gesellschaft „Constantia": Graf Max v. Kageneck.
Für den kath. Gesellenverein: Oscar Liehl, Präses.

8. „Wir[1]) Unterzeichneten schließen uns der Erklärung der Herren Grafen Arco=Zinneberg und Genossen d. d. Mainz den 16. October dieses Jahres in allen Stücken an.

Wir erklären insbesondere, daß wir, seit fast zwanzig Jahren Zeugen des echt christlichen Wandels und der ge=

---

1) Köln. Volksztg. 332. I.

segneten Thätigkeit der in unserer Mitte weilenden Jesuiten, uns für berechtigt und verpflichtet erachten, denselben das Zeugniß unserer Achtung zu geben, gegenüber den maßlosen und völlig unberechtigten Verdächtigungen, welche gegen sie in Versammlungen, in öffentlichen Blättern, sogar in Petitionen an den Deutschen Reichstag ausgesprochen worden.

Paderborn, den 23. November 1871.

Weihbischof **Freusberg**. **Peine**, General-Vicar. **Heidenreich**, Domcapitular. Dr. **Rodehuth**, Domcapitular. **Bartscheer**, Domcapitular und Regens des Seminars. Dr. **Schulte**, Domcapitular. **Schwubbe**, Professor. Oberlehrer **Otto**. **Henze**, Gymnasial-Lehrer. **Fieg**, Pastor. **Berhorst**, Pastor. **Schlüter**, Geheimer Justiz-Rath. **Pahl**, Appellations-Gerichts-Rath. **Schmidt**, Kreis-Gerichts-Rath. Freiherr **von und zu Brenken**. **Giese**, Stadtrath. Fr. W. **Schroeder**, Stadtverordneter. **Backhaus**, Stadtverordneter. **Todt**, Stadtverordneter. **Gockel**, Stadtverordneter. **Engels**, Stadtverordneter. **von Hiddessen**, Landrath a. D. Dr. **Everken**, Sanitäts-Rath. **Hörling**, Gymnasial-Lehrer und 1225 fernere Unterschriften.

7) Beitrittserklärungen zu obigen Manifestationen.

Dies Verzeichniß macht auf Vollständigkeit keinen Anspruch.

Aibling (Bayern). 173 kath. Männer. G. 268[1]).
Aidhausen (Unterfranken). Im Namen aller kath. Bürger: der Bürgermeister. M. Vb. 277.
Albstadt (Bayern). Der Gemeinde-Ausschuß. G. 274.
Alfeld (Diöc. Hildesheim). Der Pfarrer. G. 267.
Alzenau und Aschaffenburg. Die Geistlichkeit beider Dekanate. G. 272.
Amberg. Die Gesellschaft „Concordia". G. 268.
Amberg. Der kath. Gesellenverein. G. 267.
Ammerfeld (Bayern). Im Namen der kath. Pfarrgemeinde. M. Vb. 284.
Arnsberg. 45 Mitglieder der kath. Pfarrgemeinde. G. 266.
Arnsberg. 46 kath. Bürger. K. Vlz. 319.
Aschaffenburg. Der kath. Leseverein. G. 270.
Aschaffenburg. Der Gesellenverein. G. 271.
Aschach (Amberg). Im Namen der Gemeinde. G. 267.
Au (Aibling, Oberbayern). Der St. Josephsverein mit 106 Mitgliedern. G. 271.
Augsburg. Der kath. Männerverein mit 200 Mitgliedern. G. 268.
Baden-Baden. Das kath. Casino. G. 285.
Bamberg. Das kath. Casino. M. Vb. 268.
Barmen. Die Vereine „Antonius" (172 Mitgl.), „Erholung" (151 Mitgl.), „Casino" (85 Mitgl.), Gesellenverein (150 Mitgl.). K. Vlz. 333.
Bauerwitz (Schlesien). Katholischer Verein. G. 263.
Beelen. Pfarrer und 8 Bürger. K. Vlz. 335.
Beilngriß (Bayern). Anzahl kath. Männer. G. 271.
Bendorf. 180 Bürger. G. 269.
Bensheim (Mainz). Das kath. Casino mit 70 Mitgliedern. M. A. 280.

---

1) G. = Germania. K Vlz. = Kölnische Volkszeitung. M. A. = Mainzer Abendblatt. M. Vb. = Münchener Volksbote.

Berghausen. Die Gemeindeverwaltung. G. 272.
Berlin. Der gesellige Sebastians=Verein. G. 255.
Berlin. Der St. Eduard= (Meister=) Verein. 48 Unterschriften. G. 255.
Berlin. Die 801 Mitglieder des Piusvereins. G. 270.
Berlin. Der Bonifaciusverein. 164 Unterschriften. G. 253. 259.
Berlin. Die Akademie des kath. Gesellenvereins. G. 259.
Berlin. 346 Bürger. G. 265.
Berlin. Die „Freitags=Gesellschaft." G. 270.
Bernkastel. Der Gesellenverein von 50 Mitgliedern. G. 268.
Beuthen (Ober=Schlesien). Das kath. Bürgercasino mit 255 Mitgliedern. G. 265.
Bieber (Diöc. Mainz). Das kath. Casino mit 52 Mitgliedern. M. A. 280.
Blankenstein. Der kath. Leseverein. K. Blz. 345.
Bochum. Der Bergmannsverein (306 Mitgl.), die Junggesellensodalität (322 Sodalen), der Gesellenverein (274 Mitgl.). K. Blz. 335.
Boperungen (Kr. Hörter). Im Namen der Gemeinde: der Kirchenvorstand, der St. Vincenzverein, die marianische Sodalität. G. 273.
Boppard. 81 Männer. G. 283.
Borghorst. Im Namen der Pfarrgemeinde: die Pfarrgeistlichen und der Kirchenvorstand. G. 268.
Borken. 517 kath. Bürger. G. 268.
Braunsberg. Der kath. Volksverein. G. 259.
Breitenbrunn, Buch, Erggershofen, Kemnathen, Langenthorhausen, Premerzhofen. Die Gemeindeverwaltungen. G. 272. 2. B.
Breitenstein (bei Deutsch=Crone). 71 Männer. G. 278.
Brilon. 62 notable kath. Bürger. G. 279.
Burg a. d. Wupper. 120 katholische Männer. K. Blz. 345.

Burgwaldniel. Im Namen der ganzen Gemeinde Mömken, Pfr. K. Blz.

Calbe a. S. Im Namen der ganzen Gemeinde: der Kirchenvorstand. K. Blz. 341.

Calbeck und Capellen. Mitglieder des Gemeinderathes. G. 270.

Charlottenburg. 41 kath. Männer. G. 268.

Castel (Diöc. Mainz). Das kath. Casino mit 30 Mitgliedern. M. A. 280.

Cleve. 185 kath. Männer. G. 260.

Coblenz. Der kath. Leseverein und 450 Coblenzer Bürger. G. 266.

Cochem. Der kath. Leseverein. G. 269.

Conitz. Die Gemeinde. G. 279.

Cronberg (Nassau). Das kath. Casino. K. Blz. 325.

Crossen a. O. Der Vincentiusverein. G. 266.

St. Damerau (Westpreußen). Der kath. Volksverein. G. 273.

Danzig. Das kath. Casino „Unitas". G 270.

Darshofen (Diöc. Eichstädt). Die Gemeinde-Vertretung. G. 271.

Daßwang. Der Pfarrer und die Gemeindeverwaltung. G. 271.

Deggendorf (Bayern). Der Piusverein von 425 Mitgliedern. G. 266.

Delbrück. 135 kath. Männer. G. 282.

Delitzsch. Im Namen der Pfarrgemeinde: der Pfarrer. G. 269.

Demdorf, Glaubendorf, Preppach, Wappenhof (Oberpfalz, Bayern). Die Bürgermeister. G. 268.

Dettelbach. Das kath. Casino von 320 Mitgliedern. G. 266.

Dieburg (Diöc. Mainz). Das kath. Casino mit 160 Mitgliedern. M. A. 280.

Dietfurt (Oberpfalz). 171 kath. Männer. G. 227.

Dietkirchen a. d. Lahn. Im Namen der Pfarrgemeinde: der Kirchenvorstand. K. Blz. 311.

Dirschau. Im Namen der kath. Pfarrgemeinde: der

Kirchenvorstand; des Gesellenvereins: der Vorstand; der Gemeinde: gewählte Repräsentanten. G. 280.

Dorsten. Die 56 Mitglieder der „Eintracht." K. Vlz. 317.

Drolshagen. Im Namen von 3300 Pfarrkindern: die Geistlichkeit; der Vincenzverein von 282 Mitgliedern, die Jünglingssodalität von 70 Mitgliedern. K. Vlz. 343.

Dülmen. Eine Anzahl Geistliche und Laien. G. 253.

Düsseldorf. Die 621 Mitglieder des christlich-socialen Vereins. K. Vlz. 317.

Ehrenfeld. 266 kath. Männer. K. Vlz. 345.

Eilenburg. Als Vertreter der Gemeinde: der Kirchenvorstand. G. 264.

Elberfeld. Die Vereine: Parlament (387 Mitgl.), Bürgergesellschaft (182 Mitgl.), Antonius (305 Mitgl.), Meisterverein (84 Mitgl.), Gesellenverein (342 Mitgl.), St. Josephsverein (322 Mitgl.). G. 268.

Elbing. Eine Katholikenversammlung. G. 271.

Ellingen. Das kath. Casino (100 Mitgl.) und die marianische Congregation. G. 274.

Ellwangen. Der Piusverein. G. 274.

Emmerich. Katholischer Leseverein. G. 259.

Engers. 222 kath. Männer. K. Vlz. 324.

Ensdorf (Kr. Saarlouis). Pfarrer und kath. Männer. G. 283.

Enslwang. Der Gemeinde-Ausschuß. G. 280.

Erfurt. Das kath. Casino mit 120 Mitgliedern. K. Vlz. 322.

Erfurt. Der kath. Gesellenverein mit 103 Mitgl. G. 267.

Erfurt. Im Namen der Pfarrgemeinde: der Pfarrer. G. 262.

Erfurt. Im Namen der Pfarrgemeinde zu St. Nicolaus: der Pfarrer. G. 262.

Erfurt. Der kath. Vorschuß- und Sparkassenverein. (78 Mitglieder). G. 267.

Essen. Die Männersodalität (1000 Mitglieder). K. Vlz. 330. I.

Euskirchen. Die Pfarrgeistlichen, Congregationen und der Gesellenverein. K. Vlz. 347.

Frankfurt a. M. Kath. Männerverein (170 Mitglieder). K. Vlz. 319.

Frankfurt a. O. Die Mitglieder des Vincentius-, Bonifacius-, Michaels- und Gesellenvereins. G. 265.

Frauenburg. 80 kath. Männer. G. 269.

Freiburg i. Br. Die Gesellschaft „Constantia" von 250 Männern. G. 265.

Freiburg i. Br. Der kath. Bürgerverein mit 200 Mitgliedern. G. 271.

Freising. Das kath. Casino (300 Mitglieder). M. Vb. 266.

Freising. Der kath. Gesellenverein (30 Mitglieder). G. 268.

Freren (bei Lingen). Die kath. Bezirksvereinigung der Niedergrafschaft Lingen. G. 269.

Fuchsstadt (Unterfranken). Im Namen sämmtlicher Einwohner: der Bürgermeister. M. Vb. 277.

Fulda. Die Männersodalität (312 Mitglieder). K. Vlz. 316.

Fulda. Der kath. Meisterverein. G. 269.

Fulda. Die kath. Männer-Gesellschaft. G. 266.

Fürstenfeldbruck. Der kath. Gesellenverein (40 Mitgl.). G. 264.

Gebenbach (Oberpfalz). Im Namen der Gemeinde: die Gemeindeverwaltung. G. 270.

Geldern. 86 Notable und Bürger der Stadt Geldern. G. 270. Der Clerus des Dekanates (74 Priester). K. Vlz. 346.

Gernsheim (Diöc. Mainz). Das kath. Casino (81 Mitglieder). M. A. 280.

Gimborn. Der St. Johannesverein und andere kath. Männer. G. 267.

Glogau. Das kath. Casino. G. 265.

Geiselwind (Bayern). Im Namen der Pfarrgemeinde, ca. 1300 Seelen: der Pfarrer. G. 283.

Gescher (Westphalen). Der kath. Verein Eintracht (53 Mitglieder). G. 282.

Grafing. Die Gemeinde. G. 164.

Grafing. Der kath. Gesellenverein (35 Mitglieder). G. 264.

Groß-Carlowitz. Die Pfarrgeistlichkeit. G. 285.

Groß-Köllen (Ermland). 1690 kath. Männer. G. 282.

Godesberg. 615 kath. Bürger. K. Vlz. 346.

Gräfrath. Der St. Joseph- und St. Catharinenverein (168 Mitglieder). K. Vlz. 344.

Grottkau. Das kath. Casino. G. 279.

Haag (Oberpfalz). Die Gemeindeverwaltung. G. 270.

Haag. Der kath. Gesellenverein (30 Mitgl.) G. 268.

Habelschwerdt. Eine Anzahl kath. Männer. G. 283.

Hagen. Der kath. Volksverein (150 Mitgl.) und der kath. Gesellenverein (100 Mitgl.). G. 273.

Hagen. Die Geistlichkeit des Dekanates Hagen. G. 273.

Hahnbach. 145 kath. Männer. G. 267.

Hamm. 900 kath. Männer. K. Vlz. 342.

Hammelburg (Bayern). Der kath. Bürgerverein. G. 278.

Hannover. 620 kath. Männer der St. Clemens-Gemeinde, resp. des Vincenz- und Gesellenvereins, des Casino Constantia. G. 260.

Happertshausen (Unterfranken). Im Namen sämmtlicher Einwohner: der Bürgermeister. M. Wb. 277.

Haspe. Der kath. Männerverein Constantia (84 Mitglieder). 230 kath. Männer. K. Vlz. 333.

Haßfurt. Das kath. Casino (130 Mitgl.). G. 265.

Hausen, Garsdorf, Winkel. Im Namen der 3 Gemeinden: die 3 Gemeindeverwaltungen. G. 280.

Hechingen. Sämmtliche Geistliche des Capitels. G. 283.

Hechingen. M. Lehmann, Chorregens. G. 278.

Hedersleben. Die 54 Mitglieder des christlich-socialen Vereins. G. 270.

Heidelberg. Die Gesammtgeistlichkeit des Landcapitels. G. 286.

Heidelberg. Das kath. Casino. G. 278.

Heiligenstadt. Die Constantiagesellschaft. K. Blz. 311.

Hernsheim (Diöc. Mainz). Das kath. Casino (120 Mitgl.). M. A. 280.

Hildesheim, Diöcese. 8000 Männer aus 65 Pfarreien. G. 271.

Hirschau. Der katholische Gesellenverein und zahlreiche Bürger. G. 267.

Hohengandern (Eichsfeld). Rheinländer, Pfarrer. G. 278.

Hohenkemmath (Oberpfalz). Die Gemeindeverwaltung. G. 270.

Hommersum. 74 kath. Männer. K. Blz. 323.

Hopsten (Kr. Tecklenburg). Der Katholikenverein. G. 269.

Hörmannsdorf (Diöc. Eichstädt). Die Pfarrei von 500 Seelen. G. 270.

Hörter. Zahlreiche Versammlung kath. Männer. G. 270.

Ingolstadt. Das kath. Casino (150 Mitglieder). M. Bb. 264.

Iserlohn. Im Namen der Gemeinde: Schröder, Pfarrer. G. 271.

Karlsruhe. Männerverein Constantia. G. 271.

Kattowitz. Der kath. Volksverein (216 Mitglieder). G. 280.

Kempten. Der kath. Gesellenverein. G. 273.

Kevelaer. Der Gemeinderath. G. 270.

Klein-Strehlitz (Schlesien). Die Geistlichkeit des Archipresbyterates Klein-Strelitz. G. 274.

Kleinwallstadt, Roßbach, Hausen. Die Bürgermeister. G. 286.

Königshofen, Dekanat. Die Geistlichkeit des Dekanates. G. 266.

Königshütte. Die kath. Vereine. (700 Mitglieder). G. 264.

Kunzendorf. 14 Pfarrer und Capläne. G. 262.
Landshut. Das kath. Casino (280 Mitgl.) G. 265.
Langenpettenbach, Westerholzhausen (Oberbayern): Der Pfarrer und die Gemeindeverwaltungen. G. 268.
Langensalza. Im Namen der Pfarrgemeinde: Mueß, Pfarrer. G. 273.
Leer. Der Kirchenvorstand. G. 273.
Leipzig. Kath. Casino (83 Männer). G. 259.
Lennep. Die Bonaventura-Bruderschaft (123 Mitgl.), der kath. Gesellenverein und der Gesangverein Eintracht. K. Vlz. 332.
Leobschütz. Der kath. Gesellenverein (145 wirkliche, 102 Ehrenmitglieder. G. 283.
Letmathe. Der Piusverein (67 Mitgl.). G. 263.
Lindau (Diöc. Hildesheim). 120 kath. Männer und Gemeinderath. G. 269.
Linnig. Die Junggesellencongregation. K. Vlz. 341.
Lintach (Amberg). 34 kath. Männer. G. 270.
Lippspringe. 73 kath. Männer. G. 282.
Lohmar. Das kath. Casino (25 Mitgl.). K. Vlz. 330.
Lorsch (Diöc. Mainz). Das kath. Casino (180 Mitglieder). M. A. 280.
Magdeburg. Der St. Norbertus-, Vincenz- und Gesellenverein. G. 287.
Mainz. Die Congregationen der Bürger (250 Mitglieder), der Junggesellen (132 Mitgl.), der Kaufleute (60 Mitgl.). K. Vlz. 342.
Marienburg. Der Piusverein. G. 272.
Marl. Die Pfarrgemeinde. K. Vlz. 322.
Mayen. 502 Bürger aus allen Ständen. K. Vlz. 332.
Mechenhard (Bayern). Der Gemeinde-Ausschuß. G. 274.
Merseburg. Die kath. Gemeinde. G. 271.
Miesbach. Das kath. Casino (210 Mitgl.). G. 266.
Modschiedel (Oberfranken). Die Pfarrei. M. Vb. 276.
Mohrenhausen (Bayern). Der kath. Männerverein. M. Vb. 284.

Mönchberg (Bayern). 13 kath. Männer. G. 274.

Mönchmotschelnitz (Schlesien). Die Gemeinde. G. 267.

Montabaur. Der kath. Bürgerverein (über 100 Mitglieder). G. 270.

Moosburg. Der kath. Gesellenverein (25 Mitgl. 61 Ehrenmitglieder). G, 264.

Moosburg. Kath. Casino (143 Mitgl.). G. 264.

Much. Die Pfarrgemeinde. K. Blz. 325.

Mühlheim a. Rh. Der Piusverein (300 Mitgl.). K. Blz. 317.

Mulfingen (Würtemberg). Die Piusvereine zu Jagstberg, Mulfingen, Simprechtshausen und Zaisenhausen. G. 287.

München-Giesing. Der kath. Männerverein.

München. Kath. Casino der Maxvorstadt (98 Mitglieder). G. 261.

München. Kath. Volksverein der St. Annavorstadt. (160 Mitgl.). G. 261.

München. Kath. Casino (348 Mitgl.). G. 259.

München. Casino der Vorstadt Giesing (190 Mitgl.) G. 261.

München. Kath. Bürgercasino zum blauen Bock (410 Mitgl.). G. 264.

München. Kath. Gesellschaft Union der Vorstadt Au. G. 264.

München. Das kath. Casino zu Haidhausen (497 Mitgl.). G. 264.

München. Kath. Volksverein. G. 266.

München. Der kath. Gesellenverein der Vorstadt Au (140 Mitgl.). G. 266.

Münster (Diöc. Mainz). Das kath. Casino (387 Mitgl.). M. A. 280.

Münstereifel. 356 Bürger aus allen Ständen. K. Blz. 337.

Neheim. 36 kath. Männer. K. Blz. 325.

Neresheim, (Würtemberg). Neresheim, Auernheim, Großkuchen 2c. Mettenleiter. G. 286.

Neuburg a. d. Donau. Das kath. Casino 110 Mitgl. G. 266.

Neumarkt (Oberpfalz). Das kath. Casino 130 Mitgl. G. 267.

Neunkirchen. 63 Katholiken. G. 273.

Neunkirchen. Die kath. Pfarrei. G. 269.

Neusalz a. O. Die Pfarrgemeinde. Der Gesellenverein. G. 255.

Neustadt (O. S.). Volksverein 135 Mitgl. G. 272.

Neuß. Die Vereine: Constantia (137 Mitgl.), Pius IX. (490 Mitgl.), Männersodalität (480 Mitgl.), Jünglingssodalität (400 Mitgl.), Vincenz-Verein, Matthias-Bruderschaft, Rosenkranz-Bruderschaft, Franz-Xaverius-Verein, kath. Leseverein.

Niedermendig. (Andernach und 25 Landgemeinden am Laacher See.) 3063 Männer und Jünglinge. K. Blz. 341.

Niederrad bei Frankfurt. Das katholische Casino Fortschritt. K. Blz. 319.

Niederwenigern. Der Antonius-Knappen-Verein (300 Mitgl.) und 5000 Insassen der Pfarrei. G. 282.

Nieheim (Kr. Höxter). 29 kath. Männer des St. Joseph-Verein. G. 282.

Nordhausen. Der kath. Männerverein. G. 256.

Oberaudorf. Der kath. Gesellenverein (80 Mitgl.) G. 264.

Oberhausen a. d. Ruhr. Der kath. Bürgerverein. G. 255.

Ochsenfurter Gau (bei Würzburg). 6 der größten Ortschaften. Freiherr von Hutten. G. 266.

Oesdorf (Rgbz. Mind.) Die Pfarrangehörigen. G. 272.

Oestinghausen. 110 kath. Männer. G. 284.

Odenkirchen. Kirchen- und Schulvorstand. G. 256.

Olpe. 600 kath. Bürger. G. 169.

Oschersleben. Der kath. Männerverein (143 Mitgl.) G. 255.

Osnabrück. Der Piusverein (344 Mitgl.). G. 268.

Osnabrück. Der Gesellenverein (165 Mitgl.) G. 268.

Ostinghausen. Der Kirchen- und Gemeindevorstand. K. Blz. 344.

Otzberg (D. Mainz). Das Casino (ca. 100 Mitgl.) M. A. 280.

Parsberg (Oberpfalz). Der Gemeinde-Ausschuß. G. 267.

Pfaffenhofen. Kath. Casino (41 Mitglieder) G. 261.

Pflaumheim (Baiern). Das katholische Casino. G. 284.

Pfreimd (Baiern). Im Namen der Gemeinde: Pfarrer und Bürgermeister. M. Wb. 265.

Potsdam. Die kath. Vereine. G. 264.

Rees. 710 Pfarrinsassen. G. 278.

Regensburg. Kath. Casino. (742 Mitgl.). G. 258.

Reichenbach. Kath. Volksverein. G. 259.

Reichenhall. Der kath. Gesellenverein (36 Mitgl.). G. 264.

Remagen, Linz, Sinzig und Unkel. Der Katholikenverein. G. 279.

Reuth und Röthenbach (Bayern). Im Namen der Gemeinden: der Bürgermeister. G. 272.

Rheinbach. Der kath. Bürgerverein (66 Mitgl.) und 68 andere Bürger. K. Blz. 322.

Rixdorf. Der Vincenz-Verein. G. 285.

Röllbach (Bayern). Der Gemeinde-Ausschuß. G. 274.

Römershagen. Die Pfarrgemeinde. G. 285.

Rössel. Der kath. Bürgerverein. G. 278.

Rosenheim. Das kath. Casino (227 Mitglieder). G. 261.

Rosenheim. Der kath. Gesellenverein (73 Mitgl.). G. 265.

Rüdesheim. Die Geistlichen des Dekanates. K. Blz. 332.

Saarlouis. 230 kath. Männer. K. Blz. 342.

Sayn. Die Pfarrer und die Sendschöffen. Der kath. Männerverein (50 Mitgl.). K. Blz. 322.

Schirmitz (Oberpfalz) mit den Filialen Bechtsrieth, Trebsau, Pirk mit Pirkmühl und Ziegelhütte, Bischldorf. 190 kath. Männer. G. 269.

Schmachtenberg (Bayern). Der Gemeinde-Ausschuß. G. 274.

Schmallenberg. Die Jünglingssodalität. G. 283.

Schonungen. Der kath. Verein Union (223 Mitglieder). M. Wb. 282.

Schrotz bei Deutsch-Crona. Tuszinski, Probst und Domherr im Namen der ganzen Pfarrgemeinde. G. 253.

Schwandorf. Das kath. Casino und der Gesellenverein. G. 286.

Schweidnitz. Das kath. Casino (58 Mitglieder). G. 282.

Schwerin a. W. Im Namen der ganzen Pfarrgemeinde: Fawelke, Probst. G. 258.

Schwerte. Der Joseph- und Cäcilienverein. K. Vlz. 335.

Seichitz und Landsberg (Ober-Schlesien). 20 kath. Männer. G. 278.

Seligenstadt (Diöc. Mainz). Das kath. Casino (30 Mitglieder). M. A. 280.

Seubersdorf, Eichenhofen, Krappenhofen, Wittmannsdorf (Oberpfalz). Für 185 Männer. Der Bürgermeister. G. 270.

Sigmaringen. 36 angesehene kath. Männer. K. Vlz. 320.

Sobernheim (Diöc. Trier). Die Geistlichkeit des Dekanates. K. Vlz. 317.

Soegel, Waldhöfe, Werpelich, Spahn, Wippingen, Eusten. Die Vorsteher. G. 282.

Soest. 569 kath. Bürger der St. Patrocli-Gemeinde. K. Vlz. 346.

Sonnbörn. Der kath. Gesellenverein (64 Mitgl.). G. 285.

Spandau. 61 Bürger. Der kath. Gesellenverein (55 Mitglieder). Der Vincenz-Verein. G. 273.

Steele. Die Männer-Sodalität, der Bergmannsverein, der Josephverein (550 Mitgl.). G. 286.

Steinheim. 17 kath. Männer. G. 274.

Stolberg. Der kath. Volksverein (250 Mitglieder). K. Vlz. 325.

Straelen (Geldern). Die marianische Congregation. G. 270

Stralsund. Kirchen- und Schulvorstand. G. 273.

Streimb. Leuchtenberg (Bayern). Der Clerus des Dekanates Leuchtenberg. G. 266.

Stremt. Im Namen seiner Gemeinde: Querin, Rector. K. Vlz. 315.

Stuttgart. Das kath. Casino. G. 264.

Süchteln. Der kath. Leseverein (87 Mitglieder). K. Vlz. 322.

Täging und Ottmaring (Oberpfalz). 110 kath. Männer. G. 272.

Tegernsee. Das kath. Casino. G. 287.

Theuern. Im Namen seiner Gemeinde: Rußwurm, Pfr. und Landtagsabgeordneter. G. 268.

Tölz. Der Clerus des Dekanates. G. 268.

Tölz. Der kath. Gesellenverein (25 Mitgl.). G. 268.

Thüle und Scharmede. 228 kath. Männer. Friedrich, Freiherr v. Ketteler. G. 267.

Thurn und Heroldsbach (Oberfranken). Das kath. Casino (85 Mitgl.). G. 278.

Trennfurt (Bayern). Der Gemeindevorst. G. 285.

Twisteden. Der Gemeinderath. G. 270.

Uerdingen. Der kath. Bürgerverein. (100 Mitglieder).

Urberach (Diöc. Mainz). Das kath. Casino (92 Mitglieder). M. A. 280.

Ursenfollen. Die Gemeindeverwaltung. G. 267.

Velburg (Oberpfalz). Das kath. Casino. G. 269.

Verne (Salzkotten). Pfarrer und Gemeindevorsteher. G. 279.

Vilshofen. Der kath. Volksverein (über 400 Mitglieder). G. 261.

Volkmarsen. Im Namen der Gemeinde und Geistlichkeit: Kreisler, Pfr. G. 279.

Wald bei Solingen. Der kath. Bürgerverein Constantia (40 Mitgl.). G. 266.

Warburg. 34 kath. Männer. K. Blz. 313.

Wartha. Der kath. Volksverein der Kreise Frankenstein-Münsterberg. Das Casino zu Frankenstein (70 Mitgl.) Der Gesellenverein (50 Mitgl.). G. 270.

Wasserburg. Casino (220 Mitglieder). M. Vb. 272.

Wasserlos (Bayern). Kath. Leseverein. G. 274.

Wattenscheidt. Der Bergknappen-Verein (300 Mitgl.). Der Piusverein (85 Mitgl.). G. 286.

Wenze und Wissen. Mitglieder des Gemeinderathes. G. 270.

Weichs (Oberbayern). Die Pfarrei. G. 268.

Weilheim (Hohenzollern). 150 kath. Männer. G. 283.

Weißenfels. Der kath. Männerverein. G. 284.

Werden a. Ruhr. Katholikenversammlung (über 700 Männer). K. Blz. 324.

Werl. Im Namen der Pfarrgemeinde: Alterauge, Pfarrer. G. 266.

Wetten. Der Gemeinderath. G. 270.

Wettringen (Unterfranken). Im Namen der Gemeinde: der Bürgermeister. M. Vb. 277.

Wiedenbrück. 500 Männer. G. 285.

Wittichenau. Im Namen von 4000 Pfarrkindern: Schneider, Pfr. G. 270.

Wolfrathshausen. Im Namen der Gemeinde: Aman, Dekan. Der Gesellenverein (20 Mitgl.) G. 271.

Wormditt. 282 Bürger. G. 271.

Würzburg. Der kath. Bürgerverein. M. Vb. 281.

Zakrzewo (Diöc. Culm). Im Namen der Pfarrei: Klawitter, Pfr. G. 270.

Zant (Oberpfalz). Im Namen der Gemeinde: Die Gemeindeverwaltung. G. 270.

Zeil. Der katholische Bürgerverein. G. 272.

Zornebing, Pöring, Eglharting (Oberbayern). Der Pfarrer und die Bürgermeister. M. Vb. 270.

Zültz (Ober-Schlesien). Dekanats-Geistlichkeit. G. 278.

III.
Aufklärung über verschiedene Punkte.

1. Geist und Zweck der Gesellschaft Jesu.

Will man den Geist und den Zweck der „Gesellschaft Jesu" kennen lernen und richtig beurtheilen, so darf man nicht Parteischriftsteller befragen, sondern muß die Regeln[1]) des Instituts selbst ansehen und studiren, und die Aussprüche Derer berücksichtigen, welche die Sache zu prüfen, zu überwachen und zu leiten haben.

Die Gesetze des Ordens finden sich in dem Werke: Institutum Societatis Jesu, wovon im Jahre 1757 eine amtliche Ausgabe in zwei Bänden in Prag erschien, die in jeder guten Bibliothek anzutreffen ist.

Der erste Band umfaßt:
1. Auf S. 5—281 die 91 Bullen, welche die Päpste von der Stiftung der Gesellschaft bis zum Jahr 1757 ihr verliehen haben.
2. Von S. 261—337 das Compendium Privilegiorum.
3. Von S. 337—449. Examen et Constitutiones Societatis Jesu cum Declarationibus.
4. Von S. 449—697. Die Decrete der 18 Generalcongregationen, deren letzte im Jahr 1757 gehalten worden.
5. Von S. 697—732. Die Canones Congregationum.

Der zweite Band enthält:
1. Von S. 1—9 die Censurae et Praecepta hominibus Societatis imposita.
2. Von S. 9—70 die Formulae Congregationum.

---

1) Die Regeln der Gesellschaft Jesu sind in deutscher Uebersetzung erschienen: Münster bei Aschendorf. 1856. 126 Seiten. Sie finden sich nebst den Anweisungen für die einzelnen Aemter im Institutum ad Prag. 1757. Tom. II, p. 70—78; 114—116; 153—166.

3. Von S. 70—159 das Summarium earum Constitutionum, quae ad spiritualem Nostrorum institutionem pertinent et ab omnibus observaudae sunt.
4. Von S. 169—238 die Ratio atque institutio studiorum Societatis Jesu.
5. Von S. 238—286 die Ordinationes Praepositorum generalium.
6. Von S. 289—303 die Instructio R. P. Claudii Aquavivae, Soc. Jesu Praepositi gen. pro Superioribus ad augendum conservandumque spiritum in Societate.
7. Von S. 303—346 stehen die Instructiones ad Provinciales et Superiores Societatis.
8. Von S. 346—384 stehen R. P. Claudii Aquavivae Industriae ad curandos animae morbos.
9. Von S. 384—431 Exercitia spiritualia S. P. Ignatii Lojolae und
10. Von S. 431—471 das Directorium in exercitia spiritualia.

Ein Index generalis in omnes partes Instituti Societatis Jesu schließt das Werk¹).

Mit kurzen aber präcisen Worten spricht sich über

---

1) Wer zu solch gründlichem Studium nicht Lust und Zeit hat, findet Belehrung und Aufschluß 1) bei Buß — die Gesellschaft Jesu, ihr Zweck, ihre Satzungen, Geschichte, Aufgabe und Stellung in der Gegenwart. Mainz 1853 bei Kunze, und 2) bei Ravignan: de l'existence et de l'institut des Jesuites. Septieme édition. Paris, Ulien, Lanier etc. 1855. Deutsche Uebersetzung hievon: Die Jesuiten, wie sie sind und wirken. Aachen bei Cremer. 1844. 148 Seiten, und Schaffhausen bei Hurster. 1844. 114 Seiten.

Weil die authentischen Regeln nichts enthalten, was den Jesuiten zum Vorwurf gemacht werden könnte, so wurde von unbekannten Gegnern die „Monita secreta" verfaßt. Ueber sie bemerkt die Real-Encyclopädie für protest. Theologie von Herzog. 1846. B. VI, S. 531: „Die Monita privata S. J. sowie die Ueberarbeitung derselben: Monita secreta (die ersteren Krakau 1612) sind keine Ordensschrift, sondern eine Satyre." Vergl. darüber die kleine Schrift (48 S.): Die Geheimen Verordnungen der Gesellschaft Jesu — ein Schandbenkmal, welches die Feinde der Jesuiten sich selbst wiederholt errichtet haben. Von einem kath. Laien. Paderborn 1853.

"Geist und Zweck der Gesellschaft Jesu" Papst Paul III. schon in der ersten Bestätigungsbulle vom 17. Sept. 1540 aus, worin zugleich die Grundzüge der Ordensverfassung vorgezeichnet sind. Es heißt darin wörtlich: „Die Gesellschaft ist hauptsächlich dazu gestiftet, daß sie vorzüglich die Förderung der Seelen im christlichen Leben und Glauben, und die Verbreitung des Glaubens durch öffentliche Predigten, und den Dienst des Wortes Gottes, durch geistliche Uebungen und Werke der Liebe und namentlich durch Unterweisung der Knaben und Unwissenden im Christenthum und die geistige Tröstung der Christgläubigen im Beichthören[1]."

Ebenso liest es jeder Novize in seinem Regelbüchlein, worin es gleich im Anfange heißt: „Der Zweck dieser Gesellschaft ist, nicht allein dem Heile und der Vervollkommnung der eigenen Seele mit der göttlichen Gnade obzuliegen, sondern auch mit deren Beistand dem Seelenheile und der Vervollkommnung des Nächsten mit allem Eifer sich hinzugeben[2]." Hierauf zielen alle einzelnen Regeln und Vorschriften ab.

Das allgemeine Concil von Trient nennt in seiner 25. Sitzung vom 4. December 1563 die Gesellschaft ein „frommes, vom h. apostolischen Stuhle gebilligtes Institut — pium Institutum a sancta sede approbatum[3],“ und die Päpste[4], beharren in der Belobung der Jesuiten sowohl vor als nach der Aufhebung des Ordens (1773).

---

[1] „Societas ad hoc potissimum instituta est, ut ad profectum animarum in vita et doctrina christiana, ad fidei propagationem per publicas praedicationes et verbi dei ministerium, spiritualia exercitia et charitatis opera, et nominatim per puerorum ac rudium in Christianismo institutionem ac Christi fidelium in confessionibus audiendis spiritualem consolationem praecipue intendat." Siehe in dem Institutum Societatis Jesu. Pragae. 1757. Vol. I, p. 6.
[2] Regeln. S. 2. Summarium p. 70. n. 2.
[3] Sess. XXV. de Regular. cap. 16.
[4] Man findet diese päpstlichen Aussprüche nebst vielen andern Zeugnissen in dem Büchlein: Historischer Ehrentempel der Gesellschaft Jesu. Wien 1841 bei Wimmer, und in dem andern: Anklagen gegen die Gesellschaft Jesu von Patiß. Wien. 1867. v. S. 6—25.

Noch 1764 sagt Papst Clemens XIII.: „Wir erklären durch unsere gegenwärtige Bulle, daß das Institut der Gesellschaft Jesu im höchsten Grade Frömmigkeit und Heiligkeit athme, sowohl im Hauptzwecke, den sie fortwährend im Auge hat, und der kein anderer ist, als die Vertheidigung und Ausbreitung der kath. Religion, als auch in den Mitteln, deren sie sich zur Erreichung dieses Zweckes bedient [1]." Schon im Jahre 1783 sprach wieder Papst Pius VI. bezüglich der in Rußland wirkenden Jesuiten die Approbation der Gesellschaft aus [2], und Pius VII. stellte am 7. Aug. 1814 „weil die katholische Welt es verlangte," den Orden für die ganze Kirche wieder her [3]."

Und seit dieser Zeit haben sich, wie Pius IX. ausdrücklich sagt, die Väter der Gesellschaft durch ihre Thätigkeit und ihren Eifer häufiges und reichliches Lob, wie von ihm selbst so von seinen Vorgängern auf dem apostolischen Stuhle verdient [4].

Wer kann leugnen, daß die Katholiken auf Grund des Urtheils eines allgemeinen Concils und fast aller Päpste vollkommen berechtigt sind, dieses Institut zu verehren und hochzuhalten, und es übel zu empfinden, wenn Andere — ohne Nachweis einer Schuld — dasselbe herabwürdigen und verfolgen?

2. Die Fehler der Jesuiten.

Es soll nicht geleugnet werden, daß in der Gesellschaft Jesu Fehler vorgekommen sind; doch jedenfalls sind die Jesuiten, welche jetzt in Deutschland leben und wirken, daran so unschuldig, wie wir anderen Deutschen. Ver-

---

[1] In der Bulle: Apostolicum in Bullar. Rom. contin. Romae 1838. T. III. pag. 39.

[2] Vergl. Cretineau Joly, Geschichte der Gesellschaft Jesu. Wien. 1848. Band 5. S. 569.

[3] Durch die Bulle: Sollicitudo omnium Ecclesiarum etc. in Bullar. Tom. XIII. ed. Rom. 1847. pag. 323.

[4] „Crebras et amplissimas a decessoribus nostris promeruerunt laudes." Breve vom 2. März 1871 (im Katholik. Jahrg. 1871. Band I. S. 487).

nehmen wir hierüber einen Mann, der jetzt bei den Geg=
nern der Jesuiten eine so hohe Geltung hat, wie früher
bei den Katholiken.

Dr. Döllinger schreibt¹):

„Da der Orden alle anderen Corporationen weit an
Thätigkeit übertraf, da er in die verschiedensten Verhältnisse
mehr oder weniger eingriff, auf alle Klassen der bürger=
lichen Gesellschaft, auf jedes Alter und Geschlecht wirkte,
da die Mitglieder desselben in den mannigfaltigsten Zwei=
gen christlicher Thätigkeit als Erzieher, Missionäre, Pre=
diger, Seelsorger, Gelehrte, als Beichtväter der Großen,
Vorsteher von Congregationen arbeiteten — so war auch
die Gefahr der Verirrung größer und unvermeidlicher als
bei jeder anderen Corporation. Es konnte nicht fehlen,
daß nicht Einzelne, auch Obere, zuweilen in ihrem Eifer
für das erkannte Wahre und Gute zu weit gingen, sich
in der Wahl der Mittel vergriffen, ihren Einfluß miß=
brauchten, sich im Gefühle ihrer Verdienste überhoben.
Man hat es den Jesuiten wohl nicht ganz mit Unrecht
vorgeworfen, daß sie zuweilen die Rechte anderer Orden
verletzten und in ihren Wirkungskreis störend eingriffen;
daß sie in ihrem Kampfe mit dem Protestantismus und
ihren Bemühungen für die Ausbreitung der kath. Religion
sich nicht immer innerhalb der nothwendigen Schranken
hielten, daß sie im Streite mit theologischen Parteien, be=
sonders der Jansenisten, zu sehr selber zur bloßen Partei
wurden und unlautere Parteikämpfe nicht immer verschmäh=
ten, daß sie, gegen den Geist ihrer Verfassung und den
Buchstaben ihrer Gesetze, sich hie und da zu tief in welt=
liche Dinge und politische Angelegenheiten einmischten.
Man kann noch hinzusetzen, daß sie als Beichtväter der
Fürsten wohl mitunter nicht gewissenhaft genug und zu
nachsichtig gegen die Vergehen derselben waren — ein
Ambrosius und Chrysostomus würden wohl bei einem
Heinrich III., Heinrich IV., Ludwig XIV. in der Stelle,

---

¹) Handbuch der Kirchengeschichte von Hortig, fortgesetzt von
Döllinger. Zweiter Band, zweite Abth. S. 736.

welche Auger, Coton, Le Tellier bekleideten, nicht lange
geblieben sein; — daß ihre Schulen in einigen Ländern
zu wenig für die wissenschaftliche Bildung der Jugend
leisteten; daß die Censur, welche sie über die Schriften
ihrer Ordensbrüder ausübten, bei den Werken eines
Berruyer, Escobar, Tamburini hätte strenger sein sollen,
daß endlich in den von ihnen eingeführten und begünstig=
ten Andachtsübungen nicht immer der ächte Geist des
Katholicismus herrschte. Doch alle diese Mängel nebst
dem, daß sie **mehr Einzelnen als dem ganzen
Orden zur Last fielen**, erscheinen, wenn man sie mit
den großen kaum übersehbaren Verdiensten des Ordens
um Religion und Humanität zusammenhält, nach Verhält=
niß **geringe und wenig bedeutend**. Auch waren die
angedeuteten Gebrechen keineswegs die Ursachen ihres
Sturzes[1] wenigstens nicht die nächsten und wirksamsten."

Wir wiederholen übrigens: es handelt sich dermalen
nicht um jene Jesuiten, welche zu anderen Zeiten und in
anderen Ländern gelebt haben, sondern um die, welche
gegenwärtig[2] in Deutschland sind und unter den Augen
der geistlichen und weltlichen Obrigkeit wirken.

3. Das Urtheil eines unbefangenen Forschers.

D. Laurenz Hannibal Fischer, Großherzoglich
Oldenburgischer Geheimer Staatsrath, Ehrencomthur ꝛc. ꝛc.
schreibt[3]: „Ich scheue mich nicht, im vollem Bewußtsein, ein
guter Protestant zu sein, meine innigste Ueberzeugung dahin
auszusprechen:

---

1) Vergl. hierüber: Riffel, die Aufhebung des Jesuitenordens.
Eine Beleuchtung der alten und neuen Anklagen wider dieselben.
Dritte Auflage. 1855. Mainz bei Kirchheim. CXX. und 340 Seiten.

2) Was man gegen sie im Allgemeinen vorbringt, beleuchtet
auf 88 Seiten die Schrift: Die Anklagen gegen die Gesellschaft Jesu
von G. Patiß. Wien 1867.

3) In seiner Schrift: Aburtheilung der Jesuitensache aus dem
Gesichtspunkte der historischen Kritik, des positiven Rechts und des
gesunden Menschenverstandes. Leipzig. 1853. bei R. Hofmann. 120
Seiten. — Die obige Stelle findet sich S. 118 u. ff.

1) Der Jesuitenorden ist, abgesehen von jedem confessionellen Standpunkte, in seinem Princip eine der bewundernS= und achtungswürdigsten sittlichen Institutionen, der wir keine ähnliche an die Seite zu stellen vermögen. Eine Gesellschaft, welche der Idee, für die Ehre Gottes in der Erweckung der Glückseligkeit unter ihren Mitmenschen, — unter Entsagung aller irdischen Lebensgenüsse, der Befriedigung des Ehrgeizes, der persönlichen Willensfreiheit und der edelsten Freuden des Familienlebens, — selbst auf Gefahr des Lebens unermüdet wirksam zu sein, einzig und allein ihr Leben widmet, muß die Hochachtung selbst derjenigen verdienen, welche mit dem Wege, wie diese Förderung ächter Gottseligkeit zu erreichen sei, nach ihren confessionellen Ansichten nicht einverstanden sein können.

2) Insoferne nach den Grundsätzen ihrer Kirche der Begriff der Religiosität in dem des Katholicismus aufgeht, gibt eine Vergangenheit von 300 Jahren der Verbindung das Zeugniß, daß sie, als Corporation betrachtet, nie von ihrer ursprünglichen Verpflichtung abgewichen ist, wenn auch einzelne Glieder sich nicht probehaltig bewiesen haben und der menschlichen Gebrechlichkeit unterlegen sind. Aber alle aus der verfehlten Richtung Einzelner der Corporation aufgewälzten Vergehen erscheinen vor dem Richterstuhl der Geschichte als unbegründet.

3) Was das Auftreten der Congregation in der Gegenwart anlangt, so kann kein unbefangener Beobachter der Zeitereignisse verkennen, daß in der heutigen Tages sichtbaren Erkaltung des religiösen Sinns im Volke die Hauptquelle der Staatszerrüttung, die Empörung gegen alle Autorität im Staats=, Gemeinde= und selbst Familienleben zu suchen ist, daß daher jedes Mittel zur Erweckung und Stärkung der Religiosität und Pietät, von welcher confessionellen Seite es auch zur Anwendung kommt, die größte Unterstützung aller der Regierungen verdient, welche sich von dem Wahne frei halten, durch Beschränkung und Aufgabe eines Theils ihrer Regentengewalt ihre Autorität und dynastischen Berechtigungen retten zu können.

4) Indem in der Thätigkeit des Jesuitenordens ein solches

Mittel erkannt werden muß, welches vorzugsweise in seiner unmittelbaren Wirkung auf die Belebung der Religiosität in allen Staatsbürgerklassen den staatsgefährlichen Verlockungen der Umsturzpartei planstörend in den Weg tritt, ist es natürlich, daß dieses Wirken den ganzen Haß aller derjenigen auf sich laden wird, welche sich offen oder versteckt jener Partei zugewendet haben.

5) Daher finden sich auch die Hauptschreier gegen die Jesuiten unter den ersten Koriphäen der Revolution, denen sich noch eine Reihe Deorum minorum gentium, Deutsch=katholiken, Pamphletisten und dem Gothaismus fröhnender Zeitungsredakteure angeschlossen haben, und indem sie in einem uralten Volksvorurtheil einen günstigen Boden für sich haben, eine große Zahl harmloser Leute, welche in Dingen dieser Art kein Urtheil besitzen, blindlings mit sich fortreißen, besonders da sich keine unbetheiligte Stimme dagegen erhebt.

6) Es gehört aber unter die schmachvollen Erscheinungen unserer Zeit, daß der revolutionäre Terrorismus gerade die sachkundigen Männer, deren Autorität solchen Zeitirrthümern der öffentlichen Meinung mit dem gewichtigen Wort der Wissenschaft am eindringlichsten entgegenzutreten vermöchte, allenthalben einschüchtert. So muß das Volk irre geleitet und mit Anklageschriften zum Ueberdruß überladen werden, ohne daß eine Vertheidigung und Berichtigung ihm vor die Augen tritt.

7) Jeder, der sich in dem Namen eines deutschen Mannes gefällt, beherzige daher wohl, was uns bei allen Nationen die Anerkennung des Prädicats „deutsche Biederkeit" erworben hat; es ist die besonnene Ruhe in der Prüfung, die gewissenhafte Gerechtigkeit im Urtheil, und die feste Treue im Handeln. Ferne von der Anmaßung, mein subjectives Urtheil in dieser Jesuitenstreitsache irgend Jemanden als eine Autorität aufbringen zu wollen, darf ich aber jeden, welcher der öffentlichen Meinung huldigend, über eine ganze Standesklasse so unbedenklich den Stab bricht, die Frage ans Herz legen, ob er sich denn die Mühe gegeben habe, die factische Wahrheit der zu Grunde liegenden Anschuldigungen zu untersuchen und die Folgerichtigkeit der darauf gebauten Schlüsse zu

prüfen? Kann er sich hierüber nicht rechtfertigen und glaubt er sich berechtigt, die Volksstimme als ein Gottesurtheil an= zuerkennen, so erinnere ich ihn an ein ähnliches Volksurtheil. Der sachverständige Richter sprach: „Fürwahr, ich finde keine Schuld an dem Menschen." Aber da rief alles Volk: „Kreuzige ihn, kreuzige ihn!"

4. Der Ordens-Gehorsam.

„Die Orden sind freiwillige Verbindungen von Männern, die in der religiösen Begeisterung für eine höhere Lebensrich= tung nach reiflicher Prüfung ihres Willens und ihrer Kräfte den festen Entschluß gefaßt haben, sich derselben ausschließlich zu widmen. Um dieses durchzuführen, bedarf es aber einer genauen, dem vorgesetzten Ziel entsprechenden Lebensordnung oder Regel, wozu sich Jeder bei dem Eintritt in die Ver= bindung, mit völliger Unterordnung seiner sinnlichen Neig= ungen, seiner Anhänglichkeit an irdische Güter, und seines Eigenwillens, verpflichtet, und da man voraussetzen muß, daß er die Bestimmung, die er nach gehöriger Selbstprüfung frei gewählt, auch mit männlicher Beharrlichkeit verfolgen werde, so ist es dem Ernst der Einrichtung angemessen, jene Verpflichtung und die darin enthaltenen Gelübde der Keusch= heit, der Armuth und des Gehorsams, als unwiderruflich zu behandeln [1]."

Was hier von den Orden im Allgemeinen gesagt ist, gilt auch von der Gesellschaft Jesu. Der Gehorsam, zu welchem der Eintretende sich verpflichtet, bewegt sich durchaus innerhalb der Gebote Gottes und der von der Kirche gebillig= ten Regel.

Das Gelübde der Professen geschieht in folgender Weise: „Wenn die Probezeit vorüber und die Prüfungen und das Uebrige, was im Examen enthalten, beobachtet und zur vollen Zufriedenheit des Ordens oder des Ordensgenerals ausge= fallen ist, so wird die Profeß in folgender Weise stattfinden. Vor Allem soll der Ordensgeneral oder wer von diesem da= mit beauftragt ist, öffentlich in der Kirche vor den Bewohnern

---
[1] Walter's Kirchenrecht. 13. Auflage. 1861. S. 718.

des Ordenshauses und anderen Gläubigen das h. Meßopfer darbringen, und sich nach seiner h. Communion mit dem h. Sakramente (wie auch sonst bei Austheilung der h. Communion) zu Dem wenden, der im Begriffe steht, Profeß abzulegen. Dieser aber soll, nachdem er das Confiteor gebetet, mit lauter Stimme sein Gelübde, das er geschrieben in der Hand hält und das er einige Tage vorher wohl erwogen haben muß, lesen; die Form desselben aber ist folgende:

„Ich N. lege Profeß ab und verspreche dem allmächtigen Gott, vor seiner jungfräulichen Mutter und allen Heiligen und vor allen Anwesenden, und Dir, ehrwürdiger Vater General der Gesellschaft Jesu, als Stellvertreter Gottes, und Deinen Nachfolgern be stän dige Armuth, Keuschheit und Gehorsam und demnach eine besondere Sorgfalt in Erziehung der Jugend, gemäß der Richtschnur des Lebens, wie sie in den apostolischen (päpstlichen) Briefen über die Gesellschaft Jesu und in deren Constitutionen (d. i Verfassung) enthalten ist. Ueberdies verspreche ich noch einen besonderen Gehorsam dem Papste hinsichtlich der Missionen, wie es in denselben apostolischen Briefen und Constitutionen enthalten ist."

Darnach empfängt er die h. Communion; und wenn die Feier vorüber ist, wird der Name Dessen, der Profeß abgelegt, und Desjenigen, in dessen Hände er sie abgelegt, in das dafür bestimmte Buch mit Angabe des Tages und Jahres eingetragen, und sein Gelübde wird geschrieben aufbewahrt, damit über Nichts je eine Unsicherheit entstehe; das Alles zur Ehre Gottes [1]."

---

[1] „Ego N. N. Professionem facio et promitto Omnipotenti Deo coram ejus Virgine Matre, et universa coelesti curia ac omnibus circumstantibus, et tibi Patri et Reverendo N. Praeposito Generali Societatis Jesu, locum Dei tenenti et successoribus tuis, vel tibi Reverendo Patri N. vice Praepositi Generalis Societatis Jesu et successorum ejus, locum Dei tenenti, perpetuam Paupertatem, Castitatem et Obedientiam et secundum eam peculiarem curam circa puerorum eruditionem, juxta formam vivendi, in litteris Apostolicis Societatis Jesu et in ejus Constitutionibus contentam.

Insuper promitto specialem obedientiam summo Pontifici circa missiones, prout in eisdem litteris Apostolicis et Constitutionibus continetur."

In den Regeln[1]) heißt es u. 31: „Zum Fortschritt in der Tugend ist es vor Allem ersprießlich, ja sehr nothwendig, daß Alle sich eines vollkommenen Gehorsams befleißigen, indem sie den Obern (wer immer es sei) als Stellvertreter Christi unseres Herrn anerkennen und mit innerlicher Ehrfurcht und Liebe betrachten, und daß sie nicht blos in äußerlicher Verrichtung des Befohlenen vollständig, bereitwillig, starkmüthig und mit gebührender Demuth ohne Entschuldigung gehorchen, wenn er auch Etwas befiehlt, was schwierig und der Sinnlichkeit zuwider ist, sondern auch sich bestreben, innerliche Ergebung und Selbstverleugnung des eignen Willens und Urtheils zu haben, indem sie ihren Willen und ihr Urtheil mit dem, was der Obere will und befiehlt in allen Dingen, in welchen nichts Sündhaftes erblickt wird, in Uebereinstimmung bringen[2]).“

Für den Fall, daß der Untergebene gegen die Aus-

---

[1]) Institutum S. J. P. 5. cap. 3. (edit. Prag. Vol. I, p. 404.)
[2]) Instit. S. J. summar. n. 31. Vol. II, pag. 73: „Voluntatem ac judicium suum cum eo, quod Superior vult et sentit, in omnibus, ubi peccatum non cerneretur, omnino conformantes. Hiermit stimmt überein, was in den Constitutionen P. VI. cap 1. (Vol. I, pag. 408) „de iis, quae ad obedientiam pertinent" gesagt ist: „in omnibus rebus, quae a Superiore disponuntur, ubi definiri non possit aliquod peccati genus intercedere; und Declar. B.: „hujusmodi sunt illae omnes, in quibus nullum manifestum est peccatum."
Zu diesen Stellen bemerkt die Real-Encyclopädie für protest. Theologie von Herzog, B. VI. S. 534: „Demnach beschränken die Constitutionen selbst die Pflicht des Gehorsams auf die Fälle, in welchen der Superior keine Sünde gebietet. Man hat (Ranke, röm. Päpste, 1. Aufl. Jordan, die Jesuiten, S. 64. Reuchlin, Port-Royal, 1. B. S. 38) das Gegentheil aus cap. 5 erweisen wollen: Visum est nobis in Domino — nullas constitutiones, declarationes vel ordinem ullum vivendi posse obligationem ad peccatum mortale vel veniale inducere, nisi Superior ea in nomine Domini nostri Jesu Chr. vel in virtute obedientiae juberet, indem man ea auf peccatum mort. vel ven. bezog; allein nach dem ganzen Zusammenhang geht, wie Ranke in der zweiten Auflage I, 223 sieht und auch Reuchlin im Pascal S. 110 einräumt, ea auf constitutiones, declarationes u. s. w. und der Sinn ist: Kein Ordensgesetz verpflichtet so, daß die Uebertretung desselben einer Tod- oder läßlichen Sünde schuldig macht, wenn nicht der Superior die darin enthaltene Bestimmung in seiner

führung des Befehles des Oberen Bedenken hat, besteht folgende Anordnung: „Es ist euch nicht untersagt, eure mit der Meinung des Oberen allenfalls nicht übereinstimmende Ansicht, wenn es euch nach demüthigem Gebete, um den Willen Gottes zu erkennen, noch rathsam scheint, dem Oberen vorzutragen...... Und dieß haben sowohl die Untergebenen gegen ihre unmittelbaren Vorgesetzten, als auch die Rectoren und örtlichen Vorsteher gegen die Provinziale, die Provinziale gegen den General, der General endlich gegen den, welchen Gott ihm als Vorgesetzten gegeben hat, nämlich gegen den Stellvertreter Christi, zu beobachten [1]."

Ja noch mehr. Wenn der Untergebene in dem Befohlenen nicht zwar eine Sünde erblickt, aber doch über die Erlaubtheit Zweifel hat, so kann er verlangen, daß Vertrauensmänner, die entweder er selbst mit Zustimmung des Oberen, oder der Obere mit seiner Zustimmung auswählt, darüber entscheiden; und diese Vertrauensmänner können unter Umständen, namentlich wenn es zur größeren Beruhigung des Untergebenen gereicht, aus Männern, die dem Orden fernstehen, gewählt werden. Ja, wenn die Schwierigkeit, welche der Untergebene hat, durch die Person des Vorgesetzten veranlaßt wird (wie dieß gerade in Sachen des Gehorsams vorkommen kann), so hat dieser Vorgesetzte keinen Einfluß auf die Wahl der Vertrauensmänner, sondern die Zustimmung

---

Stellung als Stellvertreter Christi kraft des Gehorsams ausdrücklich gebietet. Daß diese Vorschrift keineswegs ursprünglich dem Jesuitenorden angehört, sondern sich schon in der Regel des h. Franz von Assisi für die Tertiarier findet, hat Gieseler III. 2, 536 Anm. 30 nachgewiesen. Schon in dieser cap. 20, wie auch in den Constit. Praedicatorum cap. 5 kommt die Formel obligare ad peccatum mortale in dem angegebenen Sinne vor." Vergl. über das Gehorsamsgelübde und die Verpflichtung zur Sünde auch die genaue Erörterung von Riffel, die Aufhebung des Jesuitenordens 3. Aufl. 1855. Seite 217—220. Sehr eingehend ist die Mißdeutung des obligari ad peccatum behandelt und widerlegt von Dr. Steitz in den Jahrbüchern für deutsche Theologie. IX. Gotha 1861. pag. 148.

[1] Sendschreiben des h. Ignatius über den Gehorsam, n. 19 und 20 (in den Regeln Münster 1856) S. 122 u. 123 und im Institutum Vol. II, pag. 165. 166.

zu deren Wahl geschieht durch die ihm beigegebenen Consultoren [1]).

So steht es mit dem Ordens-Gehorsam. Er ist demnach keineswegs ein „unbedingter," „unvernünftiger," „sklavischer," „unsittlicher" Gehorsam; er ist vielmehr eine hohe, dem Geist des Christenthums ganz entsprechende sittliche That. Er ist im Aeußeren weniger streng und unbedingt, als der militärische Gehorsam, aber im Innern fordert er größere Opfer und Ueberwindung.

5. Jesuiten-Moral.

In der katholischen Kirche gilt das Princip der Einheit und der Autorität. Sie hat nur eine Lehre, und diese in ihrer Reinheit zu erhalten, ist die eigentlichste Aufgabe des kirchlichen Lehramtes, welches weder auf dem Gebiete der geoffenbarten Wahrheit, noch auf dem des christlichen Sittengesetzes irrige Lehren duldet und dulden darf. Es gibt also nicht abweichende Glaubenslehren und widersprechende Moralsysteme innerhalb der katholischen Kirche. Wenn Irrthümer auftauchen, was immerhin möglich ist, so tritt die Lehr-Autorität heilend ein, indem sie das Irrige bezeichnet und das Richtige klar stellt.

So ist es gerade auf dem Gebiete der Moral vielfach vom apostolischen Stuhle geschehen, wie dieß die propositiones damnatae, deren z. B. Papst Alexander VII. (1665 und 1666) 49, Papst Innocenz XI. (1679) 65, und Papst Alexander VIII. (1690) 31 Sätze zu lehren und befolgen verboten hat [2]).

Es gibt demnach keine „Jesuiten-Moral," keine Sittenlehre, welche den Jesuiten eigenthümlich wäre und sich von der Doctrin der katholischen Kirche unterschiede. Wer die Gesellschaft Jesu einer „leichtfertigen und corrumpirenden" Moral anklagt, greift die katholische Kirche an, welche keine andere Moral hat und die der Jesuiten duldet.

Man hat zwar mehrfach von einer „Jesuiten-Moral" gesprochen — aber ohne rechten Grund. Was man dafür

---

[1]) Exam. gener. cap. III. Declar. D. (Institutum Vol. II, p. 345.
[2]) Diese verurtheilten Sätze finden sich als Appendix in Gury, theol. moralis. edit. Ratisbon. 1868. p. 970—977.

ausgibt und anführt, sind (Irrthümer von Einzelnen abgerechnet) unwesentliche Differenzen, oder es beruht auf Mißverständnissen und Mißdeutungen, welche in der Unwissenheit, namentlich in der Unkenntniß der casuistischen Sprache, vorzugsweise aber in Böswilligkeit und Feindseligkeit ihren Grund haben.

Nachdem im vorigen Jahrhundert, nicht ohne Erfolg, derartige Vorwürfe den Jesuiten gemacht worden, darf es nicht Wunder nehmen, wenn in unserer Zeit, bald da und bald dort, dieselben Anklagen, meist aus damaligen Schriften, wiederum vorgebracht werden.

Wir machen auf einige neuere Gegenschriften aufmerksam, welche bei aller Kürze, in ruhiger und maßvoller Form, genügende Belehrung und Aufklärung geben können.

Es sind folgende:
1. „Die Jesuitenhetze in Bremen." Beleuchtet von Stephan Fiedelbey Missionspriester. Bremen. Selbstverlag des Verfassers. 64 Seiten.
2. „Das schwarze Buch." Beiträge zur Moral der Jesuiten von Peter Henn Dr. ph. Paderborn bei Schöningh. 1865. 187 Seiten.
3. „Die sittliche Verpestung des Volkes durch die Jesuiten." Beleuchtet von Professor Dr. M. Jocham. Mainz 1866 bei Kirchheim. 54 Seiten.
4. „Das alte Lied: Der Zweck heiligt die Mittel," von P. Roh 1869. Freiburg bei Herder. 32 Seiten.

In früherer Zeit ward der „Jesuiten-Moral" häufig noch der doppelte Vorwurf gemacht, daß sie den „Probabilismus" vertheidige und den „Tyrannenmord" lehre. Da man die jetzt lebenden Jesuiten kaum mehr mit diesen, längst abgefertigten Anklagen behelligt, könnte es überflüssig erscheinen, auf deren Widerlegung Rücksicht zu nehmen, jedoch kann es auf keinen Fall schaden, mit einem Worte darauf hinzuweisen, wo auch hierüber Belehrung zu finden ist. Der „Probabilismus" ist einfach und klar erörtert in dem Kirchenlexikon von Wetzer und Welte, Freiburg bei Herder, Band 8, S. 783—92, und das übrige in der schon citirten Schrift von Riffel, die Aufhebung des Jesuiten-Ordens. 3. Auflage 1855. S. 269 ff.

Wenn von der Moral der Jesuiten gesprochen wird, so läßt sich darunter ein Dreifaches verstehen: 1) der sittliche Wandel, welchen die Mitglieder des Ordens selbst führen, 2) der Einfluß, den sie auf die sittliche Haltung des Volkes ausüben, und 3) die Lehre, welche sie über die Sittenpflichten vortragen. Wir haben in Obigem nur den dritten Punkt besprochen, denn was die beiden anderen Punkte betrifft, so sind die Patres durch die oben mitgetheilten Zeugnisse gegen jeden derartigen Vorwurf vollkommen sicher gestellt. Ihren reinen Ruf antasten und ihr Einwirken auf die Gläubigen verdächtigen, ist nur durch Lüge und Verleumdung möglich. Die Gegner sind bisher nicht im Stande gewesen, mit **thatsächlichen Beweisen**[1]) gegen sie aufzutreten[2]).

6. Das Lehrbuch von Gury[3]).

In den oben S. 1—8 mitgetheilten Anklagen wird das in der Ueberschrift genannte Lehrbuch nicht erwähnt, desto mehr aber haben kirchenfeindliche Blätter und verschiedene Pamphletisten in letzter Zeit sich darüber ausgelassen. Ohne allen Grund.

---

1) Ein Versuch, der 1866 in Mainz gemacht wurde, den Jesuiten auf diese Weise beizukommen, fiel zur Schmach und Schande der anonymen Verleumder aus. Wen ein solcher Casus interessirt, den verweisen wir auf die kleine Schrift: Zur Charakteristik der Jesuiten und ihrer Gegner. Eine offene Erklärung von W. E. Freiherr von Ketteler, Bischof von Mainz. 1866, bei Kirchheim. 35 Seiten.

2) Ein unverwerfliches Zeugniß gibt Voltaire über die Jesuiten seiner Zeit: „Pendant sept années, que j'ai vécu dans la maison des Jésuites, qu'ai je vu chez eux? La vie la plus laborieuse et la plus frugale, toutes les heures partagées entre les soins, qu'ils nous donnaient et les exercices de leur profession austère. J'en atteste de milliers d'hommes élevés comme moi. C'est pourquoi je ne cesse de m'étonner qu'on puisse les accuser d'enseigner une morale corruptrice." (Oeuvre complètes de Voltaire. Correspondance. T. 53. edit. de 1831).

3) Der vollständige Titel lautet: Compendium theologiae moralis, auctore P. Joanne Petro Gury, S. J. Der Verfasser lehrte in Rom selbst. Das Buch hat mehr als 20 Auflagen erlebt. Wir citiren nach der 4. in Deutschland gedruckten. Regensburg 1868.

Dieses Compendium theologiae moralis ist nichts anders, als ein einfaches Schulbuch, das die Candidaten des Priesterthums auf die Verwaltung des Bußsakramentes vorbereiten soll. Deßhalb ist es in lateinischer Sprache abgefaßt und in casuistischer Form, d. h. es werden die Grundsätze der Moral an einzelnen Fällen entwickelt, wie sie dem Priester beim Beichthören vorkommen, auf daß der Studirende geübt werde, den Pönitenten die richtige Entscheidung zu geben.

Solcher casuistischer Lehrbücher der Moral gibt es gar viele, weil sie einem großen praktischen Bedürfnisse entsprechen. P. Gury († 18. April 1866) hat das Verdienst ein durch Correctheit, Kürze und Klarheit sich auszeichnendes Buch verfaßt zu haben, das deßhalb großer und bleibender Anerkennung sich zu erfreuen hat. In der citirten Ausgabe (S. III. und IV.) finden sich empfehlende Approbationen des Cardinal-Erzbischofs von Lyon vom 20. Octbr. 1851, des Bischofs von Anneci vom 3. Septbr. 1857, des Bischofs von Bruges vom 25. Januar 1858 und des Bischofs von Regensburg vom 24. April 1868, wozu noch später die des Erzbischofs von Toulouse)[1] vom 27. Jan. 1864 und Anderer kamen.

Gury entlehnte[2] übrigens den hauptsächlichen Inhalt

---

[1] Plura hucusque prodiere de re morali compendia; sed nullum fere reperire est librum, qui majori sit utilitati parochis et confessariis, quam ille, cui titulus: Comp. Th. Mor. auct. J. P. Gury S. J. In hoc enim eximio opere omnes fere practicae quaestiones ad Th. moralem pertinentes perlucide delineantur, perspicue resolvuntur, tuto docentur, breviterque traduntur. Unde fit, quod cum ingenii temporis lucro Sacerdotes, qui curam habent animarum, amplam prorsus nec rigidiorem nec leniorem, sed omni ex parte securam doctrinam paucis e paginis hauriant. Quapropter huic novae Compendii editioni felicem exitum auspicamur, illam Sacerdotibus nostrae dioecesis commendantes.
Dat. Tolosae bac d. 27. Jan. 1864 in festo S. Joan. Chrys.
† Fl. Archiep. Tolos.

[2] So sagt er selbst: „Cum proximis hisce temporibus praeclaram huic scientiae lucem affuderit ex Supremo S. Sedis judicio S. Alphonsus de Ligorio, nil potius certiusque visum mihi est, quam ut egregium hunc ducem sequerer ejusque doctrinam nova quadam forma ac ordine digestam exhiberem." l. cit. pag. XIX.

seines Buches der Theologia moralis des hl. Alphons von Liguorio († 1787), jenem Werke, dessen Tadellosigkeit der apost. Stuhl, nach der sorgfältigsten Prüfung amtlich aussprach[1]) und dessen Vortrefflichkeit neun Päpste, von Benedict XIV. bis Pius IX., zu wiederholten Malen verkündeten. Solche Autoritäten dürften wohl für den Beweis genügen, daß Gury in seinem Buche nichts anderes als die ächte und reine katholische Sittenlehre vorträgt, und daß man nicht ihn angreifen und seine Lehre verunglimpfen kann, ohne die katholische Kirche selbst einer „falschen und corrumpirenden Moral" zu beschuldigen.

Bei dieser Sachlage bedarf es für einen vernünftigen Menschen, der von Christenthum und Kirche und ihrem Wirken in der Geschichte auch nur den geringsten Begriff hat, keiner Prüfung des Buches selbst. Aber will man Einsicht nehmen und daneben die Schriften der Gegner vergleichen, so ist es leicht nachzuweisen, daß diese Herren weder die Sache, die das Buch behandelt, noch die Sprache, in der es verfaßt ist, noch die technischen Ausdrücke, die darin vorkommen, noch den Zweck, dem es dienen soll, genügend verstehen. Ihre Beschuldigungen zerfallen bei näherer Prüfung alsbald in Nichts. Will sich Jemand in Kürze davon überzeugen, so empfehlen wir die Schrift: „Die Angriffe gegen Gury's Moral-Theologie in der Main-Zeitung und der zweiten Kammer zu Darmstadt. Zur Beleuchtung der neuesten Kampfesweise gegen die kath. Kirche, für alle redlichen und unparteiischen Männer." Von Wilhelm Emmanuel Freiherr von Ketteler, Bischof von Mainz 1869. bei Kirchheim, 62. Seiten; und 2) das bei Räber in Luzern 1870 erschienene größere und gründliche Werk von Domherrn Kaiser: „Antwort auf Dr. A. Keller's Schrift: die Moral-Theologie des Jesuiten Pater Gury, als Lehrbuch im Priesterseminar des Bisthums Basel." 242 S.

---

[1]) Siehe das Decret vom 5. Juli 1831 in der citirten Ausgabe. pag. XXI.

7. Rechtliche Existenz der Jesuiten in Deutschland.

So lange das canonische Recht in seiner vollen Geltung war, verstand es sich von selbst, daß wie die Kirche selbst, so auch alle aus ihr hervorgehenden und zu ihr gehörenden Schöpfungen: Bisthümer, Pfarreien, Klöster und geistliche Genossenschaften eo ipso vollberechtigte Existenz hatten. Einer Anerkennung von Seiten des Staates, einer Verleihung von Corporationsrechten bedurfte es damals nicht. Später stellten mehrfach die Staatsgesetze hiervon abweichende Grundsätze auf. So kömmt nach Allg. preuß. Landrechte der Charakter einer Corporation nur „solchen vom Staate genehmigten Gesellschaften zu, die sich zu einem fortdauernden gemeinnützigen Zwecke verbunden haben[1]." Noch mehr tritt diese Auffassung in den modernen Gesetzgebungen hervor, nachdem die Revolution und Säcularisation fast alle klösterlichen Anstalten und Stiftungen beseitigt hatte.

Es können also 1) vom Staat anerkannte und von ihm mit besonderen Rechten ausgestattete Genossenschaften bestehen, und 2) andere, welche dieser Anerkennung und der damit verbundenen Vortheile entbehren.

So ist es in Frankreich, wo man seit lange zwischen autorisirten und nicht autorisirten Associationen unterscheidet[2]. Die Sache kam zu Paris im

---

[1] Th. II. Tit. 6. §. 25. „Die Rechte der Corporationen und Gemeinden kommen nur solchen vom Staate genehmigten Gesellschaften zu, die sich zu einem fortdauernden gemeinnützigen Zwecke verbunden haben."

[2] Vergl. Traité de l'administration temporelle des congregations et communautés religieuses. Par A. Calmette, chef du cabinet du préfet de l'Hérault. Le Puy. 1857. . . . „Il existe un grand nombre d'associations religieuses, qui rendenl aux populations les services les plus divers et les plus iucontestables, bien qu'elles n'aient pas été legalement reconnues. La legislation actuelle n'empêche point ces associations de se former avec la seule autorisation des superieurs ecclesiastiques; mais il ne leur est accordé aucun des avantages offerts aux communautés ou congregations autorisées par le Gouvernement. En effet, la loi du 24. Mai 1825 n'a eu pour objet que de transformer les associations libres, qui le desiraient,

Jahre 1845 zur öffentlichen Verhandlung, wo Berryer[1]) in der Deputirtenkammer am 5. Mai, und Graf Montalembert[2]) am 11. und 12. Juni das freie Associationsrecht in glänzender Weise vertheidigten. Vorher hatten die ausgezeichnetsten Juristen Frankreichs in demselben Sinne ein Rechtsgutachten gegeben[3]).

Dieser Rechtsanschauung entspricht vollständig die Bestimmung des Art. 13. der Preuß. Verfassung vom 31. Januar 1850: „Die Religionsgesellschaften, sowie die geistlichen Gesellschaften, welche keine Corporationsrechte haben, können diese Rechte nur durch besondere Gesetze erlangen;" und der Erlaß des k. preuß. Ministeriums des Innern[4]) vom 16. April 1862.

---

en personnes civiles; elle laisse aux autres leur pleine et entière liberté; seulement, elles ne peuvent acquerir ni posseder des immeubles legalement; etc. pag. 269.

1) Steht in deutscher Uebersetzung in der Broschüre: „Die Jesuiten in Mainz." 1864. Von W. E. Frhr. v. Ketteler. S. 32—48.

2) Discussion à la chambre des Pairs sur l'éxistence des Jesuites; suivie de la consultation etc. Paris, chez J. Lecoffre et C. 1845.

3) Das Gutachten findet sich übersetzt in der Broschüre: Ein zweites Wort über die Jesuiten in Mainz. Von W. E. v. Ketteler. 1864. S. 19—45.

4) Derselbe findet sich in: Zweites Wort über die Jesuiten in Mainz. Von W. E. Freiherr v. Ketteler. 1864. p. 46, und lautet: „Der Königlichen Regierung eröffne ich auf den Bericht vom 8. d. Mts. unter Rückanschluß der Original-Anlagen desselben, daß ich mich der in dem Erlasse des Herrn Oberpräsidenten vom 3. d. Mts. ausgesprochenen Ansicht anschließen muß, daß die Mitglieder der Jesuiten-Corporation wegen dieser ihrer Mitgliedschaft nicht für unfähig zu erachten sind, das jedem selbstständigen Preußen zustehende politische Wahlrecht auszuüben.

Mag es auch richtig sein, daß das Gelübde des Gehorsams und der Armuth die Angehörigen des Jesuitenordens verhindert, nach ihrer freien Wahl über ihre Person oder ihr Eigenthum zu verfügen, bez. Eigenthum zu besitzen, so handelt es sich doch dem Staate gegenüber bei diesen Gelübden immer nur um eine bloße Gewissenspflicht, die vor dem bürgerlichen Gesetze und vor der weltlichen Obrigkeit als bindende Verpflichtung nicht anerkannt wird, und deßhalb im weltlichen Verkehre diejenige Selbstständigkeit nicht aufheben kann, welche nach der Wahlverordnung vom 30. Mai 1849, bez. dem Staatsministerialbeschluß vom 19. December 1848 die nothwendige Vorbeding-

Von da an ist unter verschiedenen Veranlassungen eine ganze Reihe von Schriften über diesen Gegenstand erschienen, welche wir in Kürze verzeichnen. Diejenigen,

---

ung des Wahlrechtes bildet. — Denn die hier vorausgesetzte politische Selbstständigkeit ist ein dem Rechtsgebiete angehörender Begriff, und es können ebendeßhalb auch nur solche Beschränkungen der Selbstständigkeit in Betracht kommen, welche ebenfalls rechtlicher Natur sind. Auf Abhängigkeitsverhältnisse dagegen, die bloß faktisch in die freie Selbstbestimmung des Einzelnen eingreifen, ohne daß der hierdurch begründeten Beschränkung der persönlichen Freiheit die Anerkennung des Gesetzes zur Seite stünde, darf hiebei um so weniger Rücksicht genommen werden, als es in der That an jedem sicheren Kriterium fehlen würde, wenn man die Selbstständigkeit des Wählers nicht nach den Vorschriften des Gesetzes, sondern nach der größeren oder geringeren Abhängigkeit bemessen wollte, in welcher er zu anderen Personen steht.

Der Grundsatz des allgemeinen Landrechts (§. 1199 ff. Th. II. Tit. 11.), daß nach abgelegtem Klostergelübde Mönche in Ansehung aller weltlichen Geschäfte als verstorben angesehen und unfähig sind, Eigenthum oder andere Rechte zu erwerben, zu besitzen oder darüber zu verfügen, findet, wie aus §. 939. ibid. hervorgeht, nur auf solche Mönche Anwendung, die einem vom Staate aufgenommenen Kloster oder Orden angehören. Dieses ist bei den Jesuiten bekanntlich nicht der Fall. — Allerdings ist seit Emanation der Verfassungsurkunde die freie Bildung geistlicher Gesellschaften gestattet, ohne andere Beschränkung, als welche sich aus dem Vereinsgesetze ergeben. Hieraus folgt aber keineswegs, daß auf die Angehörigen solcher, lediglich auf dem Boden der Vereinsrechte stehender Gesellschaften die landrechtlichen Grundsätze über die Mitglieder der vom Staate aufgenommenen Klöster anwendbar wären, vielmehr unterliegen sie, da der Staat in diesen Gesellschaften blos Vereine erblickt, und auf ihre Vereinsregel nur in soweit, als diese den Strafgesetzen zuwiderlaufen möchte, Rücksicht nimmt, lediglich denselben Bestimmungen, welche für alle sonstigen Vereinsgenossen gelten.

Bisher ist auch in der gerichtlichen und abministrativen Praxis stets davon ausgegangen worden, daß die einzelnen Jesuiten im bürgerlichen Verkehre für völlig dispositionsfähig zu erachten, und insbesondere rechtlich befähigt seien, Grundeigenthum auf ihren Namen zu erwerben und zu besitzen. Gerade über diese letztere Frage sind im Jahre 1857 die Gutachten der betheiligten Justizbehörden eingefordert worden, und dieselben haben sich fast einstimmig dahin ausgesprochen, daß die Dispositionsfähigkeit der einzelnen Jesuiten vor dem weltlichen Forum durch die Ablegung der Ordensgelübde nicht alterirt werde. Hienach muß ich die Beschwerde vom 31. v. Mts. über die angeordnete Ausschließung der Jesuiten zu Paderborn von den Ur-

welche sich über diese wichtige Rechtsfrage ein Urtheil bilden wollen, werden daraus vielfältige Belehrung schöpfen.
1. „Die Ministerial-Erlasse vom 22. Mai und 16. Juni 1852 in der zweiten Kammer." Paderborn 1853 bei Schöningh. 218 Seiten.
2. „Die Jesuiten in Mainz und die Beschwerde des Gemeinderathes bei den hohen Ständen gegen deren Aufenthalt in der Pfarrwohnung zu St. Christoph." Von W. E. Freiherr v. Ketteler, Bischof von Mainz. Mainz 1864 bei Kirchheim. 48 Seiten.
3. „Ein zweites Wort über die Jesuiten in Mainz. Beleuchtung des Berichtes des Referenten der II. Kammer." Von W. E. Freiherr v. Ketteler. Nebst dem Rechtsgutachten französischer Juristen vom 3. Juni 1845 über die Erlaubtheit nicht-autorisirter Genossenschaften. Mainz 1864. 47 Seiten.
4. „Die geistlichen Genossenschaften in den westlichen Provinzen des preußischen Staates und ihre Gegner." Paderborn 1864 bei Schöningh. 48 Seiten.
5. „Die kirchliche Freiheit und die bayrische Gesetz-

---

wahlen für begründet erachten, und veranlasse die Königliche Regierung deßhalb zur schleunigen Abänderung Ihrer hierauf bezüglichen Verfügung.

Was die Zulassung der Laienbrüder des Franziskanerklosters zu Paderborn zu den Urwahlen anbetrifft, so ist wegen der Ausschließung derselben von den Wahlen eine Beschwerde bisher nicht erhoben worden, und es fehlt deßhalb an einer Veranlassung, auch rücksichtlich ihrer eine Entscheidung zu treffen. Es scheint indessen bezüglich dieser Franziskaner die Sache doch in sofern anders zu liegen, als das dortige Franziskanerkloster bereits vor Erlaß der Verfassung unangefochten bestanden hat, und in der Allerhöchsten Ordre vom 27. November 1843 eine staatliche Aufnahme im Sinne des §. 939. II. 11. A. L. R. gefunden werden kann.

Es würde deßhalb mit Rücksicht hierauf die Annahme nicht ungerechtfertigt erscheinen, daß auf die Angehörigen dieses Klosters die Vorschriften der §§. 1199. 1200 ibid. Anwendung finden können.

Berlin, den 16. April 1862.
Der Minister des Innern: (gez.) v. Jagow.
An die Königliche Regierung zu Minden.

gebung mit Rückblick auf die Jesuitenfrage in Regensburg." Eine Ansprache des Bischofs von Regensburg an den Klerus seiner Diöcese. Regensburg 1867 bei Manz. 120 Seiten. Die Schrift enthält Rechtsgutachten von Freitag, Bauerband, Pachmann, Maaßen, P. Reichensperger, Roßhirt, v. Moy, Phillips, Schulte, Arndts, Vogel, Seitz und Maas.

6. „Beleuchtung des Commissionsberichts des Abgeordneten Dr. Gneist, betreffend die Aufhebung der Klöster in Preußen." Von Peter Fr. Reichensperger kgl. preuß. Obertribunalrath zu Berlin. Mainz 1870 bei Kirchheim. 19 Seiten.

7. „Das verfassungsmäßige Recht der klösterlichen Vereine in Preußen und der Bericht der Petitions-Commission des preuß. Abgeordnetenhauses vom 17. December 1869. Beleuchtet von einem preuß. Juristen. Frankfurt a. M. 1870 bei Hamacher. 131 S.

8. Zahl und Aufenthalt der deutschen Jesuiten.

Der Catalogus Sociorum et officiorum pro 1871, zu Regensburg bei Friedrich Pustet gedruckt, enthält folgende Angaben:

Zu Aachen	22	Patres.
„ Bonn	9	„
„ Kreuzberg	4	„
„ Cöln	16	„
„ Coblenz	7	„
„ Essen	7	„
„ Feldkirch	17	„
„ Friedrichsburg in Westph.	9	„
„ Gorheim	11	„
„ Maria-Laach	40	„
„ Mainz	9	„
„ Münster	12	„
„ Paderborn	35	„
„ Regensburg	13	„
„ Rom	4	„
„ Schweiz	7	„
„ Belgien	8	„

```
Zu Frankreich . . . . . 21 Patres,
 „ England . . . . . .  2    „
 „ Bombay . . . . . . 35    „
 „ Brasilien . . . . . 18    „
 „ New-York . . . . .  3    „
 „ Buffalo . . . . . . 12    „
 „ Toledo (Ohio) . . . .  6    „
 „ Maryland . . . . .  4    „
 „ Missoury . . . . .  5    „
 „ Californien . . . . .  3    „
 „ Quito . . . . . . .  2    „
 „ Chile . . . . . . .  4    „
 „ Paraguai . . . . .  5    „
```

Es sind also im Ganzen, in allen diesen europäischen und außereuropäischen Stationen, 351 deutsche Patres; dazu kommen in den verschiedenen Anstalten die Studierenden in der Zahl von 250, und außerdem in den verschiedenen Häusern 193 dienende Brüder.

Als Vorsteher werden aufgeführt:
1. der Assistent bei dem P. General, P. Anderledy,
2. der deutsche Provinzial P. Faller,
3. der Rector in Gorheim P. Spaeni,
4. der Rector in Friedrichsburg P. Oswald,
5. der Rector in Paderborn P. Behrens,
6. der Rector in Laach P. Hövel,
7. der Rector in Feldkirch P. Piscalar,
8. der Superior in Bombay der hochwürdigste Bischof P. Meurin,
9. der Superior in Nordamerika P. Becker,
10. der Superior in Brasilien P. Feldhaus.

„Affiliirte" gibt es eben so wenig, als „Jesuiten im kurzen Rock;" wohl aber tausende und hunderttausende von Katholiken, welche die Väter der Gesellschaft Jesu wegen ihrer Tugend und Wissenschaft, und wegen ihres Eifers und Wirkens hochschätzen, und es nicht ertragen wollen, daß man diesen hochverdienten deutschen Männern, die sich willig unter die allgemeinen Gesetze fügen, jene Freiheit und Rechtsgleichheit entziehe, welche die Verfassung Jedem gewährleistet, der sich keines Verbrechens schuldig macht.

9. Die verbotenen geheimen Gesellschaften.

1. **Das allgemeine Landrecht für die preußischen Staaten** (erlassen 1794) enthält im II. Theil, 20. Titel das Folgende:

§. 184. Die Mitglieder aller Gesellschaften im Staate sind verpflichtet, sich über den Gegenstand und die Absicht ihrer Zusammenkünfte gegen die Obrigkeit auf Erfordern auszuweisen;

§. 185. Heimliche Verbindungen mehrerer Mitglieder des Staates müssen, wenn sie auf den Staat selbst und dessen Sicherheit Einfluß haben könnten, von den Verbundenen, bei Vermeidung nachdrücklicher Geld- oder Leibesstrafe, der Obrigkeit zur Prüfung und Genehmigung angezeigt werden.

2. **Edict vom 20. Oktober 1798.**

Wir Friedrich Wilhelm 2c.

Da nun in den gegenwärtigen Zeiten, außerhalb unserer Staaten zahlreich, und in denselben bisher nur einzeln zerstreut und ohnmächtig, Verführer vorhanden sind, welche, entweder selbst verleitet, oder aus frevelhafter Absicht jenes glückselige Verhältniß zu stören, zu untergraben, falsche, verderbliche Grundsätze auszustreuen, fortzupflanzen und zu verbreiten und auf diese Weise die öffentliche Glückseligkeit ihren eigennützigen verbrecherischen Endzwecken jedes ihnen bequem scheinende Mittel, besonders aber das Mittel der sog. geheimen Gesellschaften und Verbindungen leicht versuchen könnten, so wollen Wir hiermit aus landesväterlicher Gesinnung und ehe noch das Uebel entstanden ist, dasselbe im ersten Keime angreifen und vertilgen, und hiermit Unsere geliebten Unterthanen landesväterlich vor jenen Verführern warnen, welche mit der Sprache der Tugend im Mund, das Laster im Herzen führen, Glückseligkeit versprechen, und sobald sie können, unabsehliches Elend über die Getäuschten verbreiten.

Mit dieser Warnung, welche gewiß bei jedem Rechtschaffenen und Wohlgesinnten Eingang findet, verbinden wir aus landesväterlicher Fürsorge für Unsere geliebten

Unterthanen eine Ergänzung des Gesetzes über diesen Gegenstand, und bestimmen hiermit die strengen aber gerechten Strafen derjenigen, welche auf dem Wege geheimer Verbindungen Verführer zum Verderben Unserer Unterthanen zu werden trachten.

1. In Unserm Allg. Landrechte haben Wir bereits verordnet, daß die Mitglieder aller in Unsern Staaten bestehenden Gesellschaften verpflichtet sind, sich über den Gegenstand und die Absicht ihrer Zusammenkünfte gegen die Obrigkeit auf Erfordern auszuweisen, und daß solche Gesellschaften und Verbindungen nicht geduldet werden sollen, deren Zweck und Geschäfte mit dem gemeinen Wohl nicht bestehen, oder der Ruhe, Sicherheit und Ordnung nachtheilig werden können. Jetzt finden Wir nöthig genauer zu bestimmen, welche Arten von Gesellschaften oder Verbindungen für unerlaubt geachtet werden sollen.

2. Wir erklären daher für unzulässig und verbieten hierdurch Gesellschaften und Verbindungen:

a) deren Zweck, Haupt- oder Nebengeschäft darin besteht, über gewünschte oder zu bewirkende Veränderungen in der Verfassung oder in der Verwaltung des Staates, oder über die Mittel, wie solche Veränderungen bewirkt werden könnten, oder die zu diesem Zweck zu ergreifenden Maaßregeln, Berathschlagungen, in welcher Ansicht es sei, anzustellen;

b) worin **unbekannten Obern**, es sei eidlich oder an Eides statt durch Handschlag, mündlich, schriftlich, oder wie es sei, Gehorsam versprochen wird;

c) worin bekannten Obern auf irgend eine dieser Arten ein so **unbedingter Gehorsam** versprochen wird, daß man dabei nicht ausdrücklich alles dasjenige ausnimmt, was sich auf den Staat, auf dessen Verfassung und Verwaltung, oder auf den vom Staat bestimmten Religionszustand bezieht, oder was für die guten Sitten nachtheilige Folgen haben könnte;

d) welche **Verschwiegenheit** in Ansehung der den Mitgliedern zu offenbarenden Geheimnisse fordern, oder sich angeloben lassen;

e) welche eine geheim gehaltene Absicht haben oder vorgeben, oder zur Erreichung einer namhaft gemachten Absicht sich geheim gehaltener Mittel, oder verborgner mystischer, hieroglyphischer Formen bedienen.

Wenn eines der a b c angegebenen Kennzeichen unerlaubter Gesellschaften und Verbindungen stattfindet, können solche in Unsern gesammten Staaten nicht geduldet werden. Ein gleiches soll auch in Ansehung der d und e bezeichneten Gesellschaften und Verbindungen, jedoch mit der im nächstfolgenden Paragraph gemachten Ausnahme stattfinden.

3. Von den Freimaurer=Orden sind folgende drei Mutterlogen: die Mutter=Loge zu den drei Weltkugeln; die große Landes=Loge; die Loge Royal York de l'Amitié und die von ihnen gestifteten Töchterlogen tolerirt.

4. Dahingegen soll jede andere Mutter= oder Tochter=Loge des Freimaurer=Ordens für verboten geachtet und unter keinerlei Vorwand geduldet werden.

5. Ein jeder Versuch, verbotene Verbindungen und Gesellschaften zu stiften, soll, so wie die Theilnehmung an einer solchen bereits gestifteten Verbindung oder Gesellschaft, wie nicht minder deren Fortsetzung nach der Zeit des gegenwärtigen Verbots für diejenigen, welche in einer öffentlichen Bedienung als Militär= oder Civilbeamte oder sonst in Unserm Dienste stehen, unausbleibliche Cassation bewirken. Außerdem sollen diejenigen, welche eine verbotene Gesellschaft stiften, oder deren Fortdauer nach dem jetzigen Verbot veranlassen, zehn Jahre Festungsarrest oder Zuchthausstrafe, die wirklichen Mitglieder und Theilnehmer aber sechs Jahre Festungsarrest oder Zuchthausstrafe verwirkt haben.

6. Wer verbotene Gesellschaften in seinem Hause oder in seiner Wohnung wissentlich duldet, oder Aufträge von solchen Gesellschaften übernimmt, von welchen ihm bekannt ist, daß sie zu den unerlaubten gehören, wird mit vier Jahren Festungsarrest oder Zuchthausstrafe belegt, und wenn derselbe obengedachtermaßen in einem öffentlichen Amte steht, seines Amtes entsetzt.

7. Mit den solchergestalt bestimmten Strafen sollen jedoch diejenigen verschont bleiben, welche der obersten Polizeibehörde des Orts die verbotene Verbindung zu einer Zeit anzeigen.

8. Wenn Jemand die Theilnehmung an einer verbotenen Verbindung oder Gesellschaft angetragen wird, so soll derselbe bei ein= bis zweijähriger Festungs= oder Zuchthausstrafe verbunden sein, der obersten Polizeibehörde des Ortes sonder Verzug münblich oder schriftlich davon Anzeige zu thun.

9. Den sämmtlichen Mitgliedern der nach 3. tolerirten Mutter= und Tochter=Logen wird insbesondere die schon allgemein feststehende unauflösliche Unterthanen-Pflicht von neuem eingeschärft, jeden Versuch, welchen ein Ordens=Mitglied, Ordens=Oberer oder jeder Andere etwa machen möchte, diesem Edicte zuwider zu handeln, sofort der obersten Polizei=Behörde des Ortes anzuzeigen.

10. Ferner müssen die Vorgesetzten der drei §. 3 genannten Mutter=Logen Unsrer Allerhöchsten Person jährlich das Verzeichniß der sämmtlichen von ihnen abhängigen, sowohl in den hiesigen Residenzien, als sonst in Unsern gesammten Staaten gestifteten Tochter=Logen nebst der Liste sämmtlicher Mitglieder nach ihrem Namen, Stand und Alter einreichen. Im Unterlassungsfalle wird eine Geldbuße von 200 Reichsthalern verwirkt und die Weigerung mit Verlust des Protectorii und der Duldung bestraft.

11. Es soll auch gedachten tolerirten Freimaurer=Logen nicht gestattet werden, Jemand vor erfülltem 25. Jahre seines Alters zum Mitgliede aufzunehmen.

12. Eine jede Loge ist verbunden, der Polizei=Behörde den Ort ihrer Zusammenkunft anzuzeigen und darf bei Verlust der Duldung ihren Mitgliedern nicht gestatten, außer dem angezeigten Orte Zusammenkünfte zu halten, welche auf die Freimaurerei Beziehung haben.

13. Jede Mutter=Loge muß die Mitglieder, welche den vorstehenden Verordnungen zuwider handeln, sogleich ausstoßen und deren Namen der obersten Polizei=Behörde anzeigen, auch gleichmäßig auf ihre Tochter=Logen die

schärfste Aufsicht haben, und sobald bei einer Tochter=Loge dergleichen entdeckt würde, die derselben ertheilte Constitution zurück nehmen, auch wie solches geschehen sei, der obersten Polizei=Behörde anzeigen. Wenn eine der drei Mutter=Logen überführt werden kann, daß ihre Vorgesetzten diese Anweisung nicht befolgt haben, soll sie mit Verlust des Protectorii und der Duldung bestraft werden. Auch wird es den drei Mutter=Logen zur Pflicht gemacht, w e ch s e l s e i t i g dahin zu vigiliren, daß dieser Vorschrift auf das pünktlichste nachgelebt werde. Durch genaue Befolgung dieser Vorschriften wird allen der Sicherheit des Staates und Unsern Unterthanen nachtheiligen Folgen vorgebeugt und überall, wie bisher, Ruhe und Ordnung erhalten werden können. Wir befehlen daher, daß diese Unsere Verordnung durch den Druck öffentlich bekannt gemacht und derselben von jedem Unsrer Unterthanen, so wie auch von den in Unsern Landen sich a u f h a l t e n d e n F r e m d e n unverbrüchlich nachgelebt, auch darauf, daß solches geschehe, von Unseren sämmtlichen hohen und niederen Collegiis, Gerichten, Fiskälen und andern Officianten auf das strengste gehalten werde. Urkundlich 2c.

3. Die Verordnung vom 6. Januar 1816.

„Wir Fr. Wilhelm, von Gottes Gnaden, König von Preußen haben den Parteigeist mit gerechtem Mißfallen bemerkt, welcher sich bei dem Streit der Meinungen über die Existenz geheimer Verbindungen in Unsern Staaten äußert. Als das Vaterland durch Unglücksfälle hart betroffen, in großer Gefahr war, haben Wir selbst den sittlich wissenschaftlichen Verein genehmigt, welcher unter dem Namen des Tugendbundes bekannt ist, weil Wir ihn als ein Beförderungsmittel des Patriotismus und derjenigen Eigenschaften ansahen, welche die Gemüther im Unglück erheben und ihnen Muth geben konnten, es zu überwinden. Wir fanden aber bald in den Uns zur Bestätigung vorgelegten Entwürfen einer Verfassungsurkunde jenes Vereins, sowie in der damaligen politischen Lage des Staates, Gründe ihn aufzuheben und den Druck aller Diskussionen über denselben zu untersagen.

Seitdem haben dieselben Grundsätze und Gesinnungen, welche die erste Stiftung desselben veranlaßten, nicht blos eine Anzahl der vorigen Mitglieder desselben, sondern die Mehrheit Unsers Volks beseelt, woraus unter der Hülfe des Höchsten, die Rettung des Vaterlandes und die großen schönen Thaten hervorgegangen sind, durch welche sie bewirkt wurde, und jetzt, — wo der Frieden allenthalben hergestellt ist, und jeden Staatsbürger nur ein Geist beleben, jeder nur einen Zweck haben muß: durch einträchtiges pflichtmäßiges Bestreben den sich so herrlich bewährten Nationalsinn zu bewahren und den Gesetzen gemäß zu leben, damit die Wohlthat des Friedens gesichert bleibe, und der Wohlstand Aller, welcher Unser unverrücktes Ziel ist, bis zur möglichsten Vollkommenheit gebracht werde, — jetzt können geheime Verbindungen nur schädlich und diesem Ziele entgegenwirken.

Wir bringen demnach die Bestimmungen Unseres allgemeinen Landrechts Th. II. Tit. 20. Absch. 4. §. 184 und 185 und Unser hier beigefügtes Edikt vom 20. Oktober 1798 wegen Verhütung und Bestrafung geheimer Verbindungen, welche der allgemeinen Sicherheit nachtheilig werden könnten, in Erinnerung, und wollen, daß darüber in allen Unseren Provinzen unverbrüchlich gehalten, auch von Unseren Gerichten darnach erkannt werde.....

Gegeben Berlin, den 6. Januar 1816.
Friedrich Wilhelm.
(gegengez.) C. Fürst v. Hardenberg.

4. Das Strafgesetzbuch für das deutsche Reich. Es bestimmt in §. 128:

„Die Theilnahme an einer Verbindung, deren Dasein, Verfassung oder Zweck vor der Staatsregierung geheim gehalten werden soll, oder in welcher gegen unbekannte Obere Gehorsam oder gegen bekannte Obere unbedingter Gehorsam versprochen wird, ist an den Mitgliedern mit Gefängniß bis zu sechs Monaten, an den Stiftern und Vorstehern der Verbindung mit Gefängniß von einem Monat bis zu einem Jahre zu bestrafen.

Gegen Beamte kann auf Verlust der Fähigkeit zur Bekleidung öffentlicher Aemter auf die Dauer von einem bis zu fünf Jahren erkannt werden."

Dasein, Verfassung und Zweck der Gesellschaft Jesu ist für Niemanden, der sich darum kümmern will, ein Geheimniß; die Oberen sind namentlich bekannte Männer; ein unbedingter Gehorsam findet bei den Jesuiten nicht statt. Dagegen bezeichnen die königlichen Edicte ausdrücklich andere geheime Verbindungen.

Es gehört viel dazu, die mitgetheilten Gesetze gegen die Jesuiten anzurufen.

10. Thätigkeit der Jesuiten in den Kriegen von 1866 und 1870—71.

Den Berathungen, welche im Jahre 1869 die "internationale Conferenz" bezüglich der Pflege der im Felde verwundeten und erkrankten Krieger in Berlin abhielt, ward eine offizielle Denkschrift zu Grunde gelegt, worin die im Kriege von 1866 gemachten Erfahrungen in folgender Weise zusammengefaßt sind:

"Die jetzt vorhandenen Krankenpfleger zerfallen in 2 Kategorieen; in die erste gehören diejenigen, welche die Krankenpflege nach strenger Prüfung ihrer Befähigung und nach geleistetem frommen Gelübde als einen geheiligten Beruf üben: die barmherzigen Schwestern und Brüder, die Diakonissen und Diakonen; in die andere diejenigen, die den Krankendienst als Gewerbe erlernt haben und als solches betreiben.

Eine Vermehrung der letzteren Klasse kann der humanen Aufgabe der Hülfs-Vereine nicht entsprechen, eine Vermehrung der ersteren würde dieselbe in der sichersten Weise zur Lösung bringen.

In ihr finden wir durchweg die Ideale vollkommener Pfleger und Pflegerinnen, in ihr die Tugenden, die zur Ausübung der Krankenpflege nothwendig sind: völlige Hingebung für die übernommenen Pflichten, ohne Rücksicht auf die eigene Person; Entsagung von allen

Gewohnheiten und Bequemlichkeiten des Lebens, und dabei Freudigkeit in allem Thun, Seelenruhe im Anblicke aller Schrecknisse; endlich unbedingte Unterordnung und Gehorsam. — Es muß daher die möglichst kräftige Unterstützung der Diakonissen- und Ordens-Häuser, Förderung der religiösen Genossenschaften zur Ausübung der Krankenpflege den Hülfs-Vereinen am Herzen liegen[1])."

Bereits im Kriege gegen Dänemark (1864) war es der Rheinisch-Westphälischen Malteser Ritterschaft möglich geworden, nicht allein in die Lazarethe des Kriegsschauplatzes Pflegekräfte aus katholischen Ordensgenossenschaften zu bringen, sondern auch für das Bedürfniß der Seelsorge, sowohl der Soldaten als der Ordenspersonen, in einer Weise Vorkehr zu treffen, die von competenter Seite volle Anerkennung fand [2]). Dasselbe geschah im Kriege des Jahres 1866 — in noch größerem Maaße [3]).

In gleicher Weise zeigte sich die Hülfsbereitheit und der Patriotismus der Ordensleute beim Ausbruch des letzten Krieges 1870. „Die barmherzigen Pflegeorden stellten ein zahlreiches Personal zur Disposition, ebenso viele katholische

---

1) Verhandlungen der internationalen Conferenz rc. Berlin. 1869. S. 31.

2) Dr. Gurlt, Denkschrift über die freiwillige Krankenpflege in Preußen. Berlin. 1869. S. 32 u. 34.

3) Hierüber bemerkt abermals Dr. Gurlt l. c. S. 51. 53: „Die Rheinisch-Westphälischen Malteser Ritter fanden ein Feld für ersprießliche Thätigkeit einerseits in Thüringen, Sachsen und Böhmen, andererseits in den Lazarethen der Main-Armee, indem die 7 Delegirten hier wie da und wie während des dänischen Feldzuges vorzugsweise sich dem Wohle des katholischen Pflege-Personals aus den Rheinlanden und Westphalen, sowie der freiwillig die Seelsorge ausübenden Geistlichen widmeten, und so die Herstellung geordneter Verhältnisse in den zahlreichen Lazarethen, in welchen sich Ordens-Schwestern und -Brüder befanden, nach Kräften zu erreichen suchten." ... „Von katholischer Seite waren 7 freiwillige Feldgeistliche bei den Truppen, 29 bei den Lazarethen in Thätigkeit." Man sehe darüber „Berichte der Sanct Johanniter-Malteser Commission über ihre Thätigkeit auf dem Kriegsschauplatze 1866. Düsseldorf." An verschiedenen Stellen wird der Arbeiten der Jesuiten Erwähnung gethan.

Männer-Orden, wie Franziskaner, Redemptoristen, Lazaristen, Jesuiten, deren eigentlicher Ordensberuf zwar nicht die Krankenpflege ist, die aber nicht zurückbleiben wollten, wo Alle dem Vaterlande und seinen tapfern Söhnen ihre Dienste anboten, und mit den eigentlichen Pflegeorden in der edelsten Weise wetteiferten [1])."

Dieser Eifer ließ während des Krieges nicht nach. Die Kämpfe bei Paris und im Osten, Norden, Süden und Westen von Frankreich forderten für zahlreiche Verwundete und Kranke Pflege und Hülfe. Es bemerkt dazu der Generalbericht[2]):
„Ohne die großartige Aufopferung der beiden Genossenschaften des Franziskaner-Ordens und der Gesellschaft Jesu, welche auf die Anfrage, wie viele Mitglieder disponibel seien, antworteten: „Eventuell die ganze Provinz," wäre es unmöglich gewesen, dem Bedürfniß auch nur annähernd zu entsprechen. Die Studien wurden geschlossen und der ungewohnte Krankendienst geübt, auch selbst von Priestern, und zwar mit solchem Erfolge, daß es bald den Anschein gewann, als könnten auch sie keine andere Berufsthätigkeit. Opferwilligkeit und Gehorsam bewirkten, was bloße Uebung nicht erreicht haben würde. Verfügungen des Königlichen Commissariats der freiwilligen Krankenpflege, das seinen Sitz in Versailles genommen hatte, beriefen nach und nach in kleineren und größeren Abtheilungen 24 barmherzige Brüder, circa 65 Jesuiten[3]) und an 40 Franziskaner mit ihren entsprechenden Seelsorgern in die Lazarethe des Kriegsschauplatzes."

Gleiche Anerkennung zollt der offizielle „Bericht[4]) über die freiwillige Krankenpflege während des Krieges 1870—71"

---

1) Generalbericht der Centralstelle der Johanniter-Malteser-Genossenschaft in Rheinland-Westphalen. Krieg 1870—71. Druck von Bachem in Cöln. Seite 6 u. f. w.

2) Seite 36 und 37.

3) Der Generalbericht gibt in Anlage B. S. 62 und 64 die Zahl der thätig gewesenen Jesuiten a) in den Feldspitälern auf 109 und b) in heimathlichen Lazarethen auf 50 an. Hiezu kommen, nach S. 93, noch 33 Patres, die als Militärseelsorger fungirten.

4) Berlin 1871.

der Hingebung der Ordensgenossenschaften im Allgemeinen [1] und namentlich der der Jesuiten [2])". Damit stimmen die Aussagen der Aerzte, soweit dieselben in die Oeffentlichkeit drangen [3]), überein, so daß kein Zweifel darüber sein kann, daß die patriotische Gesinnung und die opferwillige Thätigkeit, wie der Priester und Ordensleute überhaupt, so auch der Mitglieder der Gesellschaft Jesu, sich aufs glänzendste bewährt hat.

Es ist wahrhaftig mehr als sonderbar, deutschen Männern, nach solchen Thatsachen, den Vorwurf zu machen, daß sie dem Vaterlande entfremdet und gemeinschädlich seien, und deßhalb aus dem deutschen Reiche entfernt werden müßten.

---

[1] „Allerdings beweist die in den Anlagen befindliche Nachweisung, welch bedeutendes Krankenpfleger-Personal unmittelbar von den Landes- und Provinzial-Delegirten nach Frankreich abgesandt worden ist. Dasselbe dürfte für die Rheinprovinz nicht unter 1000 Köpfen betragen, wobei außerdem in Betracht zu ziehen ist, daß die Centralstelle der Johanniter-Malteser-Genossenschaft in Rheinland-Westphalen zu Deutz, welcher sich zahlreiche Mitglieder katholischer Orden zur Verfügung gestellt hatten, nach ihrem Berichte nicht weniger als 1567 Schwestern und 342 Brüder in den staatlichen wie in den Vereins- und Privatlazarethen zur Verwendung gebracht hat. Mehr als 150 dieser Brüder sind auf dem Kriegsschauplatze gewesen und gegen 400 Schwestern haben in der Gegend von Saarbrücken und Metz ihr Samariterwerk verrichtet. Für die freiwillige Seelsorge sandte die Genossenschaft 69 Geistliche, darunter 47 Ordensleute, aus." Bericht S. 44.

[2] „Bis zum Schlusse haben 12 Jesuitenpatres aus Maria-Laach bei Köln, Kaiserswerther Diakonissinen, verschiedene freiwillige Pflegerinnen und Pfleger, Soeurs de charité in den Lazarethen mit großer Aufopferung Liebesdienste geleistet." Bericht S. 37.

[3] Albert Burkhardt: Vier Monate bei einem preußischen Feldlazareth während des Krieges 1870. Basel bei Schweighausen. S. 13 und 30. „Unermüdlich arbeiteten fünf rheinische Jesuitenpatres, deren einer bei der Pflege von Ruhrkranken der Dysenterie zum Opfer fiel. Sie haben sich alle durch treue Pflichterfüllung die höchste Achtung der Aerzte und Kranken erworben. . . . Dasselbe Lob, welches ich aus vollem Herzen den Diakonissen zolle, verdienen nicht minder die Jesuitenpatres; sie haben in edlem Wetteifer Zeugniß abgelegt, daß auch sie in gesunderen Bahnen des Lebens zu Leistungen sich emporschwingen können, die zum größten Dank verpflichten."

11. Die Jesuiten und die Politik.

Sehr häufig sind die Jesuiten beschuldigt worden, daß sie sich in Politik einmischen. Wie weit dieser Vorwurf in früheren Zeiten begründet war, darüber wollen wir nicht streiten; aber zwei Thatsachen sind unleugbar:

1. daß die Ordens-Vorschriften solch unbefugtes Einmischen in politische Geschäfte durchaus verbieten, und somit der Genossenschaft als solcher nicht aufgerechnet werden darf, was etwa Einzelne gefehlt haben; und

2. daß die heutigen Jesuiten in Deutschland ganz und gar unbetheiligt sind an dem, was in ganz andern Ländern, und vor 100 und mehr Jahren geschehen ist[1]).

Bei der Hochachtung, welche die Gesellschaft Jesu von ihrer Entstehung an bei geistlichen und weltlichen Machthabern fand, und bei der Stellung, welche einzelne hervorragende Mitglieder als Beichtväter der Fürsten einnehmen, ist es nicht zu wundern, daß man an den Höfen auf sie mit gewisser Eifersucht hinschaute und ihrem Einflusse eine Bedeutung zuschrieb, die, wenigstens in vielen Fällen, übertrieben war. Der erhabene Zweck des Ordens forderte, dieser Anschauung, gleichviel ob begründet oder unbegründet, entgegenzuwirken, da dieselbe wohl geeignet war, die Thätigkeit und selbst die Existenz der Jesuiten zu gefährden. Es findet sich deßhalb schon in den Ordensregeln, die jeden Monat verlesen werden müssen, (n. 23) die Vorschrift: „Bei eintretenden Mißhelligkeiten zwischen christ-

---

1) Sehr interessant ist, was König Friedrich II. in einem Briefe an d'Alembert vom 28. Juli 1774 schreibt: „Voila pourquoi vos ennemis les jésuites sont tolérés chez moi; Ils n'ont point usé du coutelet dans ces provinces, où je les protége; ils se sont bornés, dans leurs colléges, aux humanités, qu'ils ont enseignées. Serait-ce une raison pour les persecuter?

M'accusera-t-on pour n'avoir pas exterminé une société de gens de lettres, parce que quelques individus de cette compagnie ont commis des attentats à deux cents lieues de non pays? Les lois établissent la punition des coupables, mais elles condamnent en même temps cet acharnement atroce et aveugle qui confond dans ses vengeances les criminels et les innocents." Oeuv. de Fred. le Grand. Berlin 1854. T. XXIV, p. 629.

lichen Fürsten oder Herren darf in der Gesellschaft eine Parteinahme weder vorhanden noch bemerkbar sein; sondern es herrsche eine gewisse allgemeine Liebe, die alle Parteien, mögen sie auch unter sich uneinig sein, in unserem Herrn umfaßt [1])."

In demselben Geiste schreibt die fünfte General-Congregation vom Jahre 1593 vor: „Durch gegenwärtiges Dekret gebieten wir den Unsrigen auf's strengste, daß sie sich in öffentliche Geschäfte, und mögen sie auch dazu eingeladen und gedrängt werden, in keiner Weise einmischen, und sich durch kein Bitten und Zureden von der Richtschnur unseres Instituts abbringen lassen [2]);" und diese Vorschrift ist in die „Allgemeinen Ermahnungen", die jedes Jahr wieder öffentlich vorgelesen werden sollen, mit folgenden Worten aufgenommen: „Allen den Unsrigen ist in der Kraft des Gehorsams befohlen, daß Keiner es wage, sich in die öffentlichen und weltlichen Geschäfte der Fürsten, die zur Staatsverwaltung gehören, irgendwie einzumischen, noch auch, mag er von wem immer dazu aufgefordert oder ersucht werden, die Sorge auf sich zu nehmen, politische Angelegenheit zu behandeln [3])."

Ueberdieß ist den Priestern, welche Beichtväter von Fürsten sind, die Mahnung gegeben, sich vor jeder Einmischung in Staatsgeschäfte zu hüten, sondern sich einzig auf die Gewissensangelegenheiten zu beschränken, und sich nie dazu herzugeben, mündlich oder schriftlich irgendwelche

---

1) Regeln der Gesellschaft Jesu. Münster 1856. S. 23. und Instit. Soc. Jesu. II, pag. 74.

2) Decret. 47: „Quare praesenti decreto graviter et severe Nostris omnibus interdicit, ne in hujusmodi publicis negotiis, etiam invitati aut allecti ulla ratione se immisceant, nec ullis precibus aut suasionibus ab Instituto deflectant." Vol. II, pag. 555. Vergl. decret. 79. ibidem pag. 565.

3) Monita generalia n. 18: „Praecipitur Nostris omnibus in virtute obedientiae . . . . . ne quisquam publicis et saecularibus principum negotiis, quae ad rationem Status (ut vocant) pertinent, ulla ratione se immiscere, nec etiam quantumvis per quoscumque requisitus aut rogatus, ejusmodi res politicas tractandi curam suscipere audeat vel praesumat." Vol. II, pag. 251.

Angelegenheiten oder Geschäfte des Fürsten den Ministern zu empfehlen ¹).

Wenn diese Vorschriften, welche noch vor Ende des 16. Jahrhunderts gegeben wurden, bei Einzelnen unwirksam gewesen sind, so kann ein rechtlich denkender Mann daraus doch keinen Anklagegrund gegen die jetzt lebenden Jesuiten in Deutschland machen.

Es liegen uns jedoch über das politische Verhalten der Jesuiten positive Zeugnisse aus der Neuzeit vor, deren Mittheilung von Interesse sein dürfte. Sie sind nach unserer Ansicht ganz geeignet, die Vorurtheile und die Befürchtungen zu beseitigen, welche auch durch ungegründete Verdächtigung in manchen Gemüthern nur zu leicht entstehen.

Im Jahre 1843 hatte der Regierungsrath von Luzern an den Staatsrath von Freiburg und den von Schwyz unter andern auch die Frage gestellt: „Hat man die Wahrnehmung gemacht, daß die Jesuiten sich in das politische Wirken der Behörden einzumischen suchen?"

Der erstere antwortete am 24. Februar 1843: „Wir haben niemals bemerkt, daß die Jesuiten sich in die politischen Angelegenheiten oder in das politische Wirken der Behörden einzumischen suchten; die dießfalls bestehenden Vorurtheile, die allzuleicht aufgenommen werden, sind nicht begründet. Wenn die Jesuiten in der weitern Entwicklung des ihnen anvertrauten Unterrichts als Professoren ihre Meinung über die politischen Institutionen älterer und neuerer Völker auszudrücken berufen sind, so besteht gewiß in diesen Abhandlungen die einzige Theilnahme, die sie an den politischen Angelegenheiten nehmen. Ihnen in dieser Hinsicht eine ausgedehntere, nicht mit ihrem Lehramte verbundene Theilnahme zuzuschreiben, wäre nach unserer Ansicht der Wahrheit entgegen ²)."

Der Staatsrath von Schwyz bezeugt mit Schreiben

---

1) De confessar. Princip. n. 4 u. 6. (Vol. II, pag. 260).
2) Mitgetheilt von Siegwart-Müller: Der Kampf zwischen Recht und Gewalt in der Schweiz. Altdorf 1863. S. 484.

vom 5. Juli 1843: „Wir waren bis anhin nicht im Falle, weder einen Versuch zu irgend welcher derartigen Anmaßung, noch viel weniger in der Wirklichkeit einen solchen Uebergriff wahrzunehmen, so daß diesfalls von keiner Behörde unseres Kantons im geringsten ein Grund sich nachweisen ließe, demnach sich zu irgend welcher Beschwerde veranlaßt zu finden [1]."

Außerdem gab der Provinzial der oberdeutschen Provinz, auf amtliche Befragung, in Vollmacht des P. Generals, folgende Antwort:

„In politischer Beziehung wünschen Sie zu vernehmen: in welchen Verhältnissen das Lehrsystem und benanntlich die Vorträge über Natur- und Staatsrecht, sowie über Geschichte zu den gegebenen Staatsformen und namentlich zur Demokratie stehe? — In den Vorträgen über Natur- und Staatsrecht, sowie über Geschichte hat die Gesellschaft keine andere Lehre, als die der katholischen Kirche, so wie bewährte und von derselben gebilligte Schriftsteller sie entwickeln. Wir halten demnach dafür, daß jede rechtmäßige und gesetzlich bestehende Obrigkeit von Gott sei, ohne Rücksicht, ob die Form der Regierung monarchisch oder demokratisch, und daß einer solchen Regierung, eben weil sie von Gott ist, Jedermann Gehorsam und die größte Hochachtung schuldig sei. In politische Streitfragen des Tages mischen wir uns nie; sie bleiben gänzlich von unsern Vorträgen entfernt. Dem Vaterlande und der Kirche glauben wir dadurch wirkliche Dienste zu leisten, wenn wir mit der wahren Liebe Gottes auch die ächte Vaterlandsliebe in den Herzen der Jugend pflegen und sie auf die ruhmvollen Thaten der Vorfahren aufmerksam machen [2]."

Einige Jahre später fand der damalige General der Gesellschaft Jesu Veranlassung, sich über das Verhältniß der Jesuiten zu der Politik der Länder, worin sie leben, sehr

---

1) Bei Siegwart-Müller. S. 488.
2) Das interessante Aktenstück vom 19. April 1843 findet sich bei Siegwart-Müller, l. c. pag. 497.

klar und bestimmt, und, wie uns scheint, in jeder Hinsicht sehr befriedigend auszusprechen. Wir lassen das ganze Aktenstück — einen Brief vom 14. September 1847 an die Redaction des „Courier français" — in deutscher Uebersetzung folgen, welche wir dem „Katholik" entnehmen¹).

„Ich finde in Ihrer Nummer vom 27. August, einen Brief aus Rom, in welchem es unter Anderem heißt: „daß die jesuitisch=retrograde Partei ein ständiges Complott gegen Pius IX. unterhalte; — daß Sardinien Pius IX. zwar zu stützen scheine, daß aber die jesuitische Partei in Piemont allmächtig sei; — daß endlich die österreichisch=jesuitische Partei Alles aufbiete, um den Cardinal Ferretti zu stürzen." Trotz des Widerstrebens, welches ich fühle, dem Publicum meine gerechten Beschwerden über eine unausgesetzte Böswilligkeit vorzulegen, kann ich doch nicht umhin gegen Anklagen zu reclamiren, die schwer sein würden, wenn sie nicht alles und jedes Grundes entbehrten.

Ich verstehe durchaus nicht, was Ihr Correspondent mit einer „Jesuitenpartei," einer „jesuitisch=retrograden Partei," einer „österreichisch=jesuitischen Partei" sagen will, die sich in Rom oder Piemont gebildet haben soll. Die wahren Jesuiten, das heißt die Mitglieder der Gesellschaft Jesu, gehören nirgends einer Partei an; unsere Gesellschaft ist ein religiöser Orden, der von der Kirche feierlich genehmigt worden ist; sie verfolgt keinen anderen Zweck als den, welcher in ihren Statuten geschrieben steht: die Ehre Gottes und das Heil der Seelen, die Mittel, deren sie sich bedient, sind die Uebung der evangelischen Räthe und der Eifer, von welchem ihr die Apostel und die apostolischen Männer zu allen Zeiten das Beispiel gegeben haben. Alles Andere und namentlich die Politik ist ihr fremd, sie hat ihr Schicksal nie an das einer Partei geknüpft, wie sie auch heißen möge, weil ihre Mission eine höhere, über allen Parteien stehende ist, und sie als eine demüthige Tochter der Kirche keine andere Aufgabe kennt, als der Kirche überall zu Diensten zu stehen, wo diese sie verwen=

---

1) Katholik Nr. 119 vom 3. October 1847.

den will. Allerdings hat die Verläumdung die unehrlichsten Insinuationen verbreitet und die Jesuiten als politische Intriganten dargestellt; allein ich sehe noch immer dem Beweise entgegen, daß auch nur ein Einziger der mir untergebenen Ordensleute sich in diesem Puncte von dem Geiste und den bestimmtesten Vorschriften unserer Statuten entfernt habe. Ich begreife also nicht, was Ihr Correspondent mit dem Worte „österreichisch=jesuitisch" eigentlich hat sagen wollen. Wollte er damit andeuten, daß die Jesuiten im Kirchenstaat einen Bund mit Oesterreich geschlossen hätten, so wird damit diesen Ordensleuten eine merkwürdige Bedeutung beigelegt. Allein diese Unterstellung ist so unvernünftig und wird durch die Thatsachen so offenbar Lügen gestraft, daß sie gar keiner Widerlegung bedarf. Wollte man aber damit sagen, daß die Jesuiten sich mit Leib und Leben der österreichischen Regierung verschrieben hätten und daß diese Regierungsform die einzige sei, mit welcher die Jesuiten sympathisiren, so bietet mir Dieses eine Gelegenheit dar, mich ein für allemal über die Stellung zu erklären, welche die Gesellschaft Jesu allen Regierungen gegenüber, unter welchen ihre Mitglieder zu leben berufen worden sind, von jeher eingenommen hat und auch jetzt noch einnimmt.

Wie die Kirche selbst, so hegt auch die Gesellschaft Jesu gegen die politischen Verfassungen der Staaten weder Antipathie noch einseitige Vorliebe. Ihre Mitglieder fügen sich ohne Rückhalt jeder Regierungsform, unter welcher die Vorsehung ihnen ihre Stelle angewiesen hat, mag die Regierung ihnen nun befreundet sein oder sich blos darauf beschränken, auch in ihnen jene Rechte zu achten, welche sie den übrigen Bürgern zuerkennt. Sind die politischen Institutionen eines Landes mangelhaft, so tragen die Jesuiten ihre Fehler mit Geduld, vervollkommnen sich dieselben, so freuen sie sich über solche Verbesserungen von Herzen, gewinnt das Volk neue Rechte, so nehmen sie den Genuß derselben auch für sich in Anspruch, und wird der Weg der Freiheit verfassungsmäßig weiter gebahnt, so wandeln auch sie auf demselben, um mehr Gutes thuen und ihren Eifer desto mehr bethätigen zu können. Ueberall aber beugen sie sich unter das Gesetz, sie achten die öffentlichen Gewalten, sind gesinnt, wie gute und loyale Bürger gesinnt sein sollen und tragen auch ihren Antheil an allen Lasten, Prüfungen und Freuden derselben. Der Grund von alle Dem liegt aber darin, daß es Ein Interesse gibt, das in den Augen der Jesuiten über alle anderen geht: die Glückseligkeit des Menschen nämlich in einem Leben, das besser und dauerhafter ist als dieses irdische, — und überall, wo dieser Zweck erreicht werden kann, acclimatisiren sich die Jesuiten ohne Mühe und ohne Widerstreben. Dies sind die Grundsätze der Jesuiten in Bezug auf die Regierungen und die politischen Verfassungen der verschiedenen Länder, dies ist das Verhalten, welches sie sich vorgezeichnet haben und wovon sie sich hoffentlich auch nie entfernen werden.

In Bezug auf das Oberhaupt der Kirche sind aber die Jesuiten noch durch viel strengere Verpflichtungen gebunden und ihre Liebe und Hingebung an ihn ist noch viel größer. In ihren Augen ist nämlich der Papst nicht blos ein weltlicher Fürst, dem sie Unterwürfigkeit und Ehrfurcht schuldig sind, sondern er ist ihnen vor allen Dingen ein Vater und der Stellvertreter Jesu Christi. In dieser seiner Eigenschaft wird ihm von Seiten der Jesuiten eine ganz besondere Verehrung zu Theil; alle Aeußerungen seiner Autorität werden von ihnen mit Liebe entgegengenommen, die Verfügungen, welche er für die Regierung seiner Staaten treffen zu müssen glaubt, werden von ihnen gebilligt und vertheidigt, seine Ansichten sind für sie Befehle und ihr größtes Unglück wäre, wenn sie sein väterliches Herz betrüben sollten. Ich weise daher aus ganzer Seele sowohl in meinem als in meines ganzen Ordens Namen die Verläumbung zurück, der Sie ihr Blatt geöffnet haben. Es ist eben so sehr der Wahrheit als allen offenkundigen Thatsachen entgegen, daß die Jesuiten „ein ständiges Complott" gegen den erhabenen Oberhirten unterhielten, dem die ganze Welt fortwährend freudig zujauchzt. Es ist vielmehr für alle Jesuiten eine Pflicht des Gewissens und der Gerechtigkeit, den Papst Pius IX. zu lieben, zu verehren, zu segnen und zu vertheidigen, ihm in allen Stücken zu gehorchen und die von ihm beabsichtigten weisen Reformen und Verbesserungen zu billigen, und sie werden diese allen Unterthanen des Kirchenstaates gemeinsame Pflicht um so leichter erfüllen, als der Papst, der jetzt auf dem Stuhle Petri sitzt, mit seinem geheiligten Charakter alle Tugenden, welche die Kirche ehrt, und alle großen Eigenschaften verbindet, welche die Welt bewundert. Für die Jesuiten im Besonderen wird Dieses noch eine Pflicht der Dankbarkeit sein, da Pius IX. von dem Tage an, wo er die dreifache Krone trägt, der Gesellschaft Jesu fortwährend Beweise seiner wohlwollenden und väterlichen Gesinnung gegeben hat. Genehmigen Sie u. s. w. Roothan, General der Gesellschaft Jesu."

Seit den 20 Jahren, daß die deutschen Jesuiten in Deutschland selbst Niederlassungen haben, haben sich dieselben, unseres Wissens, den oben ausgesprochenen Grundsätzen treu erwiesen, und es müßten die Behörden, wenn sie über das politische Verhalten der Jesuiten befragt würden, dasselbe bezeugen, was die Staatsräthe von Freiburg und von Schwyz. Denn, wenn anders — warum ist man nicht gegen die Schuldigen eingeschritten?

12. „Die Stimmen aus Maria-Laach."

Man hat die, unter obigem Titel erschienenen Abhandlungen in letzter Zeit vielfach angeschuldigt; aber Jeder, der dieselben eingehender prüft, wird — ich sage nicht: mit Allem, was darin steht, einverstanden sein, aber sicherlich eine ganz andere, und zwar viel bessere Meinung davon erhalten.

Die „Stimmen aus Laach" erschienen bei Herder in Freiburg in drei Serien.

Die erste, von 1865—68 stellt sich die Aufgabe, das deutsche Publicum über die päpstliche Encyclica vom 8. Dez. 1864 und den Syllabus errorum zu verständigen. Sie besteht aus folgenden 12 Abhandlungen, von denen jede ein für sich bestehendes Ganze bildet.

I. Heft: Eine Vorfrage über die Verpflichtung. Von Fl. Rieß. (119 S.)
II. Die Grundirrthümer unserer Zeit. Von P. Roh. (68 S.)
III. Irrthümer über die Ehe. Von G. Schneemann. (124 S.)
IV. Der Papst und der Kirchenstaat. Von D. Rattinger. (179 S.)
V. Die moderne Irrlehre oder der Liberalismus und seine Verzweigungen im Lichte der Offenbarung. Von Fl. Rieß. (107 S.)
VI. Die Freiheit und Unabhängigkeit der Kirche. Von G. Schneemann. (118 S.)
VII. Die kirchliche Gewalt und ihre Träger. Von G. Schneemann. (112 S.)
VIII. Der Papst, das Oberhaupt der Gesammtkirche. Von G. Schneemann. (152 S.)
IX. Die Grundsätze der Sittlichkeit uud des Rechts. Nach Maßgabe der im Syllabus §. VII. verzeichneten Irrthümer beleuchtet. Von Th. Meyer. (282 S.)
X. Die kirchliche Lehrgewalt. Von G. Schneemann. (228 S.)
XI. Der moderne Staat und die christliche Schule. Von Fl. Rieß. (216 S.)
XII. Staat und Kirche. Von Fl. Rieß. (240 S.)

Die zweite Serie, gleichfalls 12 Hefte von sehr verschiedener Ausdehnung, behandelt das ökumenische Concil, historisch, dogmatisch, polemisch, wie es die Zeitverhältnisse zu fodern schienen, aber stets in ruhigem Tone und in durchaus wissenschaftlicher Haltung.

Als Herausgeber sind genannt Fl. Rieß und Karl von Weber.

Diese Hefte (1869—71) besprechen:
I. Das Concil und seine Gegner. (84 S.)
II. Die Stellung des Papstes auf dem Concil. (84 S.)
III. Die Gewalt des allgemeinen Concils in der Kirche. (85 S.)

IV. Das Concil und die Freiheit der Wissenschaft. (162 S.)
V. Das Concil und der moderne Staat. (188 S.)
VI. Das Vaticanum im Lichte des katholischen Glaubens. (220 S.)
VII. Das Concil und der Neu-Jansenismus. (186 S.)
VIII. Das Concil und der Neugallicanismus. (264 S.)
IX. Die dogmatische Constitution vom 24. April 1870. (76 S.)
X. Die päpstliche Unfehlbarkeit und der alte Glaube der Kirche. (116 S.)
XI. Die Janus-Gläubigen nach der vaticanischen Entscheidung vom 18. Juli 1870. (112 S.)
XII. Fortschreitende Klärung in Sachen des Concils und seiner Gegner. (102 S.)

Die dritte Serie hat mit den vorhergehenden noch den Titel und die Richtung gemein, ist aber seit Juli 1871 eine Monatsschrift geworden, die nun, wie es in der Ankündigung heißt, „die katholischen Grundsätze auf der ganzen Linie, auf welcher sie von den Gegnern befehdet sind, im kirchlichen, staatlichen und socialen Leben, sowie auf dem wissenschaftlichen Gebiete vertheidigen wird."

Bis jetzt sind 5 Hefte ausgegeben mit manichfaltigem und lehrreichem Inhalte.

Vorzüglich wurde die erste Serie, woraus man sogar die „Staatsgefährlichkeit" der Jesuiten und die Nothwendigkeit, sie aus Deutschland auszuweisen, deduciren wollte, angegriffen. Nähere Einsicht in die Sache selbst wird Jeden überzeugen, daß hier ungerechter Eifer das Urtheil getrübt hat.

Daß die Jesuiten auf keinem andern, als dem katholischen Standpunkte stehen, darf Niemand ihnen zum Vorwurf machen, und daß sie hiebei durchaus für die Autorität des Papstes und der Kirche eintreten, wird Jedermann natürlich finden; ihre Erörterungen sind aber v o r dem Vatikanischen Concil erschienen, und daraus erklärt es sich, daß sie z. B. die Unfehlbarkeit des päpstlichen Lehramtes nicht so genau umschrieben und deren Gegenstand und Umfang nicht überall so klar und präcis dargelegt haben, als sie es n a ch dem Concil hätten thun können [1]). Die sämmtlichen Abhandlungen sind ernst wissenschaftlich gehalten und man findet in ihnen Nichts, was nicht bereits von anderen ausgezeichneten Lehrern und Schriftstellern wäre gesagt und begründet worden. Man hat Unrecht, diese Abhandlungen nach ihrem ganzen Inhalt gewissermaßen als ein kirchlich-politisches Programm aller Jesuiten oder gar aller Katholiken anzusehen; nein, jeder Autor trägt die Verantwortung für die Meinungen, die er vorgetragen, und für die Art und Weise, wie er sie bewiesen hat [2]).

Was die Beschuldigungen betrifft, welche man den Verfassern wegen ihrer politischen und staatsrechtlichen Doctrinen gemacht hat, so ist darüber vor wenigen Wochen die nachstehende Zurückweisung erschienen.

Die „Germania" Nr. 267 Beilage II. veröffentlicht folgende Erklärung;

„Eine vom sogenannten „katholischen Centralcomité zu Köln" angeregte Petition an den **hohen deutschen Reichstag** verlangt Beschränkung der in der preußischen Verfassung garantirten Vereinsfreiheit auf Grund des von den Jesuiten und speciell von mir vorgetragenen doctrinellen Systems, welchem sie folgende Bezeichnungen gibt: „**unerlaubt — staatsgefährlich — staatsverderblich — Gegenstand des sittlichen Abscheues wegen seiner Verworfenheit und des Bedauerns wegen einer so unbegreiflichen Geistesbeschränkt-**

---

1) Aufklärung über diese so sehr mißdeutete Lehre bietet die Schrift: Die wahre und falsche Unfehlbarkeit der Päpste. Zur Abwehr gegen Dr. Schulte. Von Dr. Joseph Feßler, Bischof von St. Pölten. (Wien 1871 bei Sartori. 92 Seiten). Vergl. besonders S. 58 u. ff., wo vom Syllabus die Rede ist.

2) Richtig sagt Döllinger: „Die Constitutionen des Ordens dringen auf Einheit im Wesentlichen der Lehren; es sollte nichts gelehrt werden, was dem Sinne und der Tradition widerspräche oder auch nur von den gewöhnlichen und hergebrachten Ansichten der Schule abweiche; vielmehr solle man sich an die Lehren halten, welche größere Sicherheit und die Mehrzahl der Autoritäten für sich hätten. Doch war Einförmigkeit in den bloßen Meinungen nur angerathen, nicht vorgeschrieben, und im Ganzen fand große Freiheit der Meinungen statt." Fortsetzung von Horlig's Kirchengeschichte. S. 777.

heit und Verblendung — abenteuerliche Träume von einer unter ihren (der Jesuiten) Inspirationen stehenden Weltherrschaft — ein stets die Wunde religiöser Zersplitterung offen haltender Pfahl im Fleische des neuerstandenen deutschen Reiches — unsere ganze Staatsordnung auf's Tiefste gefährdend — principiell und absichtlich Haß und Zwietracht unter die Anhänger der verschiedenen Confessionen säend — namentlich katholische Unterthanen mit Abneigung und Mißtrauen gegen ihre andersgläubigen Fürsten und Staatsmänner erfüllend, und die gewissenhafte Beobachtung der bestehenden Staatsgesetze unter dem Vorgeben religiöser Pflichterfüllung untergrabend" — u. s. w. u. s. w. —

Um diese ungeheuerliche Anklage mit Gründen zu stützen, werden folgende Sätze aus dem VI., von mir, und aus dem XII., von P. Florian Rieß verfaßten Hefte der "Stimmen aus Maria-Laach" angeführt:

H. VII. S. 23. "Die Kirche darf zur Ausführung ihrer Gesetze und Urtheilssprüche und zur Wahrung ihrer Rechte die physische Gewalt des Staates beanspruchen, und derselbe muß, wenn er anders nach den in der göttlichen Wahrheit und im Rechte begründeten katholischen Principien handeln will, sich verpflichtet erachten, der Aufforderung der Kirche nachzukommen . . . . Ganz unbegründet ist es, die Anwendung der physischen Gewalt bloß auf bürgerliche und politische Dinge beschränken zu wollen."

H. VII. S. 52. "Es ist zu unterscheiden, zwischen denjenigen, welche sich immer außer dem Schoße der Kirche befinden, als da sind die Ungläubigen und Juden, und jenen, die sich der Kirche durch den Empfang des Taufsacramentes unterworfen haben. Die Ersten dürfen zum Bekenntniß des katholischen Glaubens nicht gezwungen werden; dagegen sind die Anderen dazu anzuhalten."

Nach Anführung dieser beiden Citate, welche, ähnlich wie manche Sätze des Syllabus, zunächst den Staat in abstracto betreffen, nicht aber einen concreten Staat mit gemischter Bevölkerung vor Augen haben, wird von den Petenten der Schluß gezogen:

„Damit ist Alles gesagt: die Protestanten sind durch Zwangsmittel staatlicher Gewalt zum Bekenntniß des katholischen Glaubens anzuhalten; der Staat, welcher das nicht thut, versündigt sich gegen Gottes Gesetz."

Schon vor mehr als einem halben Jahre brachte der „Rheinische Merkur" und nach ihm die „Kölnische Ztg." die gleiche Anklage sammt der gleichen Motivirung, wie gegenwärtig die Protestkatholiken aus Köln und Bonn. Damals entgegnete die „Kölnische Volkszeitung" und zeigte, daß die erwähnten „Stimmen" in der ausdrücklichsten Weise das gerade Gegentheil von dem lehren, dessen sie beschuldigt worden. Da aber diese Artikel übersehen und vergessen wurden, so wollen wir den betreffenden Passus aus derselben hier noch einmal wiederholen:

„Was speciell den Vorwurf angeht, die Ultramontanen wollten eine zwangsweise Bekehrung aller Andersgläubigen ins Werk setzen, sobald sie die Macht dazu hätten, so weisen die Laacher-Stimmen selbst die gegen sie erhobene Anklage auf das Entschiedenste im Voraus zurück. Wir wollen aus vielen Stellen nur eine auswählen, weil sie zugleich die Ansicht der „Civilta" wiedergibt. In „gewissen Fällen" — heißt es Seite 209 der XII. Broschüre — „ist es unzweifelhaft, daß zu jener (Religions-) Freiheit zuzustimmen, nicht allein erlaubt, sondern selbst lobwürdig ist; und so hat auch die Kirche thatsächlich zugestimmt. Obwohl sie die Religionsfreiheit an sich mißbilligt, hat sie gestattet, daß der französische und belgische Episkopat die betreffenden Verfassungen ihrer Länder beschworen hat, in denen sie ausdrücklich aufgestellt ist. Damit ist dem Irrthume selber kein Recht eingeräumt; wohl aber konnten die Irrenden, sei es durch beschworene Verfassungen, sei es durch ausdrückliche Verträge, sei es durch langes Herkommen und Gewohnheiten, welche Gesetzeskraft erworben haben, ein wahres Recht erlangen. Ist dieses einmal eingetreten, so hat Niemand mehr in Zweifel gezogen, daß die Katholiken insgesammt und die Regierungen, sowie jede andere geistliche oder weltliche Behörde, verpflichtet sind, dieses erworbene Recht zu respectiren." (Civilta cattolica, v. X. p. 546.)

Gilt nun diese in den jesuitischen Zeitschriften entwickelte Theorie von Ländern wie Belgien, wo unter Millionen Katholiken kaum einige Tausend Protestanten sich befinden, wie viel mehr gilt sie dann von Preußen und andern gemischten Staaten."

Was die „Civilta cattolica" und die „Stimmen aus Maria-Laach" im obigen Satze mit kurzen Worten aussprechen, hat ein belgisches Mitglied der Gesellschaft Jesu, Kestens, durch eine eigene von der „Civilta" belobte Schrift „La liberté des cultes" ausführlich zu beweisen gesucht.

Dies ist also die Lehre der „Civilta", der „Laacher Stimmen", der italienischen, belgischen und deutschen Jesuiten, eine Lehre, die für gemischte paritätische Staaten, wie das deutsche Reich, maßgebend und einzig maßgebend ist: daß Nichtkatholiken, „sei es durch Verfassungen, sei es durch Verträge, sei es durch Herkommen und Gewohnheiten, welche Gesetzeskraft erworben haben, ein wahres Recht erlangen" können, und daß in diesem Falle „die Katholiken insgesammt und die Regierungen, so wie jede andere geistliche oder weltliche Behörde, verpflichtet sind, dieses Recht zu respectiren."

Ist Das die auch für die deutschen Verhältnisse maßgebende Lehre der Jesuiten und speciell der „Stimmen aus Maria-Laach", so kann es für das deutsche Reich höchst gleichgiltig sein, was die XII. „Stimme" an der incriminirten Stelle von ideelen oder auch von rein katholischen Staaten bezüglich der Cultusfreiheit lehrt.

Nicht minder unverfänglich ist gewiß die von mir in

der VII. „Stimme" vertheidigte Theorie von der Bestrafung der Vergehen wider die katholische Religion durch Staatsgewalt. Ich zeige dort aus verschiedenen modernen Gesetzbüchern, wie es sich hier um eine so einleuchtende, uralte katholische Wahrheit handele, daß selbst nichtkatholische Regierungen sie, wenigstens in einigen Puncten, anerkannt haben. Schließlich bemerke ich ausdrücklich, daß der Staat nicht Alles, „was er nach der göttlichen Idee für die Kirche thuen sollte", verwirklichen könne; daß die Kirche „die Macht der Verhältnisse" anerkenne und nicht durch eine rücksichtslose Ausübung ihres Rechtes den Frieden der Völker beeinträchtigen wolle; aber selbst in dem Falle, daß der Staat seinen weltlichen Arm zur Ausführung ihrer Entscheidungen und zum Schutze ihres Rechtes „völlig" versage, werde „die Kirche ihre Mitwirkung zum Staatswohl nie versagen; ja auch verschmäht, auch verfolgt vom Staate bis zum Tode, werde sie diesen noch segnen." (VII. St. 40. und 41. Seite.)

Das ist meine „unerlaubte", „staatsgefährliche", „staatsverderbliche" Doctrin, um derentwillen die Petition den „weltlichen Arm des Staates" nicht nur gegen mich, sondern gegen alle meine Freunde anruft und eine Proscription der Jesuiten ohne alle richterliche Untersuchung begehrt. Aber wenn ich wirklich eine so verderbliche Lehre vorgetragen, als die Protestkatholiken von Köln und Bonn vorgeben, warum hat man meinen Namen nicht sofort der Staatsbehörde denuncirt? Warum ließ man mich vier volle Jahre diese „die ganze Staatsordnung auf's Tiefste gefährdende Lehre" unangefochten verbreiten? Mit welchem Rechte macht man die ganze Gesellschaft Jesu für die einzelnen Sätze und wissenschaftlichen Lehrmeinungen ihrer Schriftsteller, und insbesondere für meine Theorie verantwortlich? Allerdings darf von Schriftstellern dieses Ordens nichts veröffentlicht werden, was nicht von den Ordens-Censoren revidirt worden wäre. Aber die Censur ist, mag sie nun vom Staate oder der Kirche oder einem Orden ausgeübt werden, eine bloße Präventivmaßregel, die keineswegs in sich schließt, daß der Staat, die Kirche oder der Orden die ganze Verantwortlichkeit für Alles in den censirten Werken Gesagte auf sich nehme. Enthielte nun meine Schrift verwerfliche und strafbare Lehren, so wäre dies meine persönliche Schuld, mich müßte man anklagen, und ich würde mich zu vertheidigen haben. Dasselbe gilt von der XII. durch Fl. Rieß verfaßten Broschüre.

„Für den ganzen Orden maßgebend" sind weder die „Stimmen aus Maria=Laach", noch die „Civilta cattolica", noch andere ähnliche literarische Werke, sondern die Ordensregeln und Ordensgesetze. Diese verbieten aber auf das Allerstrengste die Einmischung der Ordensgenossen in politische Angelegenheiten, und damit kein Oberer von diesem Gesetze dispensiren könne, erbat und erhielt die Gesellschaft Jesu vom Papste Paul V. die feierliche Bestätigung desselben. (Siehe die päpstliche Bulle Quantum religio, d. 4. Sept. 1606.) Die Ordensregeln gebieten sogar, den heidnischen Fürsten Gehorsam und Ehrfurcht um Gotteswillen zu erweisen und solches den Gläubigen einzuschärfen (Epist. S. Ignatii de virtute obedientiae n. 4; regula 10 concionatorum). Darum hat der Orden nicht nur bei allen billig denkenden Katholiken und Protestanten, sondern auch bei allen staatlichen und kirchlichen Revolutionären, wie die ganze neuere Geschichte beweist, als eine Schutzwehr jeglicher Autorität gegolten, und daß der Orden dieser Tradition auch bei seinem Wirken in Preußen treu geblieben ist, das beweisen nicht nur so viele Zeugnisse der Hochwürdigsten Bischöfe, sondern auch die bei der Regierung eingelaufenen „amtlichen Berichte", deren Inhalt Hr. v. Gerlach als Referent am 12. Februar 1853 also zusammenfaßt:

„Von Proselytenmacherei oder Erregung confessionellen Unfriedens haben sich die Jesuiten vollkommen frei gehalten. Von protestantischer Seite ist daher auch ihrer Wirksamkeit vielfache Anerkennung zu Theil geworden. Nur die Demokratie grollt, weil die Jesuiten überall als Sendboten des Grundsatzes der

Autorität, in kirchlichen wie in staatlichen Dingen, auftreten und die socialistischen Trugbilder, mit welcher die Demokratie auf die Selbstsucht der Massen speculirt, entlarven und schonungslos bekämpfen. Sie werden von den Anhängern der Demokratie als bestochene Agenten der Regierung bezeichnet und mit Schmähschriften bedroht... Auch wissen die Landräthe, übereinstimmend, nicht genug zu rühmen, wie wohlthätig sich der praktische Erfolg ihrer Missionen gestaltet habe, nicht bloß sichtbar hervortretend auf dem Gebiete äußerer Sittlichkeit und Legalität, in Vermeidung des Schleichhandels, der Polizeivergehen, des Branntweintrinkens, der nächtlichen Tanzlustbarkeiten u. dgl., sondern noch mehr nach innen in der Erweckung des Geistes christlicher Zucht und Liebe zwischen Ehegatten, Eltern und Kindern, Herrschaft und Gesinde, und in den Verhältnissen des Hauses, der Familie und der Gemeinde."

Was haben wir seitdem verbrochen, daß man uns den allgemeinen Schutz der Gesetze entziehen will, die wir nach wie vor treu zu befolgen vorhaben, und warum will man den Werth der durch die preußische Verfassung garantirten Freiheiten durch engherzige Ausnahmegesetze, welche zunächst zu unsern Ungunsten gemacht werden sollen, herabsetzen?!

Maria=Laach, den 15. November 1871.

G. Schneemann,
Priester der Gesellschaft Jesu.

13. Literarische Thätigkeit der deutschen Jesuiten.

In den oben mitgetheilten Zeugnissen der deutschen Bischöfe wird dem seelsorglichen Eifer und Wirken der Jesuiten in Deutschland großes Lob gespendet, jedoch deren literarischer Thätigkeit kaum gedacht. Letztere tritt wirklich neben den anderen Leistungen, durch welche sie sich seit ihrer Rückkehr nach Deutschland verdient gemacht haben, zurück; aber dieß findet seine Erklärung darin, daß sie erst wieder das Vertrauen der Bischöfe und Gläubigen sich erwerben, sich erst wieder niederlassen, einrichten und ergänzen mußten, um sodann auf dem wissenschaftlichen Gebiete auftreten zu können. Es wird einem Vereine von neuen und jungen Kräften jedesmal nicht leicht sein, sich durch literarische Producte hervorzuthun, namentlich nicht, wenn man die Forderung stellt, daß die neuen Arbeiten dem Ruhme entsprechen, den die alte Gesellschaft sich erworben hat [1]).

Es dürfte jedoch von Interesse sein, zu wissen, was denn von den deutschen Jesuiten in den letzten Dezennien literarisch geleistet worden ist. Wir haben uns die Mühe genommen, die Titel der Bücher aus dem Bibliotheks-Catalog abzuschreiben und die Namen der Verfasser alphabetisch zu ordnen. Neben manchen kleineren Schriften finden sich auch Werke darunter, die auf große Beachtung Anspruch haben, und ahnen lassen, was die Wissenschaft nach solchen Anfängen sich versprechen darf, wenn nur den Vätern der Gesellschaft Jesu hiezu die nöthige Ruhe und Muße gelassen wird. Wir haben folgende Schriften verzeichnet:

Albert, F. Solutions of the Bombay University Matriculation Examination Papers in Algebra. Bombay 1870.

Cornely, R. 1. de la succession légitime sur le siége patriarcal Arménien. Paris 1866. (Aus den E'tudes.) 2. Leben der sel. Martyrer Karl Spinola und seiner Gefährten. Mainz. (Kirchheim) 1868.

Damberger, Ferd. 1. Synchronistische Geschichte der Kirche und der Welt im Mittelalter. (476—1378). 15 Bände 8⁰. 3 Bände Kritik. Regensburg. (Pustet.) 1850—1863. 2. Fürstentafel der Staatsgeschichte. (Pustet) 1831.

---

[1]) Wir verstehen darunter nicht blos die Blüthezeit im Beginn des 17. Jahrhunderts, sondern auch die Jahre, die der Aufhebung unmittelbar vorausgingen. Eine sehr interessante Zusammenstellung enthält das Buch: Des études et de l'enseignement des Jesuites à l'époque de leur suppression (1750—1773) par Maynard. Paris 1853 chez Poussielgue-Rusand. Von den deutschen Jesuiten ist besonders pag. 61—101 und 111—145 und 289—293 die Rede.

Deharbe, J. 1. Katholischer Katechismus. Der Verfasser wußte nicht, wie er in einer Vorrede sagt, die Zahl der Ausgaben, ja nicht einmal die der Uebersetzungen anzugeben. So viel er wußte, war der Katechismus in 12 Sprachen übersetzt, in ca. 40 Diöcesen eingeführt, in anderen sein Gebrauch gestattet. Von der englischen Uebersetzung erschienen 4 verschiedene Ausgaben, von der polnischen drei. 2. Gründliche und leichtfaßliche Erklärung des katholische Katechismus in drei Bänden, vierte Auflage, Paderborn bei Schöningh 1872. 3. Religionsgeschichte oder Beweis für die Göttlichkeit der christlichen Religion aus ihrer Geschichte von Erschaffung der Welt bis auf unsere Zeit, zweite Auflage, Paderborn bei Schöningh. 1869. 4. Deharbe's katholischer Katechismus, für Kinder in katechetischer Lehrweise erklärt, in zwei Bänden, Paderborn bei Schöningh. 1865 und 1868. 5. Examen ad usum Cleri, in gratiam praecipue Sacerdotum sacra Exercitia obeuntium. Editio tertia. Ratisbonae et Neo-Eboraci. typis Friderici Pustet. 1866.

Dosenbach, Steph., S. J. 1. Maria, Vorbild der Jugend. Münster 1863. 2. Der hl. Aloysius Gonzaga. Vorbild und Patron der Jugend. Münster 1863. 3. Grund und Uebung der Andacht zum hl. Herzen Jesu. Paderborn 1865.

v. Doß, Adolf, S. J. 1. Gedanken und Rathschläge für Jünglinge. Münster 1868. 2. Cantica sacra ad usum Sodalitatis B. M. V. in Acad. Monast. Monasterii 1859. 3) Melodiae Sacrae. Monasterii et Bonnae 1862 et 1863. 4) Geistliche Lieder für gleiche Stimmen gesammelt und geschrieben von A. von Doß, S. J. Bonn 1864 und 1865. 5) Missa in hon. B. Canisii. (Pustet Regensburg).

Dressel, L. 1) Die Basaltbildung in ihren einzelnen Umständen erläutert; — von der holländischen Gesellschaft der Wissenschaften zu Haarlem gekrönte Preisschrift. 4⁰. Haarlem. De Erven Loosjes 1866. 2. Die Auswürflinge des Laacher Sees. In der Zeitschrift der deutschen Geolog. Gesellschaft. 1867 und 1868. 3. Geognostischgeologische Skizze vom Laacher See und seiner Umgebung. Münster Aschendorf 1870. 8⁰.

Freudenfeld, B. H. Tableau analytique de l'histoire universelle, présenté d'aprés les vrais principes. Paris 1848. 8⁰.

Fox, W. Analyse und Würdigung der Rede des Demosthenes für Ktesiphon vom Kranze (in zwei Gymnasial-Programmen) Innsbruck, Wagner. 1863, 1866 4".

Graffweg, W. Ueber Linsen, welche von einem homogenes Licht ausstrahlenden Punkte ein mathematisch genaues Bild geben (in Schlömilch's Zeitschrift für Physik und Mathematik. Jahrgang 1870.

Hahn, J. Die unbefleckte Empfängniß. Paderborn 1855. 8.

Häfeli, B. Outlines of history. II. ed. Bombay 1870.

Hausherr, M. 1. Der hl. Paschasius Rabbertus. Eine Stimme über die Eucharistie vor 1000 Jahren. Mainz 1862. 8". 2. Canisiusbüchlein. Freiburg 1865. 16⁰ 3. Der sel. Johann Berchmans. Mainz 1866. 4. Decorum religiosum. Coloniae 1866. 5. Compendium ceremoniarum. 1866. 6. Leben des sel. Alphons Rodriguez. Paderborn 1868.

Kleutgen, J. 1. Ueber die alten und neuen Schulen. Münster 1869. 8⁰ 2. Philosophie der Vorzeit. Münster 1860—1863. 2 Bände. 8⁰. 3. Theologie der Vorzeit. 2. Auflage. 1860—1867. 3 Bände 8⁰. 4. Ueber die Verfolgung der Kirche in unsern Tagen. drei Reden, gehalten zu Rom. Freiburg 1866. 8". 5. Ueber die Wünsche, Befürchtungen und Hoffnungen in Betreff der bevorstehenden Kirchenversammlung. Münster 1869. 8⁰. 6. Ars dicendi (in verschiedenen Ausgaben). 7. De Romani Pontificis suprema potestate docendi. Neapoli. 1870. 8. Gesammelte kleinere Schriften. Münster. Theissing.

v. Lamezan, J. Die Hauptmomente des Lebens. Freiburg, Herder 1870. 8".

Löffler, Ph. Trauerrede auf die Gefallenen bei Mentana. Dritte Auflage. Regensburg, Pustet.

Menten, J. 1. Observaciones meteorologicas hechas en Quito. Quito 1871. 2. Tafeln zur leichten Berechnung des zweiten und dritten Gliedes der Präcession (gedruckt im Anhange zu den Bonner Beobachtungen des Herrn Prof. Argelander.

Mohr, J. Cäcilia. Gesangbuch für die Kirche. Dritte Auflage. Paderborn. Junfermann.

Pachtler, M. Das Christenthum in Tonkin und Cochinchina von seiner Einführung bis auf die Gegenwart. Paderborn, Schöningh. 1861. 8". 2. Missionsreisen des Pater Alexander von Rhodes S. J. in China, Tonkin, Cochinchina und andern asiat. Reichen. Freiburg 1858. 8⁰. 3. Der Prozeß de Buck in Brüssel vor dem Richterstuhl der Wahrheit. Zweite Auflage. Herder, Freiburg 1865 8⁰. 4. Die internationale Arbeiterverbindung. Zweite Auflage. Essen, Fredebeul 1871. 5. Das Telegraphiren der Alten. (Gymnasial=Programm.) Innsbruck 1867. 6. Acta et decreta sacrosaucti et oecumenici Concilii Vaticani. Friburgi Herder 1871.

Piscalar, A. 1. Der sel. Ignatius von Azevedo und seine Genossen. Freiburg, Herder. 2. Aus dem Leben des ehrwürdigen Pater Philipp Jenningen, Paderborn 1859. 8".

Reiter, C. Schematismus der katholischen deutschen Geistlichkeit der Vereinigten Staaten Nord=Amerikas. New=York und Regensburg 1869.

Rieß, Fl. Das Leben des sel. Petrus Canisius. Freiburg 1865. 8".

Rive, B. Die Unfehlbarkeit des Papstes mit Rücksicht auf die neueste Controverse. Paderborn, Junfermann 1870. 8".

Rothenflüe, F. Institutiones philosophiae. Ed. IV. Lugduni et Parisiis 1854. 3 voll. in 8⁰.

Roh, P. Leonardi Lessii de perfectionibus moribusque divinis opusculum. Friburgi, Herder 1861. 2. Das alte Lied: Der Zweck heiligt die Mittel. Im Texte verbessert und auf eine neue Melodie gesetzt. Zweite Auflage. Freiburg, Herder. 8⁰.

Schleiniger, N. 1. Grundzüge der Beredsamkeit mit einer Auswahl von Musterstellen aus der classischen Literatur der ältern und neuern Zeit. Dritte Auflage. Freiburg, Herder 1868. 2. Das kirchliche Predigtamt nach dem Beispiele und der Lehre der Heiligen und der größten kirchlichen Redner. Zweite Auflage. Freiburg, Herder 1864. 3. Die Bildung des jungen Predigers nach einem leichten und vollständigen Stufengange. Ein Leitfaden zum Gebrauche für Seminarien. Zweite Auflage. Freiburg, Herder 1864. 4. Abriß der Rhetorik, zum Gebrauche für Gymnasien. Freiburg, Herder. 5. Muster des Predigers. Eine Auswahl rednerischer Beispiele aus dem homiletischen Schatze aller Jahrhunderte. Freiburg, Herder 1868.

Schneemann, G. 1. Studien über die Honoriusfrage. Freiburg, Herder. 2. S. Irenaei de Ecclesiae Romanae principatu testimonium. Friburgi, Herder 1870. in 4⁰. 3. Die Kanones und Beschlüsse des h. ökumenischen und allgemeinen Vaticanischen Concils. Deutsch-lateinische Ausgabe. Mit den hauptsächlichsten conciliarischen Actenstücken, einer statistischen Uebersicht der kath. Hierarchie und einer historisch-dogmatischen Einleitung. Freiburg Herder 1871.

Schneider, J. 1. Manuale sacerdotum. Editio quarta. Coloniae, Bachem. 2. Manuale clericorum. Ratisbonae, Pustet 1868. 3. Lectiones quotidianae de vita, honestate, officiis sacerdotum. Ratisbonae, Pustet 1870. 12⁰.

Wilmers, W. 1. Religionsunterricht und religiöser Unterricht an Gymnasien (Programm des Feldkircher Gymnasium). Freiburg, Herder 1857. 8'. 2. Die Philosophie als Theil der allgemeinen Geistesbildung (Gymnasial-Programm). Freiburg, Herder 1858. 4⁰. 3. Lehrbuch der Religion. Dritte Ausgabe. Münster, Aschendorf. 4 Bd. 8⁰. 4. Handbuch der Religion für Studirende an höheren Lehranstalten. Regensburg, Pustet 1871. 8⁰.

v. Waldburg-Zeil, G. Gedichte. Mainz 1857.

Wolff, Th. Acta et Decreta S. Conciliorum recentiorum. Collectio Lacensis. Friburgi, Herder.

Diese Sammlung, eine Fortsetzung der großen Sammelwerke von Labbé und Harduin, soll die sämmtlichen, nach dem Jahre 1680 gefeierten Concilien umfassen. Der erste Band ist bereits erschienen. Der zweite wird die orientalischen Synoden, der dritte die Synoden Nordamerika's, Großbritanniens und der britischen Colonien, der fünfte die Deutschlands, Ungarns und Hollands, der sechste die Italien's und Südamerika's enthalten.

2. Entwicklung der Orchideenblüthe. (Gekrönte Preisschrift.)

14. Die Jesuiten als Erzieher.

Zu den besonderen Aufgaben, welche der Jesuiten-Orden sich gestellt hat, gehört die Jugend-Erziehung. Der h. Ignatius hatte schon in dem ersten Entwurfe, den er dem Papste Paul III. vorlegte, diesen Punkt betont, und nach ihrer kirchlichen Bestätigung war es der Gesellschaft eifrigstes Bestreben, überall Schulen und Collegien zu gründen. Was sie auf diesem Gebiete früher geleistet, soll hier nicht weiter besprochen werden; es wird genügen, hiefür zwei Zeugnisse anzufügen, das eine aus der ersten Zeit des Ordens, das andere unmittelbar nach dessen Aufhebung.

Bacon v. Verulam, Kanzler von England, schreibt: „Was die Jugend-Erziehung betrifft, so wäre es am kürzesten zu sagen: ziehe die Schulen der Jesuiten zu Rath, denn es giebt nichts Besseres [1];" und König Friedrich II. äußert sich am 7. Juli 1770 über „seine lieben Jesuiten, die man überall verfolgt," daß er „dieses kostbare Samenkorn bewahren werde, um einst denjenigen davon mittheilen zu können, welche Lust hätten, diese seltene Pflanze zu cultiviren [2];" und giebt ihnen 1774 das Zeugniß, daß sie

---

[1] „Ad paedagogicum quod attinet, brevissimum foret dictu; consule scholas Jesuitarum, nihil enim quod in usum venit, his melius." de augm. scient. IV, cap. 4.

[2] Der König schreibt an Voltaire über Papst Clemens XIV.: „Ce bon cordelier du Vatican n'est pas, après tout, aussi hargneux qu'on se l'imagine .... Pour moi, j'aurais tort de me plaindre de lui: il me laisse mes chers jesuites, que l'on persécute partout. J'en conserverai la graine précieuse, pour en fournir un jour à ceux qui

Männer seien „von wissenschaftlicher Bildung, die man bezüglich ihrer Verwendung zum Schulunterricht schwer ersetzen könnte¹)."

Dermalen ist in Deutschland nicht so viel Unterrichtsfreiheit, daß die deutschen Jesuiten unbehindert Schulen und Erziehungsanstalten errichten könnten; sie haben jedoch seit 1856 — zu Feldkirch in Vorarlberg — ein Pensionat gegründet, das durch die wissenschaftliche Bildung und die christliche Erziehung²), welche die Jünglinge dort empfangen, das Vertrauen rechtfertigt, welches viele Eltern in die Jesuiten setzen. Bis vor wenigen Jahren war damit ein öffentliches Gymnasium verbunden, das über 450 Schüler hatte; jetzt zählt nach dem Namens-Verzeichniß von 1871 das Pensionat 239 Zöglinge.

Um über die Leistungen der jetzigen Jesuiten auf dem Felde der Jugenderziehung doch ein officielles Zeugniß zu geben, theilen wir, da uns ein specielles für die Feldkircher Anstalt nicht bekannt geworden, dasjenige mit, welches von Seiten der Gymnasialstudien-Direktion von Tirol unter dem 23. Septbr. 1843 über das von Jesuiten besorgte Gymnasium zu Innsbruck an die Studien-Hof-Commission abgegeben worden ist. Es lautet:

„Rücksichtlich der Beschaffenheit des Leitungs- und Lehrpersonals schicke ich die der ganzen Körperschaft zukommenden Merkmale voraus; diese sind: ein exemplarisch priesterlicher Wandel; ein gänzliches einiges Sichhingeben jedes Mitgliedes in den Willen der Obern, ein höchst regsames Bestreben, die Lehranstalt emporzubringen; endlich die gewissenhafte Sorgfalt, die religiös-sittliche Bildung der Jugend durchaus zur Grundlage und Seele des wissen-

---

voudraient cultiver chez eux cette plante si rare." Oeuv. de Fred. le Grand. Berlin 1853. T. XXIII, p. 159.

1) „Je ne l'ai point protégés tant qu'ils ont eté puissants; dans leur malheur, je ne vois en eux que des gens de lettres, qu'on aurait bien de la peine à remplacer pour l'éducation de la jeunesse. C'est cet objet précieux, qui me les rends necessaires." Ein Brief an d'Alembert vom 15. Mai 1774. (Oeuvres de Fred. le Grand. Berlin 1854. T. XXIV, p. 624.

2) Wer die Lehr- und Erziehungs-Methode der Jesuiten näher

schaftlichen Unterrichtes zu machen. Diese Eigenschaften kommen der ganzen Körperschaft wie Einem Manne zu. — Ich glaube mit voller Zuversicht berichten zu dürfen, daß das Leitungs- und Lehrpersonal alle Beruhigung gewähre. Zur Belebung und Nahrung des religiösen Sinnes sind sehr zweckmäßige Uebungen eingerichtet. Auch hat das Gymnasium besondere Behelfe, um die Bildung der Jugend in literarischer Beziehung zu fördern, als: Uebungen im mündlichen Vortrage, Akademien und Concertationen; jeder Schüler erhält einen Aemulus; die bessern Schüler liefern Proben ihres Hausfleißes, welche in einem Buche zusammengeschrieben werden. Insbesondere fand ich an diesem Gymnasium beinahe durchgehends eine größere Geläufigkeit sich lateinisch auszudrücken, als anderswo. In der griechischen Sprache behauptet das Innsbrucker Gymnasium ganz entschieden den Vorzug vor jedem andern Gymnasium der Provinz. Die Geographie wurde in den meisten Klassen fleißiger und gründlicher betrieben als in allen übrigen Gymnasien. Aus Allem ergiebt sich, daß das Gymnasium zu Innsbruck in einem sehr guten Zustande ist, und unter den acht Gymnasien in Tirol den ersten Platz behauptet [1]."

Uebrigens entfalten die **deutschen Jesuiten** in ihrer Missionsstation zu Bombay eine von der englischen Regierung [2] anerkannte Wirksamkeit auf dem Gebiete des Unterrichts.

---

kennen lernen will, findet reichlichen Aufschluß in Erziehungsgeschichte von Dr. Kellner, Regierungs- und Schulrath. Zweite Auflage. I. S. 245—259, und in Körner, Geschichte der Pädagogik, 1857 — mitgetheilt im Magazin für Pädagogik von Dr. Pfister Nr. 21. Spaichingen bei Kupferschmid. 1871.

[1] Findet sich abgedruckt in Real-Encyclopädie des Erziehungs- und Unterrichtswesens von Rolfus und Pfister. Mainz 1864. Zweiter Band. S. 469.

[2] Vergl. „Indisches." Von Piscalar (in den Stimmen aus Maria-Laach 1871. Band I. S. 466.)

www.ingramcontent.com/pod-product-compliance
Lightning Source LLC
Chambersburg PA
CBHW022121160426
43197CB00009B/1108